市场营销核心课程规划教材

Marketing
Textbooks
Series

Marketing

营销战略与管理

■ 主　编　尹元元
副主编　詹志方　叶逢春

厦门大学出版社
XIAMEN UNIVERSITY PRESS
国家一级出版社
全国百佳图书出版单位

前　言

　　市场环境的日新月异、社会环境的不稳定性以及消费需求的多样化与多层次性已成为当今市场发展的主旋律。正如科特勒所说，"昨天不代表今天，今天不代表明天"。为此，所有处在激烈市场竞争中的企业，不仅要着眼于企业目前的生存与发展，而且要着重思考企业在未来市场发展中立足的根本。市场营销战略作为企业战略理论发展的重要内容，是企业战略管理体系的重要组成部分，通常被界定为一种职能战略。但是从市场营销角度来看，市场营销战略不仅是企业营销计划与营销执行的依据，更是企业战略的核心或主体，是从基础营销理论中分离出来的一个新的重要分支。市场营销战略的一个基本问题就是要确定企业以什么产品进入什么市场，或者说为谁提供什么产品或服务。从市场需求的视角来看，市场营销战略实际上贯穿于企业总体战略、经营单位战略和职能部门战略等多个战略层次之中。

　　在市场营销学中，市场营销战略并非是一个单独的组成部分，而是体现在市场营销活动全过程的带有全局性、长远性的设想和谋划，对企业各种营销活动具有指导意义。可以说，市场营销战略是与企业战略、市场营销学相交叉但又相对独立的一门学科。因此，为了让总体战略决策者和营销决策者充分认识到市场营销战略的意义与价值，并在充分认识市场营销战略概念及基本操作原理的基础上有效地实施营销战略，越来越多的高等院校在本科生教育或者研究生培养过程中开设了"市场营销战略"这门课程。但是受多种因素的制约和影响，相关的教材相当缺乏。为此，由湖南省市场学会副秘书长、湖南商学院市场营销系尹元元副教授牵头联合各个高校在该领域的学者共同编写此书，以满足高校经济、管理类等专业的本科学生及研究生培养或企事业单位等相关领域人员的学习需要。

　　本书的主要特点是：

　　（1）内容的完整性。本书综合了国内外众多学者对市场营销战略问题的研究成果，不仅厘清了企业战略中营销战略的相关概念与理论，而且继承了市场营销管理中对营销战略的认知与探讨，有效地将"战略"与"营销"两者结合起来进行系统分析。全书以战略的概念、特点、要素为起点,结合营销理论进行分析。全书分为"总论篇"、"机会分析篇"、"战略制定篇"、"执行与控制篇"四个部分,按市场营销战略概念分析、市场营销战略环境分析、市场营销战略类型、市场营销战略执行与控制等逻辑关系展开论述。

(2)案例的丰富性。在理论阐述的基础上,本书结合每章论述的具体问题,有针对性地选择相关案例作为补充,既体现了理论的应用性,又有利于学习者更深刻地理解课程的理论与知识;而且大部分案例是我国当前知名企业的成功经验或典型事例,这既具有时代性、前沿性,又有助于我们进一步认知我国企业发展的现状及特点。

本书编写分工如下:第 1 章、第 2 章由詹志方副教授(湖南商学院)编写;第 3 章、第 12 章由吴忠才副教授(湖南理工学院)编写;第 4 章、第 5 章由杨宗锦副教授(吉首大学)编写;第 6 章由李大元副教授(中南大学)编写;第 7 章、第 9 章由雷朝阳讲师(江西萍乡高等专科学校)编写;第 8 章由黄毅副教授(湖南工程学院)编写;第 10 章、第 11 章由尹元元副教授(湖南商学院)编写;第 13 章、第 14 章由生延超教授(湖南商学院)编写。全书案例、营销小知识、参考文献等由湖南商学院的彭密香硕士完成,尹元元副教授担任主编,负责总纂、定稿、修改。

本书在编写过程中,得到了中国市场学会、中国人民大学、湖南省教育厅、厦门大学出版社、湖南省市场学会、湖南商学院等有关领导和国内学术界营销专家、教授的关心和支持,并广泛借鉴了国内外众多市场营销学专家、教授的最前沿的学术成果和企业界最新的营销经验,在此一并表示衷心的感谢! 由于编者水平有限,书中难免存在不足和错误,恳请专家和广大读者斧正!

编　者

2016 年 6 月

目　录

第一篇　总论篇

第二篇　机会分析篇

第三篇　战略制定篇

第四篇　执行与控制篇

第一篇

总 论 篇

第**1**章

市场营销战略概述

　　学习目标:"战略"一词原是军事上的概念,20世纪50年代,西方管理学将战略的概念应用到企业经营活动中,逐步形成了企业战略管理学派,并逐步展开了对企业战略理论的深入研究。在企业战略理论的推动下,随着市场营销学的发展,特别是面对多变的市场环境,市场营销战略越来越受到企业界及学术界的广泛关注与重视,由此也就展开了对市场营销战略的应用和研究。在学习本章时,要重点学习市场营销战略的内涵,了解市场营销战略的特点,掌握市场营销战略的分类,理解市场营销战略的意义及营销战略的一般理论框架。

　　知识目标:理解市场营销战略的内涵、市场营销战略的特点、市场营销战略的分类、市场营销战略的意义。

　　能力目标:给定某一具体企业,能够从战略的高度深刻地认知和理解企业的营销活动及营销行为。

导入案例

初创公司如何做好营销战略规划

　　在激烈的市场竞争环境中生存下来,初创公司只有具备下面营销战略,才能让自己的公司立于不败之地。能支撑到4年或是4年以上的公司,都有自己的营销战略。

　　1.推行在线营销。在网络"大爆炸"的互联网时代,在线营销能有更多的机会向用户销售自己公司的产品。用户在买到你公司商品的同时,还可以关注到公司推出的其他类商品。

　　2.倾听来自各方的声音。初创公司需要倾听于来自客户、市场及竞争者的所有信息。除了要高度关注市场信息,还可以定期安排用户满意度调查,从而更清楚地了解用户需求。

　　3.学会利用未来的成长。初创公司要想在未来有更大的发展空间,就要不断地挖掘内在的发展潜力。在线营销不仅要涉及公司网站,还包括公司的官方微博、微信公众平台。

　　4.适应市场的瞬息万变。设立的商业模式必须要能符合市场需求,只有时刻关注市场变化,适度对公司进行调整,才能使公司处在绝佳的地位。

　　5.评估营销活动。评估营销活动可以包括:用户对商品质量是否满意、价格制定是否与大众消费相适应、现在市场需求的变化、公司是否要做出调整等等。

营销战略与管理

初创企业如果能掌握上述这些营销战略,最终必将使公司在竞争激烈的环境中处于绝对优势地位,更会让同行业的竞争对手无计可施。

(案例来源:佚名:《畜厂公司如何做好营销策略规划》,搜狐,发表时间:2016年5月23日,本案例略有调整)

第一节　市场营销战略的内涵与特点

一、战略概念的演变

"战略"一词在我国自古就有,先是"战"与"略"分别使用,"战"指战斗、交通和战争,"略"指筹略、策略、计划。《左传》和《史记》中已使用"战略"一词,西晋史学家司马彪曾有以"战略"为名的著述。唐代诗人高适的《高常侍集二·自淇涉黄河途中》有这样的诗句:"当时无战略,此地即边戍。"这里"战略"一词意为作战之谋略。明代军事家茅元仪编有《武备志》,其中第二部分为《二十一史战略考》,"战略"的含义大致指对战事的谋划。到了清代末年,北洋陆军督练处于1906年编出我国第一部《军语》,把"战略"解释为"筹划军国之方略也"。

西方战略管理文献中没有对"战略"形成一个统一的定义。"战略"一词源于希腊语"Stratgos",意为军事将领或地方行政长官。公元579年,东罗马皇帝毛莱斯用拉丁文写了一本名为《Stratejicon》的书,有人认为它是西方的第一本战略著作。另有一种说法认为具有战略含义的概念首次出现于法国人颌尔特1772年写的《战术通论》,该书提出"大战术"与"小战术"的概念,"大战术"相当于今天所说的战略。19世纪,瑞士人约米尼著《战争艺术》一书,他认为,战略是在地图上进行战争的艺术,它所研究的对象是整个的"战场",而在地面上实际调动军队和作战的艺术就是战术。

总体来说,"战略"一词原是军事方面的概念。在中国,它起源于兵法,指将帅的智谋,后来指军事力量的运用。西方的战略概念起源于古代的战术,原指将帅本身,后来指军事指挥中的活动。不同的学者赋予战略不同的含义,在此介绍西方几种有代表性的观点。

(1)安德鲁斯的定义。安德鲁斯(K.Aadrews)是美国哈佛商学院的教授。他认为,企业总体战略是一种决策模式,决定和揭示企业的目标;并提出实现目标的重大方针与计划,确定企业应该从事的经营业务,明确企业的经济类型与人文组织类型,以及决定企业应对员工、顾客和社会作出的经济与非经济的贡献。

(2)魁因的定义。魁因(J.B.Quinn)是美国达梯茅斯学院的管理学教授。他认为,战略是一种模式或计划,它将一个组织的主要目的、政策与活动按照一定的顺序结合成一个紧密的整体。他认为战略应包括以下内容:

①有效的正式战略包括三个基本元素:可以达到的最重要的目的(或目标),指导或约束经营活动的重大政策,可以在一定条件下实现预定目标的主要活动程序或项目。在魁因的定义中,确立组织的目标是战略制定过程中不可分割的一个部分。

②有效的战略是围绕重要的战略概念与推动力而制定的。所谓战略推动力是指企业

组织在产品和市场这两个重要经营领域里所采取的战略活动方式。不同的战略概念与推动力会使企业的战略产生不同的内聚力、均衡性和侧重点。

③战略不仅要处理不可预见的事件，还要处理不可知的事件。因此战略的实质是建立一种强大而又灵活的态度，为企业提供若干个可以实现自己目标的抉择方式，以应对外部环境可能出现的例外情况，而不管外部力量可能会发生哪些不可预见的事件。

④大型组织管理层次较多，每一个有自己职权的层次都应有自己的战略。重要的是，组织中所有的战略要具有一种总体的内聚力，即每一个低层次的战略都必须是实现高层次战略的内聚力的元素。同时，组织还应运用系统的方法去考察每一种分战略，检验它们是否按照战略的主要原则制定。

（3）安索夫的定义。美国著名战略学家安索夫（H.I.Ansoff）与安德鲁斯一样，都是战略管理第一次浪潮的代表人物。他认为，战略是决策的基准，战略由如下要素构成：①产品市场范围，即寻求新领域的范围；②成长向量，即在该项范围之内的行动方向；③竞争优势，即明确在该范围内所具有的有利竞争地位和特性；④协力效果，即判断进入新领域后是否有获取利益的能力的衡量标准。安索夫对"战略"一词只限定在"产品—市场战略"意义上的使用，即划定企业经营范围。

（4）明茨伯格的定义。明茨伯格（H.Mintzberg）是加拿大麦吉尔大学的管理学教授，他认为，战略是一种计划（Plan），具有两个基本特征：一是战略在企业发生经营活动之前制定，以备人们使用；二是战略是有意识、有目的的开发。战略是一种计策（Ploy），使之对竞争对手构成威胁。战略是一种模式（Pattern），它反映企业的一系列行动，只要有具体的经营行为，就有战略。战略是一种定位（Position），是一个组织在自身环境中所处的位置，对企业来讲，就是确定自己在市场中的位置，把战略看成一种定位的概念是通过正确地配置企业的资源，形成企业强有力的竞争优势。战略是一种观念（Perspective），它需要通过组织成员的期望和行为而形成一种共享。明茨伯格的上述定义，构成了战略的5Ps。

二、市场营销战略的定义和本质

"市场营销"概念自20世纪初出现以来，已逐步受到企业界的普遍重视和广泛应用。但在20世纪70年代以前，大多数企业的市场营销活动更注重战术，对市场营销活动缺乏整体的认识，也没有意识到应该用统一的市场营销战略来指导各项具体的市场营销活动，直到20世纪五六十年代以后，西方企业才逐步意识到市场营销战略的重要性，理论界也对市场营销战略展开了更广泛和深入的研究。到目前为止，已经形成了一套较为成熟的关于市场营销战略的理论，其中最主要的理论有：SWOT理论、STP理论、营销组合理论、业务投资组合理论、目标市场营销战略理论、市场发展战略理论、市场竞争战略理论以及企业营销地位战略理论等。

与此同时，西方企业根据形成的市场营销战略理论系统地制定企业的市场营销战略，并将其作为纲领性文件来指导企业的各项市场营销活动。可以说，市场营销战略为西方企业科学和有序地开展市场营销活动提供了保障，也帮助企业在迅速变化的市场环境中更好地抓住了机会，从而取得了更大的发展。在我国，市场营销已经受到了大多数企业的高度重视，这些企业不但从观念上接受了市场营销，而且还积极科学地开展市场营销活

营销战略与管理

动。但是,仍有不少企业没有制定明确的市场营销战略,进而造成这些企业市场营销目标的不明确,只强调具体手段,热衷于制造概念,市场营销活动的开展也显得盲目和无序。究其根本,主要在于对市场营销战略的重要性认识不够,同时也没有掌握制定市场营销战略的科学方法。

在市场营销学领域中,关于市场营销战略的定义及其本质的描述有很多种。我们认为,市场营销战略应是指企业确定的在未来的某个时期欲达到的市场营销活动目标,以及为了实现这一目标而决定采取的长期的、全局的行动方案。这一定义包含两层含义:

(1)明确的战略目标。市场营销战略目标是企业在一定时期内的营销活动所要达到和实现的主要目标。战略目标必须通过一定的数量指标来实现,包括营销任务与营销效益指标、市场销售指标、营销成长率指标等。营销外部环境在不断变化,而且在市场交换过程中,潜在的交换方——目标顾客最终是否愿意和企业进行交换,也不是一个企业所能控制的。因此,企业必须面对不断变化的市场营销环境,依据自己拥有的资源和目标顾客的需要来确定企业的市场营销目标和通过企业努力可以完成的营销任务。

(2)可行的战略方案。企业不仅需要确定长期的市场营销任务和目标,而且还需要在可能实现目标的诸方案中,选定对本企业来说,在一定的环境条件下是相对最好的方案,也就是需要为达到预定的市场营销目标确定一个使企业的资源能被充分合理地利用,使目标顾客一定时期内的需要能被充分满足的行动方案。

根据上述定义,我们认为,市场营销战略的本质是在动态的市场和企业环境内作出正确的营销决策,在特定的时间和限定的资源范围内,通过系统的程序获得生存和发展的可持续的竞争优势。

市场营销经典语句

1.营销就是让消费者只关注价值,忘记价格。

2.你客户的数量决定你生活的质量。

3.营销就是让消费者动情。

4.你是什么不重要,消费者认为你是什么才重要。

5.再差的定位也好过没有定位。

6.营销使推销变得多余,品牌使营销变得简单。

三、市场营销战略的特点

市场营销战略与企业其他战略具有一些共同点,但同时还具有自己的特点,这些特点是:

(1)长远性。市场营销战略既是企业谋取长远发展的反映,又是企业对未来较长时期内如何瞄准市场、赢取市场,从而获得生存和发展的全盘筹划。

(2)指导性。市场营销战略对企业的生产经营活动尤其是市场营销活动具有指导意义,特别是对企业的各阶段营销活动的安排以及市场策划的重点方向起着重要的指导作用。市场营销战略一旦制定,企业各部门、各环节、各岗位就都要为实现这个战略而努力。

(3)权变性。市场营销战略在制定之后并不是一成不变的,而是应该根据企业外部环境和内部条件的变化,适时地加以调整,以适应变化后的环境情况,符合市场实际发展的需要。

(4)概念性。市场营销战略的表述不是长篇大论,也不是数学模型,而是关键性的简明语言。通过这种观念可以使企业形成一种奋发向上的群体意识,并由这种群体意识产生企业的整体行为规范,使企业内部的物质制度和精神诸要素达到动态平衡和最佳结合,从而促进企业的发展。

(5)逆向思维性。中国企业的传统思维是先考虑原材料的供应,然后寻找技术,等产品生产出来后再为其寻找市场,这种做法在卖方市场行之有效,但在如今的买方市场已经行不通了。市场营销战略要求企业首先重视市场,强调市场开发是产品开发的前提和基础,即采用先考虑市场再考虑产品这一逆向思维方式。

(6)影响因素的多元性。市场是由购买者、购买力、购买动机等多要素相互影响构成的。影响或决定以上市场要素的因素又是多种多样的,如政治、法律、经济、技术、社会文化、地理、竞争等因素。这些因素相互依赖、相互作用,使市场呈现出变幻莫测的态势,给企业市场营销战略制定带来了一定的难度。

(7)竞合性。企业与市场力量之间的关系是竞争与合作的复杂统一体。市场营销战略的焦点在于达成企业目标。随着环境动荡性的加剧与新经济时代的到来,仅凭一己之力孤军奋战的企业在市场上已经举步维艰,有你无我、势不两立的竞争战略更使诸多企业陷入重重困境。20 世纪 80 年代以来,竞争战略越来越被竞合战略所替代,战略联盟、虚拟企业、战略外包等竞合策略日益成为企业战略选择的重要内容。营销战略更要强调竞合性,要纵横捭阖、合纵连横,既竞争又合作,选准竞争或合作的时机与对象,随机应变。

(8)顾客导向性。市场营销战略是以顾客为导向的战略。它从发现和分析市场的需求出发,进而根据市场需求作出从企业生产什么、如何生产、怎样参与竞争,到如何销售以及提供何种售后服务的一系列决策。

营销高手经典语录

　　罗氏语录:我们的战略是成功,我们的战术是创新!

　　　　　　　　　　　　　　　——罗金泉(四川阿尔泰酒业有限公司董事长)

第二节　市场营销战略的意义

一、市场营销战略的作用

(一)挖掘市场环境变化中的市场信息机会

寻找市场机会是市场营销部门的基本职责之一。所谓市场机会就是消费者的需求尚未得到满足,或未能很好地得到满足,是能给企业产品和服务的市场经营带来销售与盈利的机遇与有利因素的综合。市场机会有时间性、空间性、动态性等特征。寻求市场机会,要经常进行市场调研和预测,本着发展新业务的思路,借助市场营销战略的制定与执行过程,逐步发现和识别市场机会。比如,在产品与市场组合方式的范围内,可以从市场深入、市场开发、产品开发三个方面寻求机会;若不存在有吸引力的机会,可沿着一体化发展直到多元化发展的思路,继续寻求机会。

(二)寻求趋利避害塑造企业竞争力的长期谋划

市场营销战略从企业的现状、环境出发,从长远的角度谋划企业的发展,预测市场变化的趋势,防范和化解企业发展中可能遇到的市场风险和市场危机,确定增加新业务,寻求新的利润增长点。同时,根据市场的机遇和企业的发展优势,逐步找到和培育企业的核心竞争力,从而为企业立足于市场、长期持续发展奠定坚实的基础。

(三)选择使有限资源发挥最大效能的整合良机

市场营销组合是企业可以控制的四个基本手段,为了保证营销目标的实现,可以对它们进行综合考虑、整体规划、合理编配、优化组合、扬长避短,使它们密切配合,发挥出系统功能,实现最佳的市场营销效果。

(四)实现企业的可持续发展

任何一个企业的资源都是有限的,要以有限的资源来实现企业的可持续发展,科学的营销战略至关重要。营销战略关系到实现从企业有限资源到市场最大有效供给商品优势的转化,从企业商品优势到市场胜势的转化,从市场胜势到企业可持续发展强势的转化。

二、市场营销战略在企业发展中的地位

(一)市场营销战略是关系到企业兴衰成败的关键性战略

企业作为一个社会组织,是社会分工和专业化发展的产物,其内部具有目的性、整体性和相关性等特点,并在此基础上形成一个系统。根据系统论的观点,一切系统必须在一定的外部条件状态中才能存在,并与各种外部条件发生相互交换,有着彼此依存的关系。对企业而言,这些外部条件及其状态,便是系统的环境。企业又是一个地区、一个国家乃至世界范围这些更大系统中的子系统。作为一个子系统,企业运行必须受到大系统中的其他因素,即有关环境的制约。环境大多数是不断变化的,其中有些更是瞬息万变,企业必须在自成系统的基础上,提高和强化自己对环境的适应性,即应变能力,这关系到企业的前途和命运。制订营销战略计划,实施战略管理,通过战略的窗口把握时机,避开或消除不利影响,能够保证企业的目标和资源配置始终动态地、有效地与环境变化相适应,使企业的应变能力在明晰、正确的战略方向指引下全力发挥。实践也证明:有了正确的营销战略计划,即使计划执行得不好、管理不善、效率不高,企业仍有盈利的可能性;而如果营销战略计划错了,计划执行得越好、效率越高,赔得可能越多,甚至可能导致企业破产倒闭。

市场营销战略之所以重要,还表现在:

1.企业营销活动的范围越来越广

自从德鲁克提出了"创造顾客"的观点之后,为满足顾客需要组织生产,以生产优质产品、开发新产品来引导消费、创造顾客,实现潜在交换,已成为现代企业营销的观念。企业

已不再是一个闭关自守的"小王国",而是一个面向社会、面向市场的开放系统。特别是全球市场的形成,使企业营销活动步入了一个更加广阔的天地。海阔凭鱼跃,企业营销战略决策显得更加重要。

2.现代企业组织的规模越来越大

当今社会,各种类型的大企业、大公司层出不穷,如集团性的跨国公司、股份公司等。这些规模庞大的集团性企业,一般都由母公司、子公司、孙公司,以及财务部、研究与开发部、生产部、营销部、会计部等几大块纵横组成,职工人数多则几万甚至十几万,分支机构遍布全球。如此规模的企业,如果在整个营销过程中,仅凭个人的经验决策行事是难以想象的。现在的趋势是在母公司整体发展战略的指导下,更加注重各战略经营单位的独立核算,即由战略经营单位自己进行营销战略决策。

3.现代企业营销对环境的依赖性越来越强

现代企业营销受环境的影响和制约,对环境的依赖性越来越强。任何一个现代企业都是生存在一个变化多端的社会和经济环境中的,为了适应环境变化,必须进行战略决策。由于环境是一个相互联系的整体,牵一发而动全身,容易引起各种连锁反应,因此企业营销更应重视环境的变化,适应变化就会取得成功,不适应变化就会招致失败。

(二)战略计划是企业进行市场营销管理的基础框架

从企业计划的不同层次或类型来看,一般来说,一个企业的内部结构及其计划、战略,都可能存在三个层次:

1.企业总部级

企业最高层负责制订整个企业的战略计划,即企业总体战略,它要决定整个企业的战略方向,并决定相应的资源分配战略和新增业务战略。

2.经营单位级

一个企业内部通常会有若干个战略经营单位,分别从事不同的业务。各个经营单位要在总体战略的指导下,制订自己的战略计划,即制定经营战略、实施战略管理,以保证本单位的经营活动能够始终指向企业的总体战略规定的目标。

3.产品级

在较大的企业里,一个经营单位往往拥有若干条产品线以及若干个产品项目和品牌。每一种产品都要分别制订市场营销计划,实施市场营销管理。市场营销计划,必须从属于企业的总体战略及经营战略。市场营销活动及其规划,必须在战略计划的框架内进行。销售部门制订市场营销计划,并贯彻、落实这些具体计划,即进行市场营销管理。市场营销活动的结果,由战略计划部门进行评价。这个过程往复循环进行。

在实际工作中,大多数的战略计划部门和经营单位,都要以市场作为主要的操作方法来探测机会,并制订实现企业目标、完成经营任务的市场营销计划。事实上,战略规划中的这一步,也就是市场营销的第一步,因为它确定了目标市场、合理的销售目标,以及实现目标所需的资源。财务、采购、制造、人事等部门的作用,就是确保有足够的人力、财力、物力去实施市场营销计划。

(三)营销战略是企业整体战略的"神经"

现代企业不仅要制定全面的根本发展战略,企业的市场营销部门还必须根据企业总

营销战略与管理

体发展战略和环境变化制定相应的营销战略。如果说企业根本发展战略是确定企业生存和发展的根本,那么营销战略就是这个根本的"神经"或"枢纽"。营销战略既是企业战略的一个重要组成部分,又是实现企业根本发展战略的重要保证。这就是说,营销战略的制定及实施,可以极其迅速地体现于企业发展战略中,影响和制约企业整体的发展。

在现实生活中,企业根本发展战略是企业通过环境分析及对自身力量的分析和估计所作出的整体规划,它关系到企业的主要力量在较长时期内的使用方向、重点和方法,是所属各战略经营单位开展营销活动的轴心;营销战略则集中解决在市场决策上所制订的计划,它结合或概括了市场营销中每一个重要的策略,是企业战略不可或缺的组成部分。总之,营销战略是企业整体战略的神经,与企业发展战略、企业技术进步战略共同构成现代企业最重要的三大战略。

1.根本战略和阶段战略

企业战略分为根本发展战略和阶段发展战略。企业根本发展战略是指企业在整个发展期间的战略,它是由企业的根本性质及其与环境的密切关系决定的,主要是通过企业战略计划来确定企业的生存、成长和发展等重大问题。其最大的特点是根本性和稳定性。企业阶段发展战略是企业发展中一定阶段的战略,营销战略实际上是一种阶段发展战略,其最大特点是阶段性和相对稳定性。营销战略的这种阶段性和相对稳定性表明:一方面,在一定的营销活动阶段,它是市场营销活动的统帅、灵魂;另一方面,相对于企业根本发展战略来说,它又是实现企业战略目标的具体行动与策略。换句话说,营销战略既是企业整个营销活动的总规划,又是将根本战略转化成阶段性战略的一种战术手段。

2.营销战略和根本战略相互影响和制约

企业营销活动的影响因素有市场环境因素和企业自身因素,这些因素的变化反映到企业营销活动中,就会引起营销战略的变化,形成营销战略阶段性的特点。如某家企业在20世纪70年代以生产收音机为主,到了90年代可能就要重新寻找目标市场,开发新产品,这家企业的营销战略也会随之发生变化。因为营销战略是在企业根本发展战略的基础上形成的,是企业根本战略在企业发展的一定阶段的表现。无论哪家企业或公司,一旦确定了企业根本战略目标,也就阐明了通过市场营销活动所要达到的目的。企业战略应包括营销战略,否则,根本战略就流于形式,难以操作实施;同样,只有营销战略而没有根本发展战略也是不现实的,它可能使营销战略成为无源之水、无本之木。营销战略和企业根本战略是企业战略的重要内容,两者缺一不可。

企业的根本发展战略通过战略计划过程来实现,企业的市场营销战略通过营销管理过程来实现。企业必须建立和开发信息系统,制定目标市场开拓战略、营销组合战略,增强竞争意识。

三、市场营销战略的重要性

市场营销战略的重要性体现在:

(1)保证企业市场营销活动的整体性规划和统筹安排。市场营销战略使企业的各部门以及营销工作的各个环节都能按一个统一的目标来运行,形成一个协调性的运转机制,为企业营销活动的有效性提供相应的保证。

（2）提高企业的资源利用效率。市场营销战略是从诸多的可以达到既定目标的行动方案中选择一个对企业当前情况来说最好的方案，因此，合理制定并得到正确贯彻的市场营销战略，能够保证企业的资源得到有效的配置和最充分的利用。

（3）增强市场营销活动的有序性。在市场营销战略计划的规定下，企业能够主动地、有预见地、方向明确地按营销环境的变化来调整自己的营销战术，能减少被动的盲目性，处变不惊，在多变的营销环境中按既定目标稳步前进。

（4）明确了企业市场营销活动的方向，保证了营销管理活动的有效性。市场营销战略规定了营销活动的任务和目标，以及实现任务和目标的方法和要求，因此就为企业管理阶层对营销活动的管理提供了纲领性文件和工作依据，同时，也使被管理者明白其工作的成效是怎么衡量的以及应该如何行动。

（5）是企业参与市场竞争的有力武器。企业之间的竞争不仅是实力的竞争，还有智慧和谋略的较量。要想在市场竞争中取得胜利，首先必须对市场、环境和竞争等因素进行缜密的分析，从而确定正确的行动方向，以使企业少走弯路。而这种智慧和谋略正是体现在市场营销战略之中。

（6）市场营销战略具有导向及凝聚人心的作用，是对企业员工的一种愿景激励。市场营销战略勾勒了企业未来的发展方向，暗含了达成目标后员工将能获得的回报，能使企业上下明确目标、集中力量、开阔思路、积极创新，为实现营销战略目标而努力。

第三节　市场营销战略的分类

一、按竞争地位划分

（一）市场领先者战略

市场领先者是指在同一产品市场上，企业的产品市场占有率居于同行业企业之首。竞争能力领先的企业，处于众人关注的焦点，若想保持领先者地位，必须在以下三个方面采取行动：

1.扩大市场总需求

当行业总的市场规模扩大时，占据最大份额的市场领导者往往受益最大。因此，市场领导者要积极地推动整个行业市场的扩张，主要有以下三种方法：

（1）寻找新的使用者。每一种产品，都有吸引购买者的潜力，许多潜在购买者之所以没有购买该产品，可能是由于不知道该产品或不了解其特性，或没有意识到自己对该产品的需要。作为市场领导者的企业，应责无旁贷地担负起宣传该类产品功用、刺激消费者购买欲望的重任。

（2）开发产品新用途。企业可通过发现并推广产品的新用途招揽更多顾客，扩大市场规模。

（3）扩大产品使用量。说服人们在每次使用产品时增加使用量，如宝洁公司劝告消费者在使用海飞丝洗发露洗发时，每次将使用量增加一倍效果更佳。

2.保证市场份额

"进攻是最好的防守",领导者保持市场份额的最佳办法是不断创新。领导者不仅要在现有产品的成本降低、价格调整、渠道创新与促销活动等方面充当开路先锋,而且还要不断开拓新业务领域,在产品和业务的一体化与多元化方面有所发展。它常用的策略有阵地防御、侧翼防御、以攻为守、反击防御、机动防御、退却防御等。

3.提高市场占有率

市场领导者设法提高市场占有率,也是增加收益、保持领先地位的一个重要途径。美国的一项研究(PIMS)表明,市场占有率是与投资收益率有关的最重要的变量之一,市场占有率越高,投资收益率也越大。市场占有率高于40％的企业,其平均投资收益率相当于市场占有率低于10％的企业的3倍。因此,许多企业以提高市场占有率为目标。

(二)市场挑战者战略

市场挑战者是指市场占有率仅次于领先者,并有实力向领先者发动全面攻击的企业。它的基本战略是扩大市场占有率,从而增加盈利率。(1)攻击市场领导者的弱点。这是一个高风险与高报酬并存的战略,一旦成功,收益会极为可观。(2)攻击缺乏创新、财力不足、规模相仿的企业。挑战者要选择那些创新不足、财力拮据的同类企业,依靠产品或渠道创新及价格折扣等策略,迅速夺取其原有市场份额。(3)攻击地区性小企业。与上述两种战略相比,这是一条更为便捷的成功之路。

(三)市场追随者战略

市场追随者必须知道怎样维持现有的顾客,以及怎样去争取一定数量的新顾客。追随者的方式有三种:(1)紧密地跟随。即追随者尽可能地在各细分市场及营销组合方面模仿领导者。这类追随者几乎以一个市场挑战者的面貌出现,但只要不激进地妨碍领导者,就不会发生直接冲突。这样的追随者也被描绘成寄生虫。(2)保持距离地追随。即与领导者保持一定差异,而在主要市场的产品创新、价格调整、配销渠道上追随领导者。因为这样做不会妨碍领导企业的市场计划的执行,所以受领导者的欢迎。(3)选择性地追随。它指追随者在有些方面紧跟领导者,而在有些方面按自己的方式行事。它们通常是极具创新性的,在未来极有可能发展为市场挑战者。

(四)市场补缺者战略

市场补缺者战略的关键在于实行专门化。其具体方式有:

(1)最终用户专业化。该类企业可以专门为某一类型的最终用户提供服务。

(2)垂直专业化。该类企业可以专门为处于生产与分销循环周期的某些垂直层次提供服务,多数市场补缺者就专门为大企业不重视的小规模顾客群提供服务。

(3)顾客规模专业化。该类企业可以集中全力分别向小、中、大规模的顾客群进行销售,如向一家大企业提供其全部产品。

(4)特殊顾客专业化。该类企业可以专门向一个或几个大客户销售产品,有许多小企业就只向一个客户销售产品。

(5)地理市场专业化。这类企业只在全球某一地点、地区或范围内经营业务,如企业只生产显微镜,或者范围更窄一些,只生产显微镜上的镜头等。

(6)产品或产品线专业化。该类企业只经营某一种产品或某一类产品线。

(7)产品特征专业化。该类企业专门生产某一种产品或者具有某一属性的产品。

(8)加工专业化。这类企业只为订购商户生产特制产品。

(9)服务专业化。该类企业向大众提供一种或数种其他企业所没有的服务。例如,一家银行可以独辟蹊径,接受客户用电话申请贷款,并将现金交予客户。

(10)销售渠道专业化。这类企业只为一类销售渠道提供服务。例如,某家软饮料公司只向加油站提供一种大容量包装的软饮料。

作为市场补缺者要完成三个任务:创造补缺市场、扩大补缺市场、保护补缺市场。例如,著名的运动鞋生产商耐克公司,不断开发适合不同运动项目的特殊运动鞋,如登山鞋、旅游鞋、自行车鞋、冲浪鞋等,这样就开辟了无数的补缺市场。每当开辟出这样的特殊市场后,耐克公司就继续为这种鞋开发不同的款式和品牌,以扩大市场占有率。如耐克充气乔丹鞋、耐克哈罗克鞋。

二、按产品与市场组合方式划分

(一)市场渗透战略
市场渗透战略是指想方设法,更加积极主动地在现有市场上扩大现有产品的市场占有率。市场渗透战略有三种主要方法:

(1)促使现有顾客增加购买,包括增加购买次数、购买数量。

(2)争取竞争者的顾客转向本企业。

(3)吸引新顾客,使更多的潜在顾客、从未使用过该产品的顾客购买。

(二)产品开发战略
产品开发战略是指向现有市场提供新产品或改进的产品,目的是满足现有市场的不同需求。比如改变产品的外观、造型,或赋予新的特色、内容;推出档次不同的产品;开发新的规格、式样等。

(三)市场开拓战略
市场开拓战略是指将现有产品推向新市场。有以下两种方法:

(1)在现有销售区域内,寻找新的分市场。比如一家原以企事业为主要客户的电脑企业,开始向家庭、个人销售电脑。

(2)发展新的销售区域。如从城市市场转向农村市场,由国内市场转向国际市场。

(四)市场多元化战略
如果经营单位在原来市场营销系统的框架之内已经无法发展,或市场营销系统之外有更好的机会,便可考虑多元化发展战略。它包括同心多角化、水平多角化、综合多角化三种方式。但是进行市场多元化战略必须要有主业或依托主业进行多种经营,这样,企业成功的可能性大一些。

三、按企业主要竞争手段划分

(一)总成本领先战略
总成本领先战略是指企业努力减少生产及分销成本,使价格低于竞争者的产品价格,以提高市场占有率。在 20 世纪 70 年代,随着经验曲线概念的普及,这一战略已逐步成为

营销战略与管理

企业普遍采用的战略。实现总成本领先需要有一整套具体政策,降低成本是贯穿战略的主题。

（二）差异化战略

差异化战略是指企业努力发展差异性大的产品线和营销项目,以成为同行业中的领先者。如 IBM 公司就因采用这一战略而成为计算机行业中的领先者。

（三）聚焦战略

焦急战略是指企业把经营的重点目标放在某一特定购买者集团,或某种特殊用途的产品,或某一特定地区上,企业集中力量于某几个细分市场,为某一特定目标服务而不是将力量均匀地投入整个市场。

四、按企业市场发展划分

（一）发展现有业务战略

发展现有业务战略是指为了保持企业的稳定持续发展,使企业现有业务的销售额、利润额或市场占有率以比过去更快的速度增长,企业不仅要对现有业务进行评估调整,而且应不断拓展新业务领域。这是一种适应产品或者社会需求时最常用的成功战略。

（二）一体化成长战略

一体化成长战略是指企业通过集团化的形式,融供应、生产、销售于一体来实现企业发展的战略。企业集团化可以通过兼并、控制其他相关企业或自己开设子公司的方式来实现。通过企业集团化,从而实现集团内部供应、生产、销售的一体化,可产生规模经济和整体优势,促进企业迅速成长。

一体化成长战略有三种形式:

1.后向一体化

后向一体化是指企业向后控制供应商或自己开办原料工厂,以实现供产一体化的成长战略。如,生产方便面的企业可建立自己的面粉加工厂、调味油厂、调料厂、包装袋厂等,或兼并收购上述类型的中小企业。

2.前向一体化

前向一体化是指企业向前控制分销商(包括代理商、批发商、零售商)或建立自己的分销网点,以实现产销一体化的成长战略。如,许多大中企业在各大城市都设立了自己产品的专卖店或连锁店。

3.水平一体化

水平一体化又称横向一体化、水平整合,是指企业收购或兼并同类产品生产企业来扩大经营规模的成长战略。如,大的汽车制造商收购或兼并小的汽车生产公司。

近年来,企业集团化、一体化已成为我国企业界适应市场经济和对外开放要求的一种普遍趋势。优秀企业欲更上一层楼,应注意研究这方面的问题。

（三）多元化成长战略

多元化成长战略又叫多角化成长战略,是指朝多个方面发展新产品和开发多个市场并据以实现企业发展的战略。

多元化成长也有三种形式:

1.同心多元化

同心多元化是指企业对新市场、新顾客,以原有技术、特长和经验为基础,有计划地增加新的业务,如拖拉机厂生产小货车、电视机厂生产各种家用电器。由于是从同一圆心逐渐向外扩展经营范围,没有脱离原来的经营主线,利用、发展原有优势,因此风险较小,容易成功。

2.水平多元化

水平多元化是指针对现有市场和现有顾客,采用不同技术增加新的业务,这些技术与企业现有的技术能力没有多大关系。比如一家原来生产农用拖拉机的企业,现在又准备生产农药、化肥,实际上,这是企业在技术、生产方面进入了一个全新的领域,风险较大。

3.综合多元化

综合多元化是指企业以新的业务进入新的市场,新业务与企业现有的技术、市场及业务毫无关系。比如,汽车厂同时从事金融、房地产、旅馆等业务。这种做法风险最大。

多元化增长并不意味着企业必须利用一切可乘之机,大力发展新的业务;相反,企业在规划新的发展方向时,必须十分慎重,并结合现有特长和优势加以考虑。

五、按企业市场营销环境划分

(一)剧增战略

这种战略主要是要在短时期内大幅度地改变企业的竞争地位。在推出新产品的条件下,企业的任务主要是开拓可利用的市场;在现有产品的情况下,企业则要考虑采取取代该产品或进行低价倾销的措施。

(二)扩充战略

这一战略较上一战略弱,主要是要在改进竞争地位的同时,能够在较长的时期内更好地巩固自己的地位。企业可以通过形成临时性的超额能力来达到这一目的。不过,企业真正实施这一战略需要有良好的计划能力和敢于承担风险的能力。

(三)连续增长战略

这种战略主要是为了维持企业的竞争地位。企业采取这种战略,就要在一定的时期内对自己正在发展的市场增加新的投资;在新增投资时,企业应注意不要超出自己的投资能力。即要把握住投资的机会和数量。

(四)零发展战略

这种战略是指市场仍有发展,但企业有意放弃现有的竞争地位,即放弃保持目前市场占有率的努力。企业采取这种战略的主要出发点是现有产品的竞争能力已较弱,如果刻意加强该产品的竞争能力,企业就要付出较大的代价。因此,企业实施这一战略便意味着不再进一步投资,不再强化推销活动。如果这种产品的收益还大于成本,企业就让其存在下去;一旦该产品的收益小于成本,就终止它。为此,企业的经理人员要把握住产品的延长时间,尽可能地延长该产品的寿命;或者采取果断措施,及时终止这种产品活动。

（五）巩固战略

这一战略只适用于饱和的市场,或者正在缩小但还没有完全消亡的市场,因此,巩固战略又可称为"稳定市场的零发展战略"。这种战略要求能在较短的时期内保持灵活性、适应性,以及具有一定的创造性。不过,企业在采取这种战略时,如果不能及早地认识市场的变化,就会有很大的风险。

（六）收缩战略

这一战略的经营活动是"负"向发展。企业在某种产品或市场处于衰退阶段时,应在较大程度上相应地缩减有关的经营活动,甚至停止活动。当然,企业在采取这种战略时一定要谨慎。

第四节 市场营销战略的一般理论框架

市场营销战略是一个连续决策的过程,其基本思想是:企业营销高层管理者根据企业营销的使命与目标,分析企业市场营销的外部环境,确定市场营销存在的外部机会与威胁;审视自己内部条件,明确企业营销的优势与弱点。在此基础上,企业制订出市场营销战略的目标方案。然后,根据不同层次战略方案的要求,管理者配置合适的资源和能力实施既定的战略。在市场营销战略实施过程中,还要对市场营销战略实施的成果与效益进行评价,同时,将营销战略实施中的各种信息及时反馈到战略管理系统中,确保对市场营销整体活动进行有效控制,并根据环境变化及时修改原有战略,或者重新制定新战略。因此,市场营销战略管理就是一个不断调整、不断发展的过程。根据这一思路,作为具体的职能战略,可以从战略管理的过程角度总结出市场营销战略管理的一般理论框架,如图1.1所示。它具体包括:确定市场营销的使命与目标、市场营销战略环境分析、市场营销战略资源能力分析、市场营销战略方案的选择、市场营销战略的实施、市场营销战略的评价、市场营销战略的控制。

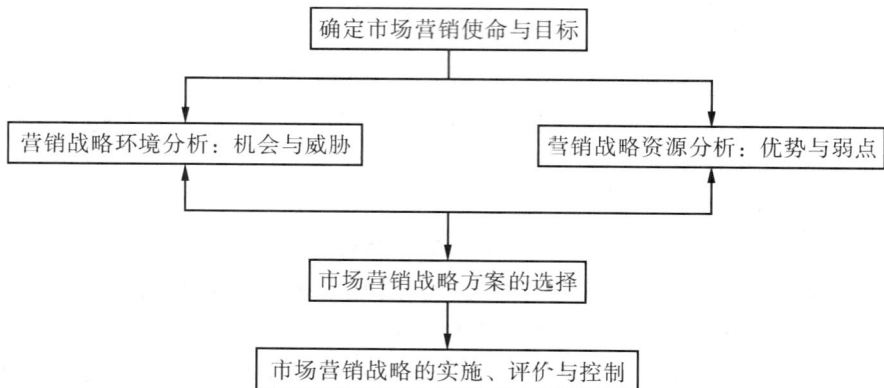

图 1.1 市场营销战略的一般理论框架

基本概念

　　市场营销战略　　市场领先者战略　市场挑战者战略　市场追随者战略　市场补缺者战略　一体化成长战略　多元化成长战略

复习思考题

　　1.如何定义市场营销战略？其本质是什么？

　　2.市场营销战略有何特点？

　　3.市场营销战略有何重要意义？

　　4.市场营销战略有哪些分类方法？

　　5.试阐述市场营销战略的一般理论框架。

阅读延伸

　　[1]杨宝珍.企业市场营销战略创新[J].企业经济,2011,05:76-78.

　　[2]齐严.论商业模式的市场营销意义[J].中国流通经济,2011,09:88-93.

　　[3]刘璞,王云峰,于树江.市场营销演进及营销管理变革综述[J].商业研究,2008,02:4-9.

　　[4]李青.谈新经济时代企业市场营销战略新思维[J].商业经济研究,2015,02:61-62.

　　[5]田超杰.市场营销领域的时尚研究缘起、内容及展望[J].中国流通经济,2012,08:87-93.

　　[6]李青.谈新经济时代企业市场营销战略新思维[J].商业经济研究,2015,02:61-62.

　　[7]郑秋莹,姚唐,邱琪,穆琳,曹花蕊.企业营销战略思想的嬗变——从竞争到竞合的博弈分析[J].现代管理科学,2013,02:48-50.

　　[8]王玉等.企业战略管理教程(第四版)[M].上海:上海财经大学出版社,2013.

第 **2** 章

市场营销战略过程

　　学习目标：市场营销战略作为企业在复杂多变的市场环境中从事营销活动的长期规划和谋略，与企业战略、营销策略、战略营销等既有联系，又有区别。对于企业来说，就是要在正确地理解市场营销战略的基础上，通过有效的市场营销战略过程实现战略选择，从而为企业的经营目标奠定基础。在学习本章时，要重点学习市场营销战略的一般过程：营销环境分析——营销战略制定——营销战略实施——营销战略控制，了解和掌握影响营销战略实施的主要因素、营销战略实施管理者以及理想的营销战略模式。

　　知识目标：理解市场营销战略的一般过程、影响市场营销战略实施的主要因素、市场营销战略模式。

　　能力目标：结合某一个具体企业，能够按着市场营销战略的一般过程制定出市场营销战略的内容与执行的措施和步骤，并根据相关理论找准企业实施市场营销战略的模式。

导入案例

华为战略选择"三步走"

　　说到战略选择，不得不提华为的战略，如它的品牌战略、变革战略、国际化战略、研发战略、竞合战略等等，诚然，正是这样的战略坚守使华为能一路真正做强做大，形成华为独具一格的战略选择路径"三步走"，并成为中国真正走向国际化的 500 强企业。

　　第一步是紧抓行业本质及社会发展趋势，立足于此，明晰战略方向。华为在发展过程中，深知自己是一家高新科技行业的企业，企业最大的特点是服务于时代。华为发展初期靠西方公司领路，有过不少困难和波折，但很庆幸的是在后期发展过程中，华为逐步改变了这一点，紧握时代航标，努力从跟随迈向引领。

　　第二步是核心，即以客户和市场需求为导向，以客户和市场为中心，结合自身的优势和能力，快速反应，确定战略选择。市场和客户是一切工作的核心，如产品的研发是否立项，产品的设计思路与研发路标如何确定，产品的技术标准如何选择，产品的改进和完善如何进行等等，都是依据市场前景和客户反馈来进行的。

　　第三步是依托一种强大的能力将战略选择付诸实施。这种能力是自成立之初就被坚定不移地执行,并被写入华为基本法的技术研发。强大的研发能力和实力以及拥有的知识产权让华为在面临任何挑战和选择的时候都有勇气、有理由。

　　在短时间内依据客户和市场需求进行产品定向研发、准确执行,助力华为实现它的战略选择,三者一脉相承,构筑了华为的核心竞争力和战略选择的核心思想。在华为近些年的战略选择中,进入手机业务和车联网业务均体现了"三步走"的战略选择路径。

　　顶级的高新科技企业首先要号准时代的"脉",这样才能建立前瞻正确的战略方向,对市场和客户需求有准确的把握,以及快速的市场反应能力。

　　(案例来源:王吉鹏:《华为战略选择"三步走"》,豆瓣网,2015 年 4 月 13 日,案例略有调整)

第一节　企业战略的层次

一、企业战略的层次

　　一方面,事关企业长远发展的重大谋略可能涉及企业的多个不同层面;另一面,将企业视为一个整体来看,企业应当有关于未来发展方向的全局性安排。如果深入企业的内部,具体到各个业务分部(事业部、分公司等)、各个职能部门(生产部门、人力资源部门、营销部门、研发部门等),同样具有指导本部门工作的全局性谋划,同样需要进行战略规划与贯彻落实。因此,正如企业的目标、组织结构等可以有不同的层次一样,企业的战略也可以分为不同的层次,企业战略是由多个不同层次的战略组成的完整体系。

　　一般来说,企业战略大体可以划分为三个层次:企业总体战略、经营单位战略和职能战略。

(一)企业总体战略

　　企业总体战略又称公司战略,是企业战略中最高层次的战略。在存在多个经营单位或多种经营业务的情况下,企业总体战略主要是指集团母公司或者公司总部的战略。它是企业整体意义上的战略,主要回答企业应该在哪些领域、从事何种经营活动以及企业目标和资源在不同业务之间的分配等问题。企业总体战略的目标是确定企业未来一段时间的总体发展方向,协调企业下属的各个业务单位和职能部门之间的关系,合理配置企业资源,实现企业总体目标。

(二)经营单位战略

　　现代大型企业一般都有同时从事经营业务,或者生产多种不同产品的若干个相对独立的产品或市场的部门,这些部门可以称为事业部或战略经营单位。由于各个业务部门的产品或服务不同,面对的外部环境(特别是市场环境)不同,企业能够对各项业务提供的资源支持也不同,因此,各个部门在参与竞争过程中采取的战略也不尽相同,各经营单位有必要制定指导本部门产品或服务经营活动的战略,这类战略被称为经营单位战略(或称为竞争战略)。显然,经营单位战略是企业的一种局部战略,或者说是"子战略"。经营单位战略是在企业总体战略的制约下,具体指导和管理经营单位的重大决策和行动方案。

营销战略与管理

经营单位战略着眼于企业中某一具体业务单位的市场和竞争状况,相对于总体战略有一定的独立性,同时又是企业战略体系的组成部分。经营单位战略侧重于思考在确定的经营业务领域内,企业如何同竞争对手展开竞争;以及在一个具体的、可识别的市场上,企业如何构建持续的竞争优势。

(三)职能战略

企业的各项经营管理工作,可以根据所在职能领域的不同划分为不同的职能业务,如供应管理、生产与作业管理、营销管理、人力资源管理、财务与会计管理、研究与开发管理、计算机信息系统管理、文化管理、后勤管理、设备管理、质量管理等。企业的不同职能,可能由一个独立的职能部门完成,也可能由多个不同的部门共同完成,还可能由一个部门负责多项职能工作。在市场导向的条件下,企业的各项职能工作与企业的市场竞争地位密切相关,而且,各项职能管理工作不再仅仅是一种企业内部的管理工作,许多工作都直接面对外部变化的环境。为此,为了保证企业总体战略的实施,各职能部门同样需要纳入企业战略管理过程中。企业通过制定和实施职能业务领域的战略来指导职能工作,并以此确保企业总体战略的贯彻和长期目标的实现。职能战略主要思考某职能的相关部门如何卓有成效地开展工作的问题。

二、市场营销战略与企业战略的关系

营销战略属于第三层次——职能战略的范围。营销战略的制定与实施都必须以企业的总体经营战略为前提,根据企业经营目标制定营销目标,根据竞争战略确定营销的行动方案。

然而,随着市场营销在企业发展中的职能地位的变化,营销战略与企业战略的关系发生了改变。作为企业的职能之一,随着企业赖以生存的社会、经济环境的变化,市场态势的变化,营销的地位也在不断地变化。营销作为企业职能之一,其地位经历了五个阶段的变化,从最初的与企业其他职能平分秋色到现阶段的核心地位,即在市场营销管理、生产管理、财务管理、人事管理等众多企业职能中,唯有市场营销管理是在市场上和企业内部同时进行的,而其他管理基本上属于内部管理,因此,社会公众往往从有关企业市场营销工作的好坏评判其整体管理水平的高低。

市场营销不能替代企业的其他业务职能或业务战略,但营销职能的外向性质决定了市场营销在企业中处于导向性的地位,因此市场营销对企业战略的作用与影响很大。将市场营销对企业战略发挥作用的关键因素提炼出来,并加以归纳而形成的营销战略,其战略意义就非常明显。同理,按照营销战略要求所进行的确定目标顾客的研究与营销方案的制订与选择的过程——战略营销,也就具有同样明显的战略性意义,因此,营销构成了战略核心的一个主要层面。而战略使营销职能在企业整体发展中的重要性得到体现,两者应该是部分与整体的关系,尽管营销职能的重要程度超过了所有其他的企业管理职能。

营销职能在企业中地位的变化,使得企业在制定企业战略时,往往以营销战略的形式出现在公众面前。从某种意义上说,企业战略与营销战略可以相提并论,营销战略更接近于企业战略。在以市场为导向的现代竞争中,营销已经从企业的职能层次上升到了战略层次。具体而言,科特勒认为,市场营销在企业战略规划制订中的关键作用体现在:

（1）市场营销的指导原则——满足重点顾客群的需要，也正是企业战略的指导原则；

（2）市场营销通过帮助找到有吸引力的市场机会和估计企业利用这些机会所具有的潜能，可促使企业战略制定者作出投资决策；

（3）市场营销通过其业务战略的设计直接促进了企业战略的具体实施。

三、市场营销战略与营销策略的关系

在经典的营销著作中，并没有明确给出营销战略与营销策略的分界线。在实践中，对营销战略和策略的运用更是没有不可逾越的鸿沟。从理论上讲，战略主要解决全局性的重大方向性问题，策略主要是解决各种战术性问题。通常，顾客、主要市场业务、业务的价值与效用、市场地位、营销资源等的抉择被归入营销战略，而有关价格、产品、分销、促销等则被归入营销策略。实际上，我们很难明确区分营销战略、营销策略两个概念包含的内容。上述归入战略的内容，也可能转变为营销策略问题，而 4P（或者更多）营销策略中的内容，也可能转变为战略问题。

只要某一问题成为事关营销全局的重大问题，有关该问题的决策就是战略决策，而作出的选择也就构成了营销战略的重要内容。反之，如果某项决策的重要性下降为短时间范围内的次要决策，则为策略决策。例如，一家彩电企业始终坚持以比竞争对手低的价格出售产品，根据市场竞争的需要适时降低价格，则该企业作出的降价选择是战略抉择的重要内容。而一家空调企业选择在"五一"节进行为期一周的降价促销活动则显然属于营销策略的范畴。营销渠道的建设通常属于营销策略问题，但如果一家公司选择在未来若干年内出巨资建立全国统一的分销网络体系，渠道问题自然就成为该公司的营销战略问题了。

一项营销决策或者行动是否具有战略性，主要由以下各种因素及营销决策或行动后可能引起的效果判断：（1）是否给企业内部资源分配带来重大变化；（2）是否与企业的竞争位势变化密切相关；（3）是否对企业长期营销目标的实现具有实质性的影响。对上述任何一个问题如果能够给出肯定的回答，都足以说明其具有战略性质。

四、市场营销战略与战略营销的关系

20 世纪 70 年代以来，西方发达国家面临着一系列挑战：市场更趋于细分化，竞争更加激烈；企业的产业进出壁垒进一步降低；市场环境更加动荡、复杂和不易预测；经济全球化、市场国际化、竞争无形化。这些挑战使得企业必须以战略的眼光和思维来探讨企业生存与发展的重大问题，从战略的高度来思考如何为顾客创造价值，战略营销就是在这样的背景下产生的。

战略营销是指企业从战略的高度、以企业的整体目标和计划为基础，为寻求企业的生存领域，对企业在产业和市场领域的竞争作出全局性的长远规划，以求获得长久竞争优势的营销理念、方法和流程。它不同于"点子"营销，是在满足消费者需要的前提下，进一步寻找并开拓企业的生存空间，以企业的竞争优势分析为基础，以战略性 4Ps 为核心，以资源配置为重点。它具有五个特征：面向市场的外向性、满足需求的预见性、竞争优势的导向性、统领全局的整体性、着眼未来的长远性。因此，它与市场营销和营销战略既有联系，也有区别。

从联系来看,战略营销是营销战略的先导,营销战略是战略营销的结果。在战略营销理念的指导下,企业可以构成与确定一个完整的、具有操作性的、有待实施的营销战略方案。营销战略理论的核心内容就是提出了一套战略营销管理范式,从而为企业将战略营销理念付诸实施,通过营销活动塑造和保持企业的竞争优势提供了清晰的思路,而这一范式实际上是一个以企业营销战略为轴心,涵盖从企业营销战略制定到营销战略实施的完整的战略管理过程。由此我们可以看出,营销战略理论实际上是战略管理理论在营销领域应用的产物,其核心思想简而言之就是:企业欲通过营销活动塑造和保持竞争优势,就必须以制定和实施营销战略为中心,对企业的市场营销活动进行战略管理。

但同时,两者有着严格的区别。第一,就本质而言,战略营销是战略高度的营销活动,是将营销活动提高到战略层次,更多的是一种营销理念;而营销战略则是企业战略体系中的职能战略,更多的是一种具体谋略和可操作的实现营销职能的体系。第二,两者的侧重点也不同。战略营销的侧重点在于营销理念与分析,分析方法也主要应用全局化、战略化了的营销理论;而营销战略的侧重点在于战略的全过程,即营销战略分析、决策与实施,主要是将战略理论、方法与框架应用于营销领域。第三,战略营销重在价值选择,而营销战略重在价值实现。战略营销关注的主要是顾客最看重的是产品或服务的哪些性能、利益与价值,如何才能发现这些性能、利益与价值,是否存在由于不同的顾客利益、价值而划分出来的细分市场,能够为企业带来最大价值的目标顾客群有哪些等;营销战略关注的主要是产品或服务价值实现过程中的成功或失败问题,应用相关的战略过程及营销理论和方法进行论证,找出经验与教训。战略营销与营销战略的联系与区别如表2.1所示。

表 2.1 战略营销与营销战略的联系与区别

区别和联系		战 略 营 销	营 销 战 略
联系		战略营销是营销战略的先导,营销战略是战略营销的结果	
区别	本质	战略高度的营销活动,更多的是一种经营哲学和营销理念	总体战略下的职能战略,更多的是一种具体谋略和可操作的体系
	侧重点	营销分析	营销分析、决策与实施
	价值	选择价值	采取谋略以实现价值

第二节 市场营销战略的一般过程

一、市场营销战略内容与过程概述

从营销战略的定义可以看出,凡是事关企业营销工作的全局性谋划都是营销战略的内容。目前,对于营销战略应当包括的具体内容,理论界仍然处于探索之中。一般来说,营销战略主要包括企业的顾客选择、主要市场业务、营销资源分配等。无论企业选择什么样的营销战略，一般都要对如下问题作出回答：

第一，企业的顾客是谁，或者说企业的市场在哪里？任何企业的产品或服务都是有限的，都只能满足特定顾客群体的需求。营销战略必须明确界定本企业的市场在哪里，本企业具体服务的是哪些消费者或者商家。

第二，企业当前的市场地位和追求的市场地位是什么？即企业在当前市场上的竞争位势如何；企业经过自身的努力，在市场上实现多大程度的地位提升；企业将树立什么样的市场形象。

第三，企业的主要市场业务及增长向量是什么？企业在市场上的各项活动，必然体现为产品或服务的销售，以及围绕产品和服务展开的各项工作。营销战略思考这样一些关键问题：本公司的主要产品和服务项目是什么？本公司的产品或服务目前处于产品生命周期的哪一阶段？本公司市场业务拓展的增长点主要有哪些？公司何时推出新产品或新服务？何时进入新的细分市场？何时增加或者减少在某一细分市场的产品或者服务供应？何时退出某一细分市场？为了推动这些产品和服务项目的销售，营销工作将要采取的重要的方向性抉择是什么？对于这些营销努力，公司的战略观点是什么？在贯彻这些观点的过程中，公司的价值准则是什么？竞争对手将会对本公司采取的战略措施作出何种反应？本公司又如何采取针对性的反应？公司如何在同竞争对手的动态博弈中保持并巩固自身的市场地位？

第四，营销工作如何将有限的资源在不同的市场业务活动间进行分配？在开展市场业务活动的过程中，企业能够调动的资源是有限的，营销战略不仅需要说明不同市场业务的优先级次顺序，而且需要对未来战略期内有限资源在不同市场业务活动中的分配作出规定。

营销战略包括三个不同层次方面的内容：目标市场、市场定位和营销组合。(1)目标市场确定营销的顾客群。其战略性在于，使企业营销活动的开展具有针对性。显然，如果误定营销对象，所有的营销对策只能是牛头不对马嘴，企业势必满盘皆输。(2)市场定位则是进攻目标市场的攻击点和防守点的选择。只有明确的市场定位，目标市场才能被占领。(3)营销组合则是进攻目标市场、占住市场定位的武器。经典的营销组合包括产品策略、价格策略、分销策略和促销策略。其战略性质在于选择合适的营销手段，发挥意想不到的效果，抗击竞争对手。

营销战略之所以具有不同的层次，关键在于，企业在发展的不同时期，其营销战略的重点是不同的。就一个全新的企业、业务、产品来说，营销战略的重点是目标市场的选择，这时营销组合都只是战术；面对一个目标市场已经明确的营销形势，营销战略的重点则是寻找市场定位；当目标市场和市场定位都已经明确时，营销战略的重点则转向营销组合，即在营销要素中确定首要因素，它就是新的营销战略。

正是由于营销战略具有三个不同层次方面的内容，所以，在为某一业务或产品制定营销战略时就要解决三个方面的问题，即选择目标市场、进行市场定位和制定营销组合战略。

与营销战略相关的计划、组织、协调、控制等各项工作，可以统称为营销战略管理。营销战略管理是一个动态的连续过程，主要包括营销环境分析、营销战略制定、营销战略实施和营销战略控制四大阶段和相应的任务。

从系统论的观点来看,市场是企业营销战略的输入要素,但同时又是企业营销战略制定的外部环境,即营销战略和市场具有双向联系,彼此相互作用、相互影响,如图 2.1 所示。

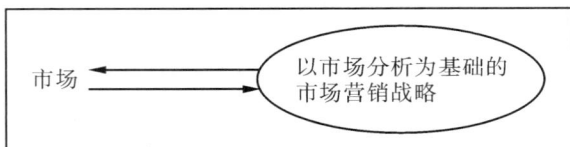

图 2.1　市场营销战略与市场的互动

因此,当市场环境发生变化时,营销战略的分析基础发生变化;企业实施营销战略的同时,又会导致市场的变化。由此可见,在营销战略的主要内容中,除两大核心内容之外,还应该包括对不同市场的分析、营销战略的制定以及在营销战略实施过程中对于有效实施的组织和控制。

营销战略的主要内容就是"以市场分析为基础,以确定目标市场和进行市场定位为核心的理论体系"。基于此,企业在激烈的市场竞争中向顾客提供比竞争对手更高的价值,以提高企业的竞争力。

下面,我们将对这四大阶段逐一进行分析。

营销高手经典语录

做市场要沉住气,不要吹气球,要稳健上升。在旺季提升销量不叫能力,关键是看淡季,淡季做好了才是真英雄。

——王忠旺(中旺集团总裁)

二、市场营销环境分析

市场营销环境分析,就是对市场营销有直接和间接影响作用的诸方面,包括宏观环境、行业环境和微观环境进行分析研究。营销环境分析是营销战略管理的第一阶段,其目的在于:一是要发现环境中的机会和威胁,并判别企业与竞争者相比所具有的优势和劣势,并以此为基础确立企业的战略能力;二是针对顾客(市场)进行深入的分析,通过市场细分等方法最后确定本企业的主攻方向——目标市场。因此,营销环境分析实际上包括战略能力分析和市场分析两部分内容。

(一)战略能力分析

战略能力说到底就是竞争能力;识别企业的战略能力是有效制定企业营销战略的前提和基础,它是通过有效识别宏观环境中的机会、威胁和正确分析企业与竞争对手相比所具有的优势、劣势得出的。

1.识别宏观环境和行业环境中的机会、威胁机会是宏观环境和行业环境中对本企业生存与发展有吸引力的、积极的、正向的方面。企业若能把握和利用机会,就可以取得捷足先登之效或增强企业的竞争优势。威胁是宏观环境和行业环境变化趋势中对本企业的生存与发展不利的、消极的、负向的方面。企业若不能回避或恰当地处理威胁,就会动摇或侵蚀企业的市场地位,损伤企业的竞争优势。

2.分析企业与竞争对手相比所具有的优势、劣势

所谓优势,不是企业具有什么能力,而是指企业较之竞争对手在某些方面所具有的不可匹敌、不可模仿的独特能力。一个企业的优势,不仅是指能做什么,更重要的是指在哪些方面能比竞争对手做得更好。所谓劣势,是指企业较之竞争者在某些方面的缺点与不足。要得出企业与竞争对手相比所具有的优势、劣势,企业需要对竞争对手和企业自身进行深入分析。(1)竞争对手分析。分析竞争对手时,企业首先要明确其竞争对手,以利于分清敌友,合纵连横;其次,在明确了竞争对手之后,企业要对竞争对手进行深入分析,揭示出每个竞争对手的长远目标、基本假设、现行战略和能力,并判断其行动的基本轮廓。(2)企业自身分析。企业内部环境分析是通过对企业的各种资源状况与运用能力进行分析,做到对企业的能力有一个清楚、全面、深刻的认识。影响营销战略的企业内部因素很多,大体可以分为直接性因素和间接性因素两种,直接性因素有营销计划、规章制度、工作程序、人员激励、顾客服务等;间接性因素有企业总体战略、其他职能、企业领导和企业文化等。

通过对竞争对手和企业自身的分析,企业就可以找到其相对于竞争对手的优势、劣势之所在,然后结合宏观环境和行业环境中的机会与威胁,就可以发现自身的战略能力。

(二)市场分析

市场分析主要是针对顾客(市场)进行深入的分析,通过市场细分等方法最后确定本企业的主攻方向——目标市场。

1.顾客分析

顾客是营销战略管理的出发点和归宿。营销战略管理有内在和外在双重目的,内在目的是自己获利,外在目的是使利益相关者,尤其是顾客获益和满意。而企业只有对顾客的需求进行深入分析,才能做到有效满足顾客的需求,因此,顾客需求分析是企业进行市场细分的前提条件之一。顾客分析的重点是要对顾客行为及顾客需求特点进行分析,这有利于企业发现新的市场机会。

2.市场细分

市场细分,就是把整体性的市场划分为有意义的、具有较强相似性的、可以识别的较小的顾客群的过程。每一个这样的顾客群称为一个细分市场。细分市场具有五个特点:

(1)可度量性。即经过市场细分后,每一个细分市场的规模、购买潜力等是可以度量的。

(2)可盈利性。相对于企业规模来说,细分市场应有一定的规模,有足够的利润吸引企业进入这个市场,值得企业为该市场制定专门的战略、策略和为此投入资源。

(3)可进入性。发现一个细分市场,但并不能为这个细分市场提供有效的服务,那么这种细分也没有太大的意义。

(4)可识别性。各个细分市场在概念上应该是可以区分的,并且应当对市场营销者的营销策略具有不同的反应。

(5)可行动性。细分市场必须适合企业的运作,否则就是毫无意义的。

按照购买商品的目的不同,市场有消费者市场和产业市场之分,这两者的市场细分依据不尽相同。这里我们主要讨论消费者市场的细分依据。

消费者市场细分的依据主要有地理变量、人口变量、心理变量和行为变量四类。其中,地理变量主要是指消费者所在的地理位置以及其他地理变量;人口变量主要有年龄、性别、收入、职业、教育水平、家庭规模、家庭生命周期阶段、宗教、种族、国籍等;心理变量主要包括生活方式和个性;行为变量较多,主要有购买时机、利益、使用者情况、使用率、忠诚度、待购阶段、态度等。

三、市场营销战略制定

(一)选择目标市场

企业在得出其战略能力之后,就要在市场细分的基础上选择目标市场。目标市场就是市场营销者准备通过为之提供产品和服务满足其需要和欲望的细分市场。选择目标市场就是在诸多细分市场中选择最为合适的细分市场作为目标市场的过程。目标市场的选择受产品市场的成熟程度、偏好的差异程度、行业结构、能力和资源、竞争优势和企业目标等多种因素的影响,不同因素对目标市场的选择影响各不相同,应视具体情况而定。其中,企业的能力和资源是企业选择目标市场的最主要的影响因素。

(二)进行市场定位

市场定位是 20 世纪 70 年代由美国学者阿尔·赖斯提出的一个重要的市场营销学概念。意思就是企业应赋予其产品一定的特色,树立其产品鲜明的市场形象,以求在顾客心目中形成一种稳定的认知和特殊的偏爱。市场定位的实质是取得目标市场的竞争优势,确定产品在顾客心目中的适当位置并留下深刻的印象,以便吸引更多的顾客。

市场定位的关键是企业要设法在自己的产品上找出比竞争者更具有竞争优势的特性。通常,企业市场定位的全过程可以按照三大步骤来完成:一是确认本企业的竞争优势。这一步骤的中心任务是要回答以下四个问题:竞争对手的产品定位如何? 目标市场中顾客欲望的满足程度如何? 顾客还需要什么? 针对竞争者的定位和顾客真正需要的利益,企业应该和能够做些什么? 二是准确地选择相对竞争优势。三是明确显示企业独特的竞争优势。这一步骤的主要任务是企业要通过一系列宣传促销活动,将其独特的竞争优势准确地传达给潜在顾客。

(三)决策 4P 组合

4P 组合(产品、价格、渠道、促销)是企业用于影响和满足其目标顾客需要的工具。企业选择目标市场和进行市场定位,其实质就是企业对意欲满足哪部分顾客的需要和满足顾客什么样的需要作出决策。而一旦作出了决策,企业就要综合运用产品、价格、渠道和促销这四项工具去满足目标顾客的这些需要。

有关 4P 组合究竟是属于营销战略性要素还是营销战术性要素一直存在很大争议。这从各教科书在讲述 4P 组合时所使用的字眼上就可以很明显地看到这种分歧:有的教科书将4P称为营销战略组合,而有的教科书将其称为营销策略组合。实际上,4P组合作为企业影响和满足目标顾客需要的工具是具有双重身份的,它既具有战略性,也有战术性,并且这两者是同时存在的,它们对企业的营销活动都具有非常重要的作用,尤其是当企业所面临的竞争越来越激烈的时候,4P组合的战略性会更加凸现。因此,企业在进行4P组合决策时,必须既关注其战略性要素,又关注其战术性要素。实际上,4P组合具有双重性正是营销战略理论关注它的根本原因所在。

目标市场、产品战略、分销战略、价格战略、促销战略之间是密切相关的。一方面,目标市场、产品战略、分销战略等的选择为价格和促销战略的制定明确了方向,产品的质量、外观、分销渠道类型、最终用户、中间商的职能都可以决定价格范围;另一方面,价格战略又可以影响公司产品的研发进程和选择新的分销网及中间渠道。因此,为了有效满足目标顾客的需要和传达企业的市场定位,4P组合必须存在内在统一性,进行整合性决策。

四、市场营销战略实施

营销战略制定之后是否能够得到有效实施,同样也是关系到企业是否能够从营销战略中获得竞争优势的重要因素。停留在字面上的营销战略只是一纸空文,不具有任何意义。

营销战略的实施是实施操作的管理过程,它主要包括营销组织管理、营销计划建设和营销成本管理等内容。(1)营销组织管理是指对企业内部涉及市场营销活动的各个职位及其结构进行管理,其实质就是使营销人员为了共同的企业目标而进行有效的协调、合作。(2)营销计划建设主要是将企业营销战略的相关内容,包括企业营销目标(战略焦点、产品组合、产品开发、产品舍弃、产品扩展、目标顾客群)、营销战略(产品、价格、促销、地点)、资源需求等,以计划的形式确定下来,将其明确呈现给企业各层管理者和员工。(3)营销成本管理是指对与市场营销活动有关的各项费用支出进行管理。市场营销成本直接影响企业的销售利润,因此,企业不仅要控制销售额和市场占有率,亦要控制营销成本。在这三项内容中,营销组织管理是影响企业营销战略实施的最重要的因素,因此,我们在这里及后面的分析中将重点关注该内容。

有效进行营销组织管理的前提是企业要根据具体情况设计合理有效的营销组织,并随着企业自身的发展以及外部环境的变化,不断对组织进行调整和发展。市场导向是战略营销决策的出发点,因此,营销战略要求企业建立以市场为导向的组织结构。在市场导向的前提下,企业必须根据其所处环境的变化和互动特点,设计并构建一个市场导向性质的组织,通过流程化、规范化的运作方式,配以有效的营销计划、过程控制与业绩评估制度,对外部变化与需求作出较快的反应,才能保持并逐步提高企业的竞争力水平与能力。

五、市场营销战略控制

营销战略控制是指市场营销管理者采取一系列行动,使实际市场营销工作与原规划尽可能一致,在控制中通过不断评审和信息反馈,不断地对战略进行修正。营销战略很少一成不变。随着环境的变化,产品市场和营销组合也要随之变化。此外,由于企业不断提高生产率,因此必须随时关注营销的效率。营销战略控制包括两类相辅相成的活动,一类是"战略控制",它与"做正确的事"有关,确定组织能力与目标的匹配及环境中的机会和威胁是战略控制的核心议题;另一类是"经营控制",它与"将事情做正确"有关,经营控制重在评估组织营销活动的实施效果,其假定是,企业的方向是对的,只是组织实现特殊目标的能力需要加强。

第三节　市场营销战略管理者

一、影响企业营销战略选择的行为因素

在战略选择中,如果经过检验能够确定一个明显的最优战略,或者现行战略能够满足企业未来战略目标的要求,那么这种决策就比较简单,但这只是一种例外,决策往往是很难决断的。在企业战略决策过程中,决策者在经过综合评价分析后,经常面对多个各具优缺点的可行战略方案而决定不下来,这时,影响企业战略选择的因素主要有以下几个方面:

(一)现行战略的继承性

企业战略的评价分析往往是从对过去战略的回顾、审查现行战略的有效性开始的,它对最后作出的战略选择往往有相当大的影响。由于在实施现行战略中已投入了相当多的时间、精力和资源,人们对之都承担了相应的责任,而制定战略的决策者又多半是现行战略的缔造者,因而企业作出的战略选择接近于现行战略或只是对现行战略作局部改变是不足为奇的,因为这种沿袭现行战略的倾向已渗透到企业组织之中。这种对现行战略的继承性或惯性作用有其优点,即便于战略的实施;但如果在现行战略有重大缺陷濒于失败时,仍拘泥于之,则将是一种危险,应当对此倾向有所警惕,必要时应作出相应的人事调整以克服这种惯性。

(二)行业对外部环境的依赖程度

全局性战略意味着企业在更大的外部环境中的行为,公司必然要面对所有者、供应商、顾客、政府、竞争者及其联盟等外部因素,这些环境因素从外部制约着企业的战略选择。如果企业高度依赖于其中一个或多个因素,其战略方案的选择就不能不迁就这些因素。企业对外部环境的依赖性越大,其战略选择余地及灵活性就越小。例如,一个企业主要生产为另一个企业配套的协作件,则其经营战略就不得不适应该协作单位的要求。

(三)企业领导人的价值观及对待风险的态度

企业领导人的价值观及对待风险的态度对战略选择的影响极大。甘冒风险、对风险持乐观态度的决策者有较大的战略选择余地,最后会选择风险较大、收益也较大的战略方案;相反,不愿冒风险,对风险持畏惧、反对态度的决策者,其战略选择余地较小,风险型方案就会受到排斥,最后会选择风险较小对方案。

二、市场营销战略管理者

营销战略管理者是指在企业内部承担营销战略制定、实施和评价职责的管理人员。营销战略管理者是企业外部营销环境和内部营销条件的分析者,是战略备选方案的制订

者,是战略行动方案选择的决策者,是战略实施工作的组织者,是领导者和执行者,是战略实施过程的监控者和战略实施结果的评价者。

根据在营销战略管理过程中承担的职责和所处地位的不同,可以将参与营销战略管理的全部管理人员划分为高层、中层和基层营销战略管理者三类。越是处于高层的管理者,对营销战略管理拥有的决策权越大,面对的风险和承担的职责也越大。

企业营销战略管理者不是单单指企业主管营销的副总裁(营销主管)一个人,而是指企业内部从事营销战略管理的一批人。这些营销战略管理者主要包括:企业董事会成员、总裁(或 CEO)、主管营销的副总裁(营销主管)、营销部门负责人,经营单位总经理及主管营销的副总经理、经营单位营销部门负责人,各营销片区(办事处)负责人、营销项目小组负责人等。

企业董事会在营销战略管理中的主要职责是:审查批准企业总裁提交的营销战略行动方案;审查批准营销战略实施的重大举措;听取企业总裁对营销战略实施情况的汇报;对企业总体营销战略实施结果作出评价;根据营销战略实施结果,决定对营销主管的聘任、解聘及有关的奖惩。

企业总裁在营销战略管理中的主要职责是:根据企业总体战略要求,提出营销工作的总体思路和指导方针;审核营销主管提出的营销战略方案;听取营销主管对营销战略实施情况的汇报;协调营销战略实施与其他战略实施之间的关系,处理战略实施过程中营销部门与其他部门之间的相互关系;听取营销主管对营销战略管理工作的汇报;对营销战略实施结果作出评价;向董事会汇报营销战略及实施情况;根据营销战略实施结果作出职权范围内的奖惩决策,或者提出重大奖惩方案报董事会批准后执行。

企业营销主管在营销战略管理中的主要职责是:直接组织对营销环境和营销条件进行分析;组织拟订营销战略备选方案;进行营销战略行动方案选择,报总裁审核后由董事会批准;组织指挥营销部门实施营销战略;协调营销战略实施过程中各营销部门之间的关系及营销部门与相关其他部门之间的关系;向公司总裁汇报营销战略管理工作;对下属各个部门在营销战略实施过程中的工作表现和业绩作出评价;对下属部门或人员给予职权范围内的奖惩或者提出奖惩方案。公司营销主管是最重要的营销主管,对营销战略的制定和实施承担主要责任。

企业营销部门负责人主要协助营销主管制定营销战略,积极组织开展营销战略的实施工作。各营销片区主管、销售办事处负责人主要负责职责范围内营销战略的实施工作。事业部总经理、主管营销的副总经理、事业部营销部门负责人负责本部门范围内的相关决策与指挥、协调等工作。

三、理想的企业营销战略模式

正如前文中提到的那样,任何企业都需要根据它们所处的外部环境制定战略性决策。战略决策必须包括诸如客户、竞争对手和市场趋势等内容,它不只是对事件作出反应,相反,它要具有前瞻性。通过这种方法,战略能够适应并影响商业环境的改变。就其本质而言,营销能够阐明企业怎样与它面对的市场相互发生作用。因而,所有的战略计划或多或少都需要有营销的内容。只有这样,企业才能在面对用户需求和商业压力时,作出战略性

营销战略与管理

的反应。的确,我们可以将营销理解为一个商业理念,而不只是将其看做一项职能性活动。在这里,企业采用市场导向——通过了解和满足客户需求来取得成功。基本上,企业的市场导向确定了它的基本商业理念,强调了通过什么途径来达到成功。

(一)以往的营销模式

市场营销自出现以来,经历过以下营销模式:

1.生产导向

生产导向将商业成功归因于有效的生产,其重点是大批量生产、规模经济和成本控制。管理的关键是达到批量生产,并跟上生产进度。这一理念自有它的价值,但是却存在将生产活动局限在低附加值的装配工作上的危险。

2.产品导向

产品导向的理念是,产品创新和设计可以吸引购买者找上门。管理者的想法是,他们的产品这样好,一定会有销路,因此他们几乎不在客户的实际需求上做什么努力,这是一条危险的路线。当然,产品创新是重要的,但要适应市场需要,否则就会陷入为了创新而创新的误区。

3.推销导向

在推销导向中,销售量被看做成功的关键因素,其重点是说服顾客购买,以达到诱人的销量。如果这一导向受销售目标驱使,那么短期计划将会占主导地位,而与建立长期计划的联系不大。通常,这一导向是管理者在为滞销产品创造需求时,作为生产导向的结果出现的。

(二)市场导向

生产、产品创新及销售对企业来说具有很重要的意义,但是,真正"世界级"的企业懂得如何使这些因素与以市场为导向的理念相互协调。做到这一步,将会为企业获得足以支撑其兴盛的竞争优势提供帮助。建立这种导向将使企业获得持续兴旺的竞争优势变得容易。

那么,如何才能做到以市场为导向呢?答案可以归结为以下几点:

1.客户导向

成功来自于对客户需求的了解和满足。这一导向以客户为出发点,并且以满足客户真实的需求作为集中资源的手段,简言之,就是提供市场所需要的产品或服务。另外,要认识到建立长期客户关系的重要性,这需要设法培养顾客忠实度并且一贯提供优良的价值。为了使这个导向更加完善,管理者还需要具备熟悉竞争对手及其战略的意识。

2.有重点地关注竞争对手

在竞争对手这方面,企业需要做的是,对竞争对手保持密切注意并评估它们的目标、战略和经营能力。对竞争对手针对企业所提供的产品、所实施的营销过程和经营等方面,需要进行"标杆"衡量。

3.把营销活动深入企业的整个商业活动中

营销活动不应该被限制在营销部门内。企业的每个职能部门和个人都会创造价值,并在为企业达到以市场导向的目标方面发挥作用。这可能需要企业文化和企业组织结构的根本改变。

4.战略性远景

要培育长期的、以市场为导向的战略观点,企业不能仅仅把营销看做一系列促销工具和技术,而是要将其提到高层管理者的议事日程上来。高层管理者必须建立和实施以市场为导向的战略,并且以为企业的利益相关者创造长期价值为根据,来决定企业的前途。

5.合乎实际的预期

企业不能让所有的人做所有的事情。预期必须是符合实际的,并且使之与企业自身的经营能力、资源和外部状况相匹配。企业可以通过"权衡"利弊轻重来保证企业重点所做的增值活动的成功。

基本概念

企业战略层次　市场营销环境分析　营销战略控制

复习思考题

1.企业战略有哪些层次?

2.营销战略与企业战略有何关系?

3.营销战略与战略营销有何关系?

4.市场营销战略有哪些一般过程?

5.营销战略管理者主要有哪些?

阅读延伸

[1]高素英,许龙,王羽婵,张敏.竞争战略下企业战略人力资本 VRIO 特性研究——来自京津冀企业经验证据[J].科技管理研究,2016,08:133-136,141.

[2]鲍新中,孙晔,陶秋燕,盛晓娟.竞争战略、创新研发与企业绩效的关系研究[J].中国科技论坛,2014,06:63-69.

第3章

市场营销战略要素

学习目标：市场营销战略是企业从事营销活动的纲领性文件，不仅影响企业的营销效率，而且影响企业的经营效果，因此，作为需要实践检验的市场营销战略方针绝不能纸上谈兵。在学习本章时，要重点学习制定市场营销战略的各种基本要素，具体包括企业使命、企业目标、经营范围、资源配置、竞争优势、协调协同等方面。

知识目标：理解企业使命、企业目标、经营范围、资源配置、竞争优势、协调协同等概念。

能力目标：给定某一具体企业，能够科学地分析其具有的市场营销战略的各种要素，客观评估其市场营销战略的基础。

导入案例

宝洁公司市场营销战略要素

宝洁公司在全球大约 70 个国家和地区开展业务。2012 财政年度，公司全年销售额近 840 亿美元。宝洁公司在全球 80 多个国家设有工厂或分公司，所经营的 300 多个品牌的产品畅销 180 多个国家和地区，其中包括美容美发、居家护理、家庭健康用品等。

一、宝洁公司市场营销战略的使命和价值观

1.使命：生产和提供世界一流的产品，以美化消费者的生活。

2.价值观：宝洁品牌和宝洁人是公司成功的基石。在致力于美化世界各地消费者生活的同时，宝洁人实现着自身的价值。

二、宝洁公司市场营销战略的目标

1.产品。开发可持续创新产品，减少对环境的影响，满足消费者的需求。

2.运营。改善宝洁运营的环境状况。

3.社会责任。通过宝洁的企业社会责任活动改善儿童的生活。

4.员工。鼓励员工把可持续发展的思维和实践融入日常工作。

5.利益相关方。以负责人的方式实现创新的自由，与利益相关方密切合作、共创未来。

三、宝洁公司市场营销战略的竞争优势

1.良好的品牌声誉。宝洁公司在全球率先推出品牌经理制，实行一品多牌、类别经营的经营策略,在自身产品内部形成竞争,使宝洁产品在日用消费品市场中占有绝对的领导地位。

2.高质量、多功能的产品。从很早就开始有针对性地开发新产品,宝洁还高度重视现有产品功能的不断完善,仅汰渍洗衣粉的配方和包装就改了不下 70 次。

3.强大的促销能力。宝洁公司的广告策略是其营销策略中最为突出的部分,对公司的品牌推广和市场拓展都起到了极其重要的推动作用。

第一节　企业使命

一、企业使命的内涵

企业是现实世界中社会分工的产物,在制定营销战略之前首先需弄清企业应承担什么样的社会责任,是一个什么性质的企业,"我们的业务是什么""我们的业务将是什么"以及"我们的业务应该是什么"等一系列看似简单却又十分重要的问题,即弄清什么是企业的使命。企业使命是制定营销战略的重要依据之一。

企业使命是指企业战略管理者确定的企业生产经营的总方向、总目的、总特征和总体指导思想。它反映了企业管理者的价值观和企业力求为自己树立的形象,揭示了本企业与同行业其他企业在目标上的差异,界定了企业的主要产品和服务范围,明确了企业的目标是满足顾客需求。企业使命在本质上是企业在社会进步和社会、经济发展中所应担当的角色和责任。

企业使命的描述一般是高度概括和抽象的,企业营销战略构成要素的首位就是用精练的语言提炼出企业的使命。我们将企业生存、发展、获利等根本性目的作为企业使命的一部分,企业使命是企业战略目标的始点,企业目标是企业使命的具体化。

二、企业使命的内容

企业使命首要的是阐明企业组织的根本性质与存在理由,不同性质和类别的企业因其规模、发展阶段的不同,可能具有不同的战略使命。企业使命内容的确定务必精练、言简意赅,直接描述企业的使命是什么,不可含糊或笼统,要做到画龙点睛。总结起来说,企业使命一般包括两方面的内容,即企业哲学和企业宗旨。

(一)企业哲学

企业哲学是指一个企业为其经营活动方式所确定的价值观、态度、信念和行为的准则,是企业在社会活动及经营过程中起何种作用或如何起这种作用的一个抽象反映。这是企业和企业高层管理者所持有的基本信仰、价值观念的选择,是企业的行为准则。企业哲学一旦形成,就会对企业活动发挥指导作用。企业哲学的主要内容,通常由处理企业经营过程中各种关系的指导思想、基本观点和行为准则构成,如关于企业与所在国关系的观点、关于企业与社会和国家关系的观点、关于企业与外部关系(顾客、竞争对手供应商、销售商等)的观点、关于企业与雇员关系的观点,以及关于企业内部工作关系的观点等。如,

营销战略与管理

美国电报电话公司提出"普及的服务"、日本日立公司提出"品不良在于心不正"、中国海尔集团提出"真诚到永远"、澳柯玛公司提出"没有最好,只有更好"等,都体现了企业哲学。

（二）企业宗旨

企业宗旨是指企业现在和将来应从事什么样的业务活动,以及应成为什么性质的企业或组织类型。企业宗旨不仅回答了企业是做什么的,更重要的是为什么而做,也就是明确"我们的企业究竟是为什么而存在"。在企业里,企业的生存、增长、获利等三个经济目的,决定着企业的宗旨和战略方向。崇高、明确、富有感召力的使命不仅为企业指明了方向,而且使企业的每一位成员明确了工作的真正意义,激发出内心深处的动机和灵感。试想"让世界更加欢乐"的使命令多少迪斯尼的员工对企业、对顾客、对社会倾注更多的热情和心血。

在确定企业宗旨时,企业高层管理人员要避免两种倾向:一种倾向是宗旨确定得过于狭隘,另一种倾向是过于空泛。狭隘的企业宗旨容易束缚管理人员的经营思路,可能使企业丧失许多可以发展的机会;而空泛的宗旨可能没有什么实际意义。表 3.1 列出了几例过于狭隘的企业宗旨和比较宽广的但较为合适的宗旨。

表 3.1　狭隘的和合适的企业宗旨对比

公　司	狭隘的宗旨	合　适　的　宗　旨
化妆品公司	我们生产化妆品	我们出售希望和美丽
复印机公司	我们生产复印机	我们帮助改进办公效率
化肥厂	我们出售化肥	我们帮助提高农业生产力
石油公司	我们出售石油	我们提供能源
电影厂	我们生产电影	我们经营娱乐
空调器厂	我们生产空调器	我们为家庭和工作地点提供舒适的气候

一个企业如果没有明确合适的宗旨,就不可能制定出清晰的战略目标,企业宗旨不仅要在创业之初就加以明确,而且在企业繁荣或衰落之时,更应该经常予以强化。一般来说,一个企业的哲学应保持稳定,然而却应对企业宗旨进行动态分析,以决定它是否需要改变。因为竞争地位、新技术、资源的供给和消耗、市场人口统计特征、政府法规以及消费者需求方面的变化,都会导致企业宗旨的改变。

确定企业宗旨必须看企业与顾客的关系。彼得・德鲁克在《管理:任务、责任和实践》中认为,为了了解一个企业,必须首先知道它的宗旨,而宗旨是存在于企业自身之外的。因为企业是社会的一个细胞,其宗旨必定存在于社会之中。企业的宗旨只有一个定义,就是创造顾客。因此,要确定一个企业的宗旨,就得首先回答两个大问题:一是企业的现在是什么,即分析现在的顾客;二是企业的将来应该是什么,即要分析和确定潜在的顾客。

1.企业是什么的分析

该分析的目的是明确现在所从事的活动、企业的性质,以及在企业性质不变的情况下,企业事业的发展。即需要回答下列问题:

（1）谁是顾客? 顾客分布于何处? 顾客为何购买? 如何去接近顾客?

（2）顾客购买什么？

（3）顾客的价值观是什么，即顾客购买商品时期望得到什么？

2.企业应该是什么的分析

该分析的目的在于了解企业的新机会，以及可以创造些什么机会，以便明确企业的事业将如何改变。它一般要对下列问题进行分析和回答：

（1）市场的发展趋势及市场潜力如何？

（2）目前顾客的哪些需求还不能通过现有产品和服务得到充分满足？

（3）随着经济的发展、消费时尚的改变或竞争力量的推动，市场结构将会发生什么样的变化？

（4）何种革新将改变顾客的购买习惯？

（5）企业的经营业务是否适当？是否应根据外部环境的变化来改变其经营业务？

三、企业使命的描述

企业使命的描述一般是高度概括和抽象的，企业使命不是企业经营活动具体结果的表述，而是为企业提供了一种原则、方向和哲学。过于微观具体的企业使命，如"提供某某产品或服务"，会限制企业功能和战略目标制定过程中的创造性。相对宽泛的企业使命会给企业管理者留有细节填补及战略调整的余地，从而使企业在适应内外环境变化中有更大的弹性。但相对宽泛并不等于空泛笼统，如"为顾客创造价值"、"成为一流企业"等，这些都是不得要领的。

企业使命是企业肩负的对社会和人类的一种使命，为了使企业能更好地服务于自身肩负的使命，企业使命必须具有前瞻性，不应该仅仅描述企业当前的产品或顾客细分。比如，马车公司如果定位它的使命为"为顾客提供品质一流的马车"，那么汽车出现后，该公司就会倒闭了。设想如果该公司把它的使命定位为"为顾客提供方便快捷的交通工具"，那么在马车需求下降后，它可以转为生产汽车，获得新的发展机会，更好地完成肩负的使命。因此企业的使命定位不应该从产品出发，而应该从顾客需求出发、从长远考虑。因为产品是会变的，顾客需求也是会变的，都具有时间上的阶段性，但有一点是不会变的，即人类对更加美好、舒适生活的追求是不会变的，如迪斯尼的"让世界更加欢乐"的使命就体现了这一原则。

企业使命是其目标的一般性说明，可以认为是组织存在目的的一种表述。企业使命除了使用一句简洁精练的话语来表述外，还可以配合企业使命说明书来描述。企业使命说明书应包括的基本要素有活动领域、主要政策、远景和发展方向。企业使命的确定需要千锤百炼，一个好的企业使命，应该强调以下五个方面：

（1）应该是富有想象的，并且可以持续很长的时间；

（2）应该分清楚企业的主要目标，弄清楚企业为什么而存在；

（3）应该清楚地描述企业的主要活动和希望获得的行业地位；

（4）应该阐明企业的关键价值观；

（5）应该是企业有愿望也有能力完成的企业使命。

第二节　企业目标

20 世纪 20 年代，AT&T 的创始人提出"要让美国的每个家庭和每间办公室都安上电话"。20 世纪 80 年代，比尔·盖茨如法炮制："要让美国的每个家庭和每间办公室桌上都有一台 PC。"事实证明，AT&T 和微软都基本实现了它们的目标。

一、企业目标的含义

企业目标是指在企业总体战略框架下，为企业和职工所提供的具体方向，以及企业在一定时期内要达到的预期成果。企业目标都有时间界限，目标所规定的时间期限越短，目标内所含的具体内容数量便越少。

需要注意的是，在管理学文献中，目的和目标这两个术语有时是两个不同的概念，有时又几乎是同义词。从战略管理的角度来看，企业的目的是企业希望实现的一种广义的方向，具有最终的、长期的、无限的属性。企业的目标是在企业目的的总框架下，为企业提供具体的发展方向，规定完成时间。

（一）企业目标的层次

企业目标不但是一个企业的基本特征，还表明一个企业存在的意义。一般来讲，企业目标包含三个层次的目标。

第一层次，社会强加于企业的目标。如企业必须为社会提供所需要的优质产品和服务的目标，企业生产经营活动必须考虑可持续发展的目标，企业生产经营活动必须考虑商业道德和承担社会责任的目标等。

第二层次，企业整体的目标。它是指将企业作为一个利益共同体的目标，如企业提高经济效益的目标，企业增强自我改造和技术装备的目标，企业改善员工生活、保障员工安全的目标等。

第三层次，企业员工的目标。如提高员工的个人经济收入、培养员工工作兴趣等。

（二）企业目标的内容

企业目标的内容一般由四个部分组成：(1)目的，这是企业期望实现的标志。(2)衡量实现目的的指标。(3)企业应该实现的指标，或企业希望越过的障碍。(4)企业实现指标的时间表。从管理的角度讲，要使目标更为实用，企业应该尽可能周密慎重地选择每个组成部分，并且详尽地对其加以说明。例如，某企业为了排除通货膨胀的影响，更好地衡量自己的增长速度，则采用不变价格作为衡量的标准，而不用现行价格。

二、企业目标体系

按企业目标所涉及的时间来划分，企业目标体系可分为以下三种：

（一）战略目标

战略目标是指通过加强企业战略管理活动，企业所要达到的关于市场竞争地位和管理绩效的目标，包括行业地位、总体规模、竞争能力、技术能力、市场份额、盈利增长率、投资回收率以及企业形象等。企业制定营销战略目标,是为了将企业战略具体化、数量化,使企业总体的努力方向变为各部门全体职工的行动准则。营销战略目标是选择营销战略方案的依据,营销战略方案是实现营销战略目标的手段。为了实现营销战略目标与营销战略方案的有机结合,企业制定营销战略目标必须遵循以下程序:

第一,结合环境预测和内部微观条件评估,分析营销战略态势,确定营销战略目标的期望值。第二,预测企业未来的绩效水平,并找出营销目标期望水平和未来预测水平之间的差距。第三,拟订缩小差距的营销战略方案。第四,综合调整各项营销战略,并修改对企业未来绩效水平的预测。经过调整和修订,如果期望水平和预测水平之间的差距可以缩小,期望的目标水平就确定为营销战略目标。否则,企业就必须重新确定营销目标的期望值。

明确的市场营销战略目标有很多作用,包括指明方向、促进协同、帮助评价、明确重点、减少不确定性、减少冲突、激励员工,以及有助于资源配置和战略实施中的方案设计。

(二)长期目标

长期目标是指在一个相对较长的时期内,企业试图实现的预期生产经营目标,计划期一般为 5 年。长期目标是企业制定总体战略与经营单位战略的基本出发点。企业市场营销战略的长期目标包含以下一些要素:

1.获利能力

任何企业在长期生产经营中,都在追求着一种满意的水平。实行市场营销战略管理的企业一般都有自己明确的利润目标。

2.竞争地位

大多数企业喜欢根据其销售总量或市场占有率,来评价自己在增长和获利方面的能力。可以说,市场竞争的地位,是衡量企业绩效好坏的一个重要标准。作为行业领先者,总想稳固其市场地位;作为行业追随者,总想赶上或超过领先企业;作为行业内的落后者,总想摆脱不利的市场竞争地位。

3.员工发展

员工对企业的忠诚程度是企业竞争能力的重要影响因素。在企业市场营销战略的长期计划中,高层管理者应当尽可能地考虑员工的合理要求,积极采用以人为本的管理指导思想,全心全意依靠员工,鼓励员工参与企业决策,进而培育员工的主人翁意识。当员工感到自己在企业里受到重视或能够拥有良好的个人机会时,他们往往会极大地促进企业创新能力的增长。

4.社会责任

现代意义上的企业必须认识到自己肩负的社会责任。这种社会责任是指企业追求有利于社会的长远目标的义务,而不仅仅是法律和经济意义上的义务。在社会责任层面上,市场营销战略的长期目标侧重于强调道德的、长期的、义务的责任,如烟草企业在营销中对吸烟有害健康的温馨提示等。

营销战略与管理

(三)年度目标

市场营销战略基本要素的年度目标是指以年度为单位的企业营销目标,是实现企业总体营销战略目标的一种必要手段。它与企业市场营销长期目标有着内在的联系,能够为监督和控制企业的绩效提供具体的衡量依据。企业可以从以下两个方面考查其年度目标:

1.企业市场营销战略的年度目标与长期目标的联系

年度目标必须和企业总体营销战略的一个或多个长期目标有明确的联系。它与长期目标之间存在着内在的传递与分解的关系,即年度目标将长期目标的信息传递到主要职能部门,并将长期目标分解为更具体的年度短期目标,以便让各职能部门明确任务,落实其应当承担的责任。

年度目标与长期目标的主要区别在于:长期目标一般要考虑未来五年或五年以上,而年度目标通常只考虑一年的情况。长期目标着重确定企业在未来竞争环境中的地位,而年度目标则着重确定企业各职能部门或其他下属单位下一年度要完成的具体任务。长期目标内容广泛且大多抽象,年度目标内容比较具体。长期目标一般用相对数衡量,年度目标多用绝对数衡量。

2.企业市场营销战略的年度目标与总体目标的协调

有的企业职能部门在确定年度计划和目标时,往往会忽略企业的总体目标,而只注意本部门的利益,这可能会导致各职能部门在年度目标上各行其是,缺乏内在联系,容易造成内耗,从而损害企业的整体利益。

从总体上看,年度目标对于战略管理也是非常重要的。原因在于:它是配置资源的基础;是评价管理者绩效的主要尺度;是监测运作过程,使其向实现长期目标方向前进的工具;突出了公司、分部和职能部门的工作重点。

三、目标体系的制定

企业在制定市场营销战略目标体系的过程中,可以采用自上而下的目标制定方法,也可以采用自下而上的目标制定方法。不过,由于企业基层对整体的战略意图往往把握不足,自下而上的制定方法可能存在很多缺陷。

在制定市场营销战略目标体系时,企业还要考虑到目标内涵的质量。衡量目标体系的质量一般有以下标准:

(一)适合性

企业中的每一个市场营销战略目标都应该是实现其总体目标的一个具体步骤,必须服从于企业使命中规定的企业目的。违背企业使命的目标往往只会损害企业自身的利益。

（二）可衡量性

企业在制定市场营销战略长期目标时，必须明确、具体地规定目标的内容及实现目标的时间进度。目标制定得越具体，越能减少误解。

（三）合意性

企业所制定的市场营销战略目标要符合企业管理人员的期望和偏好，使他们乐于接受和完成。管理人员如果认为目标不合适或不公平，就会消极应付或拒绝实现这一目标。此外，有的市场营销战略长期计划目标还要使企业外部利益群体能够接受。

（四）易懂性

企业各个层次的战略管理人员都必须清楚地理解他们所要实现的目标，必须理解评价目标效益的主要标准。为此，企业在阐述市场营销战略长期目标时，要准确、详细，使其容易为人们所理解。

（五）激励性

企业市场营销战略的长期目标既不能高不可攀，也不能唾手可得，要有一定的挑战性，能够激励人们去完成。在实践中，不同的个人或群体对目标的挑战性可能有着不同的认识。因此，企业要针对不同群体情况提出不同的目标，以达到更好的激励效应。例如，通用电器公司的哲学就是超越"能够做到的"境界，达到"可能达到的"境界。通用电器的管理层认为，给组织提出挑战，推动组织实现"不可能"的目标，可以提高公司所作努力的质量。为此，该公司倡导一种"我能做"的精神，从而建立自信。

（六）灵活性

当经营环境出现意外变化时，企业应能适时更改其市场营销战略目标。不过，企业调整市场营销战略计划目标，有时会产生一定的副作用，如会影响员工的积极性等。为了避免或减少这种副作用，企业在调整目标时，最好只是改变目标实现的程度，而不改变目标的性质，以保证其可行性。

第三节　经营范围

一、经营范围的含义

经营范围是指企业生产经营的商品种类或服务项目的范围，即从事生产经营活动的领域。公司作为营利性的法人，必须要从事经营活动，但公司从事经营活动的范围是受约束的，即受依法登记的公司经营范围的约束。经营范围既反映出企业目前与其外部环境相互作用的程度，又反映出企业计划与外部环境发生作用的要求。对于大多数企业来说，应该根据自己所处的行业、自己的产品和市场来确定经营范围。只有产品与市场相结合，才能真正形成企业的经营业务。

（一）企业经营范围的确定

确定企业的经营范围，有利于明确企业的经营方向和服务对象。企业的经营范围一般规定在公司章程中，任何公司都必须在公司章程中对其经营范围作出规定和记载。根据我国《公司法》的规定,我国公司的经营范围由公司章程规定,并依法登记。

企业确定经营范围的方式可以有多种形式。从产品角度来看,企业可以按照自己产品系列的特点来确定经营范围,如电力公司、钢铁公司等;企业还可以根据产品系列内含的技术来确定自己的经营范围,如自动化仪表公司、光导纤维公司等。从市场营销的角度来看,企业可以根据自己的市场来描述经营范围,这种描述可以有两个出发点:一个是企业的使命,另一个是企业的顾客。两者是截然不同的概念,从某种意义上讲,企业的使命是指企业如何满足市场上的顾客对现有产品的需求;而顾客是指产品的现实购买者。这两者的关系有时是一致的,即企业现有的产品可以满足顾客的需求;有时又是不一致的,顾客可能有多种需求,需要不同的销售渠道和不同的产品来满足。因此,企业在描述自己的经营范围时,就应该考虑从哪个角度出发,才能真正符合企业和社会的利益。

在一般情况下,企业使命与顾客需求是不相矛盾的。在多种经营的情况下,企业便不能只从某一行业的角度来定义自己的经营范围,需要多方位、多层次地研究自己的市场和顾客,更好地为市场营销战略的制定奠定基础。

(二)企业经营范围的法律效力

经营范围一经主管机关核准登记,便产生法律效力,我国《公司法》规定,公司应当在登记的经营范围内从事经营活动。公司的经营范围一经登记,便产生法律效力,但经营范围并不是不可改变的。大多数国家公司法都规定,只要履行必要的变更登记手续,公司的经营范围是可以变更的。按我国《公司法》及有关法律的规定,公司依照法定程序修改公司章程并经公司登记机关变更登记,可以变更其经营范围。

二、范围经济的界定

(一)范围经济的定义

为了解释多产品生产企业的经济性,潘热(John C. Panzar)和威利格(Robert D. Willing)等提出了范围经济(Economics of Scope)概念。范围经济意指关联产品的生产或经营可以节约某些共同的费用,它是研究经济组织的生产活动经营范围与经济效益关系的一个基本概念。

(二)范围经济的来源

范围经济的存在本质上是对企业现有剩余资源的利用和共享,存在一种协同效果,即两个事物有机地结合在一起,发挥出超过两个事物简单总和的联合效果。范围经济的主要来源可归纳如下:固定成本的不可分割性和分摊,变动投入生产率的提高,市场营销经济性(广告费用的分摊、声誉效应和商标保护、渠道共享等),购买经济性,研究与开发等。从原材料的购置、投入,到生产、分销和零售,范围经济在生产经营的每一个过程中都有可能发生。范围经济包括基于有形资源的范围经济、基于无形资源的范围经济以及基于竞争者的范围经济。范围经济的存在为企业多元化经营提供了有力的依据。

(三)范围经济的表达

如果用数学公式表示,范围经济可以表示为:$C(Q_A, Q_B) < C(Q_A, 0) + C(0, Q_B)$。

在这个式子里,左边是联合生产两种产品或两种劳务的总成本,右边是生产 A 产品企业的成本与生产 B 产品企业的成本之和。左边联合生产的成本水平低于右边分别生产的成本之和,说明范围经济的存在。

第四节　资源配置

一、资源配置的内涵

在西方经济学中资源配置是基于稀缺性资源引起的选择问题,即"生产什么"、"如何生产"、"为谁生产"的问题,这三个问题在经济学中被称为资源配置问题。微观经济所要解决的问题就是资源配置问题,就是要使资源配置达到最优化,即在这种资源配置下能给社会带来最大的经济福利。微观经济学从研究单个经济单位的最大化行为入手,说明价格如何使资源配置达到最优化,从而解决社会资源的最优配置问题。

市场营销战略要素所说的资源配置主要是指企业内资源的配置问题,是指企业过去和目前资源与技能组合的水平和模式。资源配置的优劣状况会极大地影响企业目标的实现程度,因此,资源配置又被视为形成企业核心竞争力的基础。资源配置是企业实现生产经营活动的支撑点。把资源配置作为企业战略的构成要素是霍弗和申德尔的观点,他们认为,资源配置不仅是战略中最重要的方面,而且在确保企业获得成功上也比经营范围更为重要。霍弗曾于 1973 年对企业面临的战略挑战和应战的问题进行了研究。他发现,当企业面临重大的战略挑战时,大多数获得成功的企业会有三种不同的反应:第一,企业的经营范围和资源配置都发生了变化;第二,仅仅是企业的资源配置模式发生了变化;第三,仅仅是企业的经营范围发生了变化。而那些在重大战略挑战面前没有成功的企业,一般不会作出上述反应。这说明,当企业所面对的外部环境发生变化时,一般都要求对已有的资源配置模式加以或多或少的调整,以支持企业的战略行动。

二、资源配置效率与经济制度选择

建立特定的经济制度是实现资源配置目标的基本手段。一般来讲,不同的经济制度配置资源的手段与方式是不同的,资源配置的效率也各不相同。按照资源配置方式的不同,可以将历史上曾经出现过以及现存的经济制度划分为三个基本类型,即自由放任的市场经济制度、中央集权的计划经济制度、混合经济制度。

(一)市场经济制度

在自由放任的市场经济制度中,每个经济参与人以自主决策为基础,政府对经济活动的干预很少,资源配置主要由市场供求关系决定。在这种经济制度下,所有经济参与人都以追逐自身的利益最大化为目标进行选择。各种经济参与人在市场上相互作用的最终结果决定资源配置的方式与方法,社会依此规则解决其面临的基本经济问题。

自由放任的市场经济制度的基础是市场参与者的分散决策化,每个经济参与人都具有追逐个人利益最大化的基本动机。自由放任的市场经济通过价格涨落反映资源稀缺程度。

（二）计划经济制度

中央集权的计划经济是以决策集中化为基础的，政府部门决定生产什么、生产多少以及为谁生产。政府部门为了实现特定的目标，根据社会需求以及现有的资源状况，决定生产计划，确定生产目标和生产方式并确定分配制度。建立在公有产权基础之上的中央集权的计划经济体系中，政府部门的目标往往是社会的利益。为了实现这些目标，政府部门通常借助法律和行政手段，命令生产单位执行其生产计划。在中央集权的计划经济体系中，政府部门依据人们的需要和社会生产能力进行决策，而对社会需要和生产能力的把握是否及时、准确成为这种决策是否有效的基本前提。价格在这里不再反映资源的稀缺程度。

（三）混合经济制度

完全的自由放任经济体系和完全的中央集权经济体系在现实中并不常见，现实中的资源配置制度通常在不同程度上掺杂着计划经济和市场经济的成分，当两种经济体制的混合达到一定程度时，就形成了第三种配置资源的经济制度——既有市场调节又有政府控制的混合经济制度。混合经济体系中的决策机制既具有分散化的特征又具有集中化的方面，市场机制是优化资源配置的主要调节手段，价格在这里成为资源稀缺程度的重要标志，而政府决策对保持经济平稳运行和协调发展的作用是不可或缺的。

三、资源配置经典模式

（一）市场模式

在交易成本为零的假定下，不需要有其他的制度选择，市场功能可以自行解决资源优化配置的问题（科斯第一定理：如果交易费用为零，不管产权最初是怎样界定，自由交易的结果会使社会总产值达到最大化）。这实际上也就是西方经济学中微观经济理论的核心思想。

（二）企业模式

进入存在交易成本的现实世界后，由于市场功能的发挥受到交易成本的限制，就需要寻求最能节约交易成本的制度安排。作为对市场交易的替代方式之一，就是由企业这种经济形式来组织生产活动。企业一方面可以使一部分市场交易成本内在化，从而提高交易的效率，使企业规模扩大；另一方面企业作为一种组织也需要花费成本，随着规模的扩大，组织成本也在上升，所以企业规模也不是越大越好。一种经济活动是通过市场交易进行，还是在企业内部进行，其决定性因素就是交易成本的大小。关于企业与市场的替代关系，正是科斯在《企业的性质》中所要解决的问题。

（三）政府模式

对市场交易的替代方式之二，就是政府的直接管制。因为企业在解决某些外部性问题时，成本也是非常高的，比如烟尘排放污染一类的问题，不可能在单个企业的范围内解决，所以政府直接管制就可能作为市场交易的替代物出现。

第五节　竞争优势

一、竞争优势的内涵

竞争优势的概念最早是由英国经济学家张伯伦（E. Chamberlin，1939）提出的，而后霍弗和申德尔将其引入战略管理领域。所谓企业竞争优势是指一个企业超越其竞争对手的能力，这种能力有助于实现企业的主要目标——盈利与市场占有率的提高。市场营销战略要素的竞争优势就是企业通过资源配置与经营范围的决定，在市场上所形成的与其他竞争对手不同的竞争地位。

竞争优势的研究涉及国际贸易理论、战略管理学、产业经济学、跨国投资理论等许多学科。历史上对竞争优势的研究沿两个方向进行，一个方向是由传统贸易理论经新贸易理论到跨国投资理论，另一个方向是由企业竞争优势经行业竞争优势到国家竞争优势。

管理学与经济学最本质的区别就在于：管理学的研究视角是以企业为核心，而经济学的视角是以市场为核心（钱德勒，1992）。以企业为核心，管理者侧重于从企业内部发掘企业的竞争优势（它并不排除企业战略管理者从企业之外寻求企业的竞争优势）；以市场为中心，管理者则侧重于从企业外部——市场发掘企业的竞争优势（但它也并不排除经济学家从企业内部寻求企业的竞争优势）。这种外部与内部竞争优势的发掘，可以用科斯（1937）的理论来加以解释。科斯认为，市场交易摩擦会产生交易费用，企业的作用就在于它能够节约市场交易费用，即在存在交易费用的情况下，企业产生于对价格机制的边际替代。企业的最佳边界就在企业内部交易成本与外部市场交易成本相等时的企业与市场的边界。当通过市场交易比企业内部生产更经济时，企业倾向于通过市场交易来获得产品、降低企业成本，从而获得竞争优势；反之，企业则通过内部生产去获得利润与竞争优势。

二、竞争优势来源理论

（一）古典竞争优势理论

早期的竞争优势理论可追溯至古典经济学中的贸易理论，以 18 世纪亚当·斯密的社会分工和绝对优势理论、19 世纪李嘉图的比较优势理论以及 20 世纪初赫克歇尔－俄林的资源禀赋理论为代表。

（二）产业分析理论

产业分析理论以哈佛商学院的波特为代表。波特的观点实质上是经典的产业组织范式"结构—行为—绩效（S—C—P）"。波特（1985）认为，"决定企业盈利能力首要的和根本的因素是产业的吸引力"，产业吸引力由五种力量（现有竞争者、潜在进入者、供方、买方、替代品）决定。在产业结构稳定的前提下，企业的竞争优势取决于企业在产业中的相对地位。企业要获取有利的竞争位势，就要实施基于价值链的战略，主要是成本领先战略和差异化战略。

波特的产业分析开创了研究企业竞争优势的先河，其勾勒的五种竞争力量对于企业制定自身战略提供了极具操作性的指导。但波特的理论似乎过于强调企业竞争的外部环境——产业结构和市场力量,忽略了企业的特质,仍是将企业作为一个"黑箱"处理。这常常诱使企业进入一些利润较高但缺乏营运经验或者是与主业不相关的产业,导致企业战略上的盲目多元化。更致命的是,Rumelt(1991)指出,产业内的利润差异比产业间的利润差异还要大。直观地说,波特的理论不能解释为什么同样处于有吸引力的产业,有的企业盈利而有的企业却亏损甚至破产。

(三)核心能力理论

也许是为了弥补第二类理论的不足,第三类理论则强调竞争优势来源于企业内在的能力,主要包括三种观点:核心能力理论、行为决策理论和新制度主义理论。其中最具影响力的当属核心能力理论。核心能力理论发端于帕拉德(Prahalad)和海默(Hamel)在《哈佛商业评论》上发表的经典论文《公司核心能力》。核心能力理论认为企业的竞争优势来源于企业所拥有的核心能力(Core Competence,又译"核心竞争力")。那么,核心能力又来源于何处呢? 围绕这一问题,核心能力理论又可分为三个派别:基于技术观的核心能力理论(Prahalad&Hamel,1990;Meyer&Utterback,1999)、基于资源观的核心能力理论(Wernerfelt,1984;Collis&Montgomery,1985;Oliver,1987;Barney,1991),以及基于知识观的核心能力理论(Barton,1992)。

不可否认,核心能力理论较之产业分析理论对企业竞争优势的揭示更深入了一层,从产业层面深入企业内部,打开了企业的"黑箱",有力地解释了企业之间竞争力的差异。但是,核心能力理论在否定产业分析理论的同时,又从一个极端走到了另一个极端。显然,忽略企业所处的产业环境是没有道理的。在复杂多变的市场环境中,企业如果只注重培养自己的能力,而没有遵循产业发展的内在规律,或者是不恰当地进入了一个正在衰退的产业,那么这样的企业同样不会有竞争优势。此外,由于企业之间在产业环境、自身力量等方面常常相差悬殊,它们在技术、资源和知识上的实力很可能不具有比拟性。例如,对于一个从事国际贸易的企业来说,不太可能依靠核心技术来培养自己的竞争优势,而一个小型加工厂也不太可能凭借所谓的"资源"或者"知识"傲视业界群雄。

第六节　协同作用

一、协同作用的内涵

在生物医药领域,两种药物并用时疗效相当于两药总和或大于各药单用双倍剂量的,称为协同作用。反之,两种药物并用时疗效小于各药单用的,称为拮抗作用。

在管理领域中,所谓协同作用,是指系统在开放的条件下,系统内各子系统间以及系统与环境间产生的协调、同步、默契的非线性作用,协同作用是系统本身固有的自组织能力。协同学认为,无论是原子、分子、植物、动物,还是人类社会等各种系统,都具有协同作用。协同作用是企业从资源配置和经营范围的决策中所能发现的各种共同努力的效果,即分力整体大于各力简单相加之和。在市场营销战略中,企业总体资源的收益要大于各部分资源收益之和,即 1+1>2 的效果。

二、协同作用的分类

一般来说,企业的协同作用可以分为以下四类:

（一）投资协同

投资协同作用产生于企业内各经营单位联合利用企业的设备、共同的原材料储备、共同研究开发的新产品,以及分享企业专用的工具和专有的技术。

（二）生产协同

生产协同作用产生于充分地利用已有的人员和设备,共享由经验曲线造成的优势等。这里所指的经验曲线,是指当某一产品的累积生产量增加时,产品的单位成本趋于下降的趋势。

（三）销售协同

销售协同作用产生于企业使用共同的销售渠道、销售机构和推销手段来实现产品销售活动。老产品能为走进市场的新产品引路,新产品又能为老产品开拓市场;老产品能为新产品提供示范,新产品又能为老产品扩大范围,这样,企业便可以减少费用,获得较大的收益。

这三种协同作用实际上是发生在生产经营活动过程的三个阶段上的,说明企业在每个阶段上都可以形成自己的协同作用。

（四）管理协同

管理协同作用不能用简单的定量公式明确地表示出来,但它却是一种相当重要的协同作用。当企业的经营领域扩大到新的行业时,如果在管理上遇到过去曾处理过的类似问题,企业管理人员就可以利用在原行业中积累起来的管理经验,有效地指导和解决这些问题。这种不同的经营单位可以分享以往的管理经验的做法就是管理协同,这是一种无形的力量。

一般来说,衡量企业协同作用的方法有以下两种:一是在企业收入既定的条件下,评价因企业内部各经营单位联合经营而导致的企业成本下降;二是在企业投资既定的情况下,评价因企业内部经营单位联合经营而导致的企业纯收入的增加。

三、协同学理论

协同学(Synergetics)一词来自希腊文,意为关于协同作用的科学。协同学的基本范畴就是协同,是研究开放系统有序与无序协同作用的科学,又称协同论、协和学,是建立在控制论、信息论、系统论及突变论等学科基础上的新学科,与耗散结构论同属非平衡系统理论。其奠基人是德国斯图加特大学的理论物理学教授哈肯。20 世纪 60 年代初期,他在从事激光理论的研究过程中,发现其中呈现许多合作现象,从而得出协同作用的概念。在这种合作现象的启发下,经过不断深入研究,协同学于 70 年代初期诞生了。

协同学以现代科学理论的最新成果——信息论、控制论、突变论为基础,吸取平衡相变理论中序参量的概念和绝热消去原理,在众多学科的研究领域中,通过同类现象的类比摸索它们转变所遵从的共同规律,总结出自己独特的理论观点,创造性地形成一套模型和处理方案,既可对自然科学的问题作出定量结论,又可对社会科学的问题作出科学的定性说明,正确地反映实际状况。协同学所要研究的内容是由大量子系统组成的系统,如激光系统中的原子、光子,生物系统中的植物、动物,社会系统中的党派、集团等。序量的合作会形成一种宏观结构,而序参量的竞争将导致只有一个模式的存在。这种合作和竞争决定着系统从无序到有序的演化进程,这是协同学的精髓所在,也是协同学中协同的真正含义。协同导致有序,无论是宇观系统、宏观系统还是微观系统,只要属于开放系统,就都以某种条件为前提表现出非平衡的有序结构,都是协同学的研究内容。

协同学前沿研究重点已发生转移,重点之一是混沌现象,它研究自然界中有序和混沌之间的相互转变。另一个重点是从宏观尺度向微观水平的转移,研究微观分子水平的变化与宏观表型水平的变化之间的关联。协同学采用相变理论中的序参量概念来描述一个系统的宏观有序程度,用序参量的变化来刻画系统从无序向有序的转变。根据协同学理论,协同导致有序,但一个系统的协同作用是通过系统内部的矛盾斗争来实现的。协同学的主要研究方法之一是类比法。哈肯发现了全然不同的系统的行为之间存在着深刻的相似。不同系统、不同状态之间的统一性正是协同学建立的理论依据。近来,协同学和社会学相结合,产生了定量社会学。这门新学科建立了数学方法和模型,定量地研究社会现象,如社会舆论的形成、人口的分布与迁移、经济的发展模式乃至战争与和平问题,从而使社会学走上了定量化的道路。协同学在物理学系统、化学和生化系统均已得到广泛应用,并取得显著成绩;在社会学、生物学、经济学等方面的应用也在日益扩大。

基本概念

企业使命　企业宗旨　范围经济　竞争优势　协同作用

复习思考题

1.描述某知名企业的企业使命。
2.企业目标体系包括哪些部分?
3.企业目标制定应遵行哪些原则?
4.资源配置有哪些基本模式?
5.简述竞争优势来源的基本理论。

阅读延伸

[1]肖俊夫,林勇.经济转型发展中科技人才分型与协同作用机制研究[J].科技进步与对策,2015,08:139-144.
[2]邓翔,蒋坤宏.中国货币政策和资本监管的协同作用——基于银行业的理论和实证分析[J].经济学家,2014,10:67-76.
[3]陈学忠.基于博弈论修正模型的市场营销资源配置优化研究[J].统计与决策,2015,13:176-179.
[4]李巍.中小企业创新均衡对竞争优势的影响机理研究——营销动态能力的调节效应[J].研究与发展管理,2015,06:10-18.

机会分析篇

第4章

市场营销战略环境分析

学习目标: 企业生存于一定的环境之中,营销活动也离不开特定的环境。市场营销战略环境是指对企业市场营销战略的现在和未来产生全局性重大影响的一些要素的集合。营销环境中既可能蕴含机会,也可能存在威胁。在学习本章时,要重点学习企业营销活动面临的微观环境、宏观环境、竞争者、利益相关者及其可能对企业所造成的影响,掌握营销战略环境分析的主要内容。

知识目标: 理解微观环境、宏观环境、竞争者、利益相关者的概念。

能力目标: 给定某一具体企业,能够从战略的角度应用市场营销战略环境分析的内容与方法对其面临的各种营销环境进行分析和评价。

导入案例

同仁堂的天时、地利、人和

在我国,凉茶市场一直处于寡头竞争格局。提到凉茶,人们张口就来的是这两大品牌:红罐王老吉、金罐加多宝。但就在 7 月 18 日,同仁堂推出同仁堂凉茶、同仁堂玛咖乌龙茶两款全新凉茶饮料,这就意味着,传统知名药企同仁堂正式进军快消品行业。

目前,医药产业进军快消品市场已经不是新鲜事,有成功也有失败案例。面对凉茶市场这片深海,同仁堂双罐饮料究竟凭借哪些优势在激烈市场中分得一杯羹?

天时:国家政策支持,中医药行业成为投资风口。在"十三五"规划中,政府十分重视健康中国建设,这对于立足于中医保健的同仁堂来说,健康消费领域必定是未来进军重心。

地利:中医药向大众消费品延伸的营销逻辑。近年来,中国药企纷纷进军快消圈,并大获成功,如,云南白药牙膏、江中制药的猴菇消化饼干、广药集团旗下的王老吉凉茶。药品向快消品产业链延伸的逻辑思维,同仁堂已经不是第一家。

人和:老字号的品牌势能与品质保障。作为老字号企业,同仁堂有着悠久的发展历史和品牌文化。同仁堂双罐凉茶提出了凉茶领域新的消费诉求,有利于其树立独特的品牌标签。两款茶饮料均为草本饮料,因此对原材料把控要十分严格。从配方选材到加工生产,"双茶"都延续了同仁堂百年不渝的品质理念。

(案例来源:佚名:《优势:同仁堂的天时、地利、人和》,新营销,2016-5-20)

第一节　市场营销战略的环境分析

市场营销战略环境是指对企业市场营销战略的现在和未来产生全局性重大影响的一些要素的集合。对市场营销战略环境的描述与划分有很多不同的标准,在此我们采用著名营销学专家菲利普·科特勒的分类方法,把市场营销战略环境划分为微观环境和宏观环境。

一、微观环境分析

微观环境主要包括企业本身、供应商、营销中介、顾客、竞争者和公众六个部分。

（一）企业本身

企业本身即企业的内部状态。任何一个企业的市场营销活动都不是企业某个部门的孤立行为,所以必须要有统一的协调,要得到其他各个部门的支持,要使企业所有的活动服从于营销战略的实施。企业的财务、采购、生产、研发部门都要服务于营销部门。所以企业必须进行相关的分析,以确保目标的统一和战略的实施。

（二）供应商

供应商是向企业及其竞争对手提供各种资源的组织,企业只有运用这些资源,才能为目标顾客生产产品和提供服务。此外,企业的各种营销努力,如市场调研、广告等也需要外部资源来支持。因此,供应商对企业的营销活动和营销战略有巨大的影响。营销部门必须重视对供应商的调研和评价,选择那些能提供质量、价格、信贷、担保、交货最佳组合的供应商。企业应设法与一些主要供应商建立长期信用关系,以保持供货的稳定。同时要避免过于依赖单一的供应商,应具有多个供应商。如果条件允许,企业应采取逆向一体化策略——与供应主要资源的企业合作,以保证营销战略的稳妥实施。

（三）营销中介

营销中介是协助企业把产品和服务销售给购买者的中介组织,包括中间商、货物储运商、营销服务机构和金融机构。(1)中间商协助企业寻找顾客,或把产品销售给顾客。如何选择中间商并与之合作,对企业来说并非一件简单的事情。(2)货物储运商帮助企业在从原产地到目的地的过程中储存和运送货物,企业必须综合考虑成本、运送速度、安全性和交货方便性等因素,确定运输和储存货物的最佳方式。(3)营销服务机构如市场调研公司、广告公司、咨询公司等,帮助企业制订和实施营销计划,由于这些公司在服务内容、质量、价格、特色方面差异很大,在选择它们时要多加小心。(4)金融机构为交易提供金融支持或对经营中的风险提供保险,企业必须同金融机构保持密切联系。对营销中介的分析,能使企业比较客观地制定战略,保证战略的实施。

（四）顾客

顾客是企业产品和服务的购买者。企业的管理者通常把顾客群称为市场,任何企业的顾客群或市场可以是下列类型中的一种或几种:

(1)消费者市场。由个人和家庭组成,为自身的消费而购买商品和服务。

（2）生产者市场。由生产厂商组成,其购买产品与服务是为了在生产过程中使用,以达到盈利或其他目的。

（3）转卖者市场。由各种中间商构成,其购买产品和服务是用于转售,并从中盈利。

（4）政府市场。由政府机构构成,其购买产品和服务是用于提供公共服务或发放救济。

（5）国际市场。由国外购买者组成,包括国外的消费者、生产者、转卖者和政府。

由于每一种类型的顾客都有自己的特点,因而需要营销人员仔细地研究,以便选择恰当的目标市场,制定并实施适当的营销战略。

> **营销高手经典语录**
>
> 我们不是有意要杀死谁,而是最后顾客的选择决定了让谁退出市场。
>
> ——卫哲（百安居中国区总裁）

（五）竞争者

竞争者无处不在。一个组织为目标顾客所做的营销努力,总会遇到其他组织要与之较量的类似努力。因此,企业的营销系统必须时刻注意识别各种竞争者,设法胜过它们,以保持顾客对本企业的依赖关系。公司不仅要面对最贴近的品牌竞争者,而且要防范较远一些的产品形式竞争者、类别竞争者和欲望竞争者。

（六）公众

公众是对一个组织实现其目标的能力有兴趣或有影响的群体。任何企业都要面对七类公众,所以在制定营销战略时必须对这些公众有充分的了解并加以分析。

（1）金融界,包括银行、投资公司、证券公司、保险公司等,这些机构影响企业的融资能力。

（2）媒介公众,指报纸、杂志、电台、电视台等大众传播媒介,这些媒介有广泛的社会影响力。

（3）政府机构,即与企业营销活动有直接关系的政府部门。

（4）市民行动公众,如消费者组织、环境保护组织、少数民族团体等,这些组织可能影响企业营销活动的开展和营销战略的实施。

（5）地方公众,即企业所在地附近的居民和社会组织,这类公众与企业有密切的联系,在制定战略时不能忽视他们。

（6）一般公众,虽然一般公众并不是有组织地对企业采取行动,但其行为与态度往往会影响企业潜在市场的发育。

（7）内部公众,包括董事会、经理、管理层员工和劳动层员工,他们对所服务企业的态度往往会影响到外部公众对企业的态度。

由于公众对企业的命运会产生巨大的影响,所以企业必须以积极主动的态度处理好与公众的关系。

二、宏观环境分析

（一）人口环境

人口环境是制约和影响企业营销努力的最重要因素,因为具有一定购买力和购买动机的人口是市场构成的基本要素。营销人员必须能够比较清楚地了解特定地区的人口规模和人口结构问题。

1.人口总量及增长速度

一般来说,消费品特别是生活必需品的市场容量与人口总量及其增长速度成正比关系。其他条件一定时,人口数量越多、增长越快,市场容量就越大;反之,则越小。

2.人口结构及其变化

人口结构是指人口的构成,包括人口的性别结构、年龄结构、社会结构等。性别结构即男女人口的比例,年龄结构即幼儿、少年、青年、中年、老年人口的比例,社会结构即不同民族、职业、文化程度和宗教信仰的人口的比例。由于人们的性别差异、年龄差异、社会差异会或多或少地反映在消费需求、购买动机和购买行为差异上,人口结构的变化会引起市场的变化,所以营销人员必须能够了解人口结构及把握其变化趋势。

3.人口分布和流动状况

人口在地理上的分布和流动是人口环境中的一个重要特征。在其他条件不变的情况下,人口分布与流动状况将影响地域之间的市场容量和商品流向。

(二)经济环境

经济环境与人口环境同等重要,因为对在市场上谋求生存与发展的企业来说,购买力和人口都是基本的市场要素。但是,购买力又是一个综合性指标,是收入、价格、储蓄及信贷等一系列经济变量的函数。所以营销者要着重了解消费者的实际收入状况、价格及其变化、储蓄和信贷、消费结构及其变化等。

1.实际收入状况

消费者的购买力来源于他的实际收入。在货币收入不变时,因通货膨胀、失业和税负增加等,消费者的实际收入会下降,并且会对个人可支配收入带来不利影响,从而影响购买力。

与收入水平具有同等重要意义的还有收入的分配状况。收入经过复杂的分配过程后形成不同地区、不同职业和不同社会阶层的收入差别,其支出模式也有极大的不同。这对于企业选择确定经营目标是至关重要的。

2.价格及其变化

在收入和产品供应已经确定条件下,价格水平和价格结构会影响需求。一般来说,需求与收入呈正相关,与价格呈负相关。在通货膨胀与通货紧缩时期,社会需求有极不相同的反应,企业的营销战略也必须作出相应的调整。

3.储蓄和信贷

与消费者支出状况相关联的还有消费者的储蓄和债务状况。储蓄是一种潜在的、未来的购买力,负债可以增加消费者的现实购买力。如果消费信贷很发达,人们就有可能超过现有收入及储蓄的限制去购买更多的商品和服务。

4.消费结构及其变化

消费结构是消费支出总额中各项支出的数量比例关系。当消费者的收入增加或减少时,其消费结构也相应地发生有规律的变化。研究这种变化,有助于企业正确地把握未来的市场走势。

（三）自然环境

自然环境是指作为生产投入或受营销活动影响的物质资源。现代经济的高速发展已经使人类赖以生存的自然环境发生了急剧变化，企业应注意分析这些变化，以采取相应的经营对策。就当前和今后来说，自然环境面临着两大问题，即自然资源短缺和环境污染加剧。

1.自然资源短缺

通常说的自然资源包括非再生资源、有限再生资源和无限再生资源。非再生资源，如石油、煤和各种矿藏，是制约人类未来发展的最大障碍，其中许多非再生资源正在走向枯竭；有限再生资源，如森林、粮食等，由于水土流失、城镇化和工业化，耕地面积减少，其增长有限；无限再生资源，如空气和水，本是"取之不尽，用之不竭"的，但是受到生产、生活的污染，其质量也日益恶化。资源稀缺会使企业面临成本的大幅度上升，这些增加的成本很难转嫁给消费者。不过，致力于研究、开发与勘探的企业，通过开发新原材料等有可能解决这个问题。

2.环境污染加剧

现代工业创造了巨大的物质财富，同时也造成了自然环境的巨大破坏，土壤、空气、水等受到的各种污染，已经成为经济现代化的主要副产品，阻碍着人类生活的进一步改善。环境污染造成的公害受到公众越来越强烈的关注和谴责。一方面，这种动向对一切造成污染的行业和企业构成一种"威胁"，它们在社会舆论压力和政府的干预下，不得不采取措施来控制污染；另一方面，也为开发和生产控制治理污染技术设备的行业和企业，以及开发和生产无公害产品、绿色产品的行业和企业，提供了新的市场机会。

（四）技术环境

技术环境是影响人类生活的最引人注目的因素，也给企业的营销带来决定性的影响。每一项新技术都创造出新的市场和新的投资机会，也伤害了一些行业，而有些技术产生的长期重大影响往往出人意料。

1.技术变革步伐加快

高新技术的发展使开发和传播具有一种加速度，从构思到成功应用之间的时间差正在迅速缩短，从技术引入期到生产高峰之间的时间差也在大大缩短。科学家们正致力于广泛的新技术研究，这些研究将革新我们的产品和消费方式。跟不上技术变革步伐的企业，将会因为产品过时而失去新的市场机会。

2.注重微小技术改进

热衷于产品的微小技术改进是许多企业的营销方式之一。其主要原因在于，重大发明具有太高的风险，而基础研究成本在短期内又难以收回。所以即使是以研究开发为主的大公司也都小心谨慎，其研究开发经费多用于模仿竞争对手的产品并做些形式上的改良，或提供现有品牌的简单延伸。一般情况下，不具备一定经济实力的企业，不宜投入过多资金用于基础性研究和重大发明。

3.政府管制不断增强

任何事物都有其两面性，科学技术也不例外，它可能为人类增加福利，也可能给人类带来灾难。在新产品越来越复杂的情况下，公众需要了解这些产品是否安全，从而导致了

营销战略与管理

政府部门对技术开发和应用的干预,在食品、药品方面尤其如此。政府管制的不断加强,使得企业的研究开发成本上升,并使产品从构想到上市的周期变长。在制定某种新产品开发或新技术应用战略时,必须了解相关的法规政策。

(五)政治法律环境

1.政治环境

企业市场营销活动的外部政治形势和状况可能会给市场营销活动带来影响。各国对在其境内从事市场营销活动的企业,不论是本国企业,还是外国企业,都可能采取鼓励、支持、许可或限制等措施,这些措施构成了企业市场营销的政治环境。

企业在进行政治环境分析时,必须考虑三个方面:首先,对本国政治环境的分析。在这个过程中,应充分注意政府新的方针政策的制定和调整对本企业营销战略的影响。其次,对东道国政治环境的分析。对于进入国际市场营销活动的企业,必须分析研究东道国的政治环境,以确定政治变化对企业营销战略产生的影响。再次,分析国际政治环境。本国和东道国总置身于国际大环境中,特别是在当今一体化、全球化的趋势下,任何两个国家关系的改善或恶化都会影响国际政治经济关系的重新调整,从而影响整个国际市场的营销环境。

2.法律环境

法律环境是指国家主管部门及省、市、自治区颁布的各项法规、法令、条例等。由于企业的市场营销活动总受制于法律的约束,所以企业进行市场营销活动和制定营销战略时,必须分析本国的法律法规、东道国的法律法规和国际法,避免企业的营销战略受到法律的影响而无法实施。

(六)文化环境

文化是人类创造物质财富过程中所积累的精神财富的总和。文化环境就企业的营销而言是指影响人们消费方式、购买行为的基本信仰、价值观和生活准则,主要包括语言、教育、宗教、价值观念和风俗习惯等要素。在制定营销战略时,必须注意以下两个主要方面:第一,基本信仰、价值观具有高度的持续性。在特定的社会中,人们持有许多不会轻易改变的基本信仰和价值观念。人们日常生活中的具体态度和行为,往往受这些信仰和价值观念的影响。第二,次信仰和次价值观较易改变。随着时代的发展,次信仰和次价值观不断发生变化,在制定营销战略时可以发现很多新的机会,同时也会面临一些威胁。

在研究社会文化环境时,还要重视亚文化群对消费需求的影响。每一种社会文化的内部都包含若干亚文化群。因此,企业市场营销人员在进行社会和文化环境分析时,可以把每一个亚文化群视为一个细分市场,生产经营适销对路的产品,以满足顾客需求。

与文化环境最相关的是消费文化。消费文化决定了某产品的销售态势,营销人员尤其要研究消费文化,把握消费文化的趋势与潮流。

小故事，学营销

对老虎发命令

有一个人在荆州做官时，山上的老虎常出来吃人和家畜。老百姓便要求县官除去饿虎，但这个人只下了一道驱逐老虎的命令，并让人把命令刻在很高的岩石上。凑巧那只老虎因故离开了荆州，他就得意地认为他的命令生效了。

不久，他被调往另一个地方做官。这个地方的老百姓非常刚强，很不容易管理。他认为刻在荆州岩石上的命令既然能够制服凶恶的老虎，便也能够镇住能识文断字的老百姓，于是便托人去荆州描摹那个石刻。结果，这个地方不但没有治理好，这个官反而因为治理不当而丢了官。

营销启示：许多企业都有营销成功的历史，它们依靠这些方法取得丰厚的利润。但是当一个新的市场出现在面前的时候，环境变了，消费者的心理也变了，企业原有的"成功"方法此时却可能使企业一败涂地。这里的启示是，每个企业都有自己的营销模式，但是当市场发生变化的时候，企业应调整自己的营销策略来适应市场，毕竟市场永远是对的。

第二节 市场营销战略的竞争者分析

竞争是市场经济的基本特点，它有效地推动着企业不断开拓进取，促进社会发展进步。但是，竞争不是盲目的，企业必须高度重视自己的竞争者，要对自己现实的和潜在的各种竞争者进行全面分析，辨别竞争者的特点。对竞争者的分析主要是从竞争者的战略、目标、优势与劣势以及反应模式几个方面进行的。

一、竞争者战略

在一个特定目标市场中推行相同战略的一组企业称为战略群体（Strategic Group）。假定一个企业要进入主要家用电器行业，它必须先分析这个行业的战略群体有哪些。其分析结果如图 4.1 所示。

由图 4.1 可以看出，根据产品质量和垂直一体化的程度，这个行业有四个战略群体。根据行业现状，战略群体 A 有一个竞争者（美塔格），战略群体 B 有三个竞争者（通用电气、惠而浦和西尔斯），战略群体 C 有四个竞争者，战略群体 D 由两个竞争者组成。通过对这些战略群体的辨别可以发现：第一，各战略群体设置的进入壁垒的难度不尽相同；第二，如果公司成功地进入一个组别，该组别的成员就成了它的主要对手。

一个公司必须不断地观测竞争者的战略。富有活力的竞争者将随着时间的推移而修订其战略。例如，当美国的汽车制造商注重质量时，日本汽车商又转移至知觉质量，即让汽车及部件更好看且感觉更好。一位福特公司的工程师解释说："它转换信号稳定而不晃动……电动窗户上下有速度……空气调节旋钮手感好……这就是下一次顾客竞争的细微差别。"

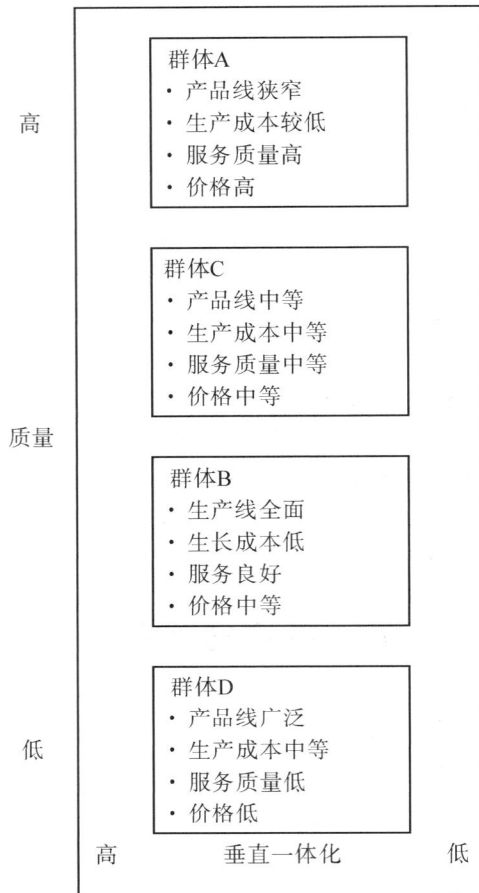

图 4.1　主要家用电器行业的战略群体

二、竞争者目标

　　一旦公司辨别了主要竞争者及它们的战略,就必须追问:每个竞争者在市场上追求什么?每个竞争者的行为推动力是什么?竞争者的目标是由多种因素确定的,其中包括:规模、历史、目前的经营管理和经济状况。如果竞争者是一个大公司的组成部分,便要知道它的经营目的是为了成长,还是为了榨取利润。

　　一个基本的假设是,竞争者都将尽量争取使利润最大化。然而,在这个问题上,公司对于长期与短期利润的重视程度也有所不同。美国公司多数按最大限度扩大短期利润模式来经营,这是因为其当前经营业绩的好坏是由股东们进行判断的,而股东们可能会失去信心,出售股票并使得公司资本成本增加。日本公司则主要按照最大限度扩大市场份额的模式来经营。由于它们从银行获得资金的利率较低,因此,它们也满足于较低的利润收益。另一个假设是每一个竞争者都有其目标组合:目前的获利可能性、市场份额、现金流量、技术领先和服务领先等。

最后,一个公司还必须监视其竞争者的扩展计划。图 4.2 为个人计算机行业的产品市场竞争形势图,它表示戴尔公司现在在向个人用户销售计算机,但它还计划向行业和工业市场进军。因此,企业有必要对戴尔公司的扩展建立流动壁垒。

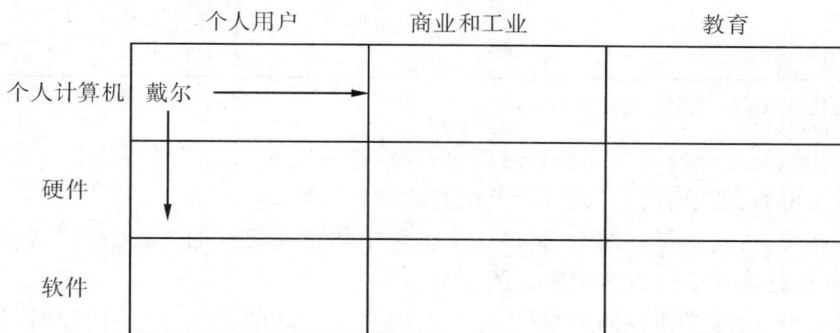

	个人用户	商业和工业	教育
个人计算机	戴尔 →		
硬件	↓		
软件			

图 4.2　戴尔公司的扩展计划

三、竞争者优势与劣势

公司需要分析每个竞争者的优势与劣势。根据阿瑟·D.利特尔(Arthur D. Little)咨询公司的观点,公司在其目标市场中占据着六种竞争地位中的一种,这六种竞争地位是:

(1)主宰型:这类公司控制着其他竞争者的行为,有广泛选择战略的余地。

(2)强壮型:这类公司可以采取不会危及其长期地位的独立行动,而且它的长期地位也不受竞争者行动的影响。

(3)优势型:这类公司在特定战略中有较多力量可供利用,有较多机会改善其地位。

(4)防守型:这类公司经营情况令人满意,足以继续经营,但它在主宰企业的控制下生存,改善其地位的机会较小。

(5)虚弱型:这类公司经营情况不能令人满意,但仍有改善的机会,不改变就会被迫退出市场。

(6)难以生存型:这类公司经营情况很差,并且没有改善的机会。

这个假设可以帮助一家公司对在程序控制市场上向谁挑战作出决策:

一家公司将面对三个已牢固占领市场的竞争者,即艾伦·布拉德利(Allen Bradley)公司、得州仪器公司和古尔德(Gould)公司。该公司所进行的调查研究表明,艾伦·布拉德利公司以技术领先,在行业中很有威望;得州仪器公司成本较低,并在为争夺市场份额而不顾一切地战斗;而古尔德公司干得也不错,但还不算特别出色。因此公司得出结论,它的最好目标是古尔德公司。

表 4.1 是公司要求顾客对其三家竞争对手 A、B、C 在五个属性上进行排列的结果。竞争者 A 闻名遐迩,其产品质量极高,并有优秀的推销人员进行销售,但在供货效率和提供技术服务方面较差。竞争者 B 总的来说是好的,而且供货效率和销售人员均佳。竞争者 C 的大多数属性都不好或者一般。这表明,公司在供货效率和技术服务方面可以进攻竞争者 A,而在许多方面都可以进攻竞争者 C,只有竞争者 B 的劣势不明显。

表 4.1　顾客对竞争对手在关键的成功因素上进行排列的结果

	顾客知晓度	产品质量	产品利用率	技术支持	推销人员
竞争者 A	E	E	P	P	G
竞争者 B	G	G	E	G	E
竞争者 C	F	P	G	F	F

注:E 为优秀,G 为良好,F 为中等,P 为差。

一般情况下,每个公司在分析它的竞争者时,必须监视三个变量:

(1)市场份额:竞争者在有关市场上拥有的销售份额。

(2)心理份额:这是指在回答"举出这个行业中你首先想到的一家公司"这一问题时,提名竞争者的顾客在全部顾客中所占的百分比。

(3)情感份额:这是指在回答"举出你喜欢购买其产品的公司"这一问题时,提名竞争者的顾客在顾客中所占的百分比。

一种有趣的关系存在于这三种衡量方法之中。表 4.2 列举了表 4.1 所列的三个竞争者的这些数据。竞争者 A 的市场份额最高,不过处于下降趋势;竞争者 A 的心理份额和情感份额也都在下降,因为它在供货效率和提供技术服务方面欠佳。竞争者 B 在市场份额方面稳步上升,这主要是由于它实施了提高心理份额和情感份额的战略。竞争者 C 由于劣质产品和劣等的市场营销属性,在市场份额、心理份额和情感份额的低水平上停滞不前。概括上述情况可以得出以下结论:在心理份额和情感份额方面稳步上升的公司最终将获得市场份额和利润。

表 4.2　市场份额、心理份额和情感份额

	市场份额(%)			心理份额(%)			情感份额(%)		
	2000	2001	2002	2000	2001	2002	2000	2001	2002
竞争者 A	50	47	44	60	58	54	45	42	39
竞争者 B	30	34	37	30	31	35	44	47	53
竞争者 C	20	19	19	10	11	11	11	11	8

四、竞争者反应模式

对竞争的反应因公司不同而异。有些竞争者反应迟缓;有些竞争者可能只对某些类型的攻击作出反应,如对降价作出反应;也有些竞争者对任何进攻都会作出迅速而强烈的反应。有些行业的特点是竞争者之间相对和平共处,而另一些行业的竞争者之间则是无休止的争斗。布鲁斯·亨德森(Bruce Henderson)认为这主要取决于"竞争平衡"。下面也是他对竞争关系的一些看法:

(1)如果竞争者的条件几乎相同并以同一种方式谋生,那么,它们之间的平衡就是不稳定的。在竞争能力处于劣势的行业中,可能存在着无休止的冲突,例如钢铁业或新闻界。在这种情况下,如果有一家生产能力过剩的公司降低了价格,这种竞争平衡就会被打破。这些行业经常爆发价格战。

（2）如果只有一个关键的因素，那么，竞争平衡就是不稳定的。这说明在这些行业里，成本差异机会是因规模经济、先进技术或其他一些因素而存在的。在这种行业中，任何取得成本突破的公司都可以降低价格，并在损害那些付出很大代价来保卫其市场份额的公司的利益的情况下赢得市场份额。在这些行业中，往往由于成本有所突破而爆发价格战。

（3）如果决定性因素有多种，那么，各个竞争者都具备某些有利条件并能对某些不同顾客形成吸引力。可以形成一个有利条件的因素越多，能够共存的竞争者的数量就越多。各个竞争者都有竞争细分市场，这些细分市场是经过对其所能提供的交易要素进行权衡取舍之后加以区分的：在质量、服务、便利条件等方面存在着许多差别机会的行业存在多项因素。

（4）竞争性变量起决定作用的数目越少，竞争者的数目就越少。如果只有一个因素起决定作用，那么，有可能共存的竞争者也不过两三个。

（5）任何两个竞争者之间的市场份额之比为 2：1 时，这可能是平衡点。此时，任何一个竞争者提高或降低市场份额都既不实际也无好处。在这个水平上，通过增加促销、分销等投入来获得市场份额，是得不偿失的。

小故事，学营销

敌人与朋友

林肯作为美国总统，他对政敌的态度引起了一位官员的不满。他批评林肯不应该试图跟那些人做朋友，而应该消灭他们。

"当他们变成我的朋友时"，林肯十分温和地说，"难道我不是在消灭我的敌人吗？"

营销启示：朋友和敌人是相对的，如果一个敌人变成了朋友，不正是少了一个敌人吗？在销售市场上，竞争对手也是相对的，如果相互之间通过联盟共同开拓市场，对于企业来说不但节省了大量的销售成本，而且市场空间会更广阔。

第三节　营销战略的利益相关者分析

一、利益相关者概念

利益相关者是指与公司有一定利益关系的个人或组织群体，可能是公司内部的（如雇员），也可能是公司外部的（如供应商或压力群体）。利益相关者可分为内部利益相关者、外部利益相关者，内部利益相关者包括股东、经营者、管理者、劳动者等，外部利益相关者包括银行和其他债权人、供应商、购买者和顾客、广告商、管理人员、雇员、工会、竞争对手、地方及国家政府、管制者、媒体、公众利益群体、政党和宗教群体以及军队等等。

利益相关者能够影响组织，他们的意见一定要作为决策时需要考虑的因素。但是，所有利益相关者不可能对所有问题都保持一致意见，不同的利益相关程度对企业的影响也不一样，其中一些群体要比另一些群体的影响力更大，这时如何平衡各方利益就成为战略制定考虑的关键问题。

除了对战略制定产生影响以外,利益相关者分析也是评价战略的有力工具。战略评价可以通过确定持反对意见的股东和他们对一些有争议的问题的影响力来完成。

二、利益相关者分析方法

确定利益相关者集团,并分析各集团之间的重要关系;在采取新的战略时,应考虑战略代表哪个集团的利益,该集团是否可能推动或阻碍变革,其力量如何,应该怎样对待它们。在确定了最有影响力的利益相关者后,可以采用权力—动态性矩阵法和权力—利益矩阵法对其进行分析。

(一)权力—动态性矩阵法

在权力—动态性矩阵上可以画出各利益相关者的位置,如图 4.3 所示。利用这种方法可以很好地评估和分析在新战略的发展过程中应该引入的"政治力量"。

行为的可预测性

	高	低
低 权力	A 地位较低却死心塌地	B 地位较低,左右摇摆
高	C 位高权重,立场坚定	D 位高权重却容易动摇

图 4.3　利益相关者分析:权力—动态性矩阵

从图中可以看出,最难应付的是处于 D 区内的那些团体,因为他们可以很好地支持或反对新战略,但他们的观点却很难预测。其隐含的意思非常明显:在已建立一个不可改变的地位前一定要找到一种方法,来测试这些利益相关者对新战略的态度。

相反,在细分市场 C 内的利益相关者,可能会通过管理人员的参与过程来影响战略,这些管理人员同意他们的"观点"并采取那些代表他们期望的战略。

细分市场 A 和 B 内的利益相关者权力很小,但这并不意味着他们不重要。事实上,这些利益相关者的积极支持会对权力更大的利益相关者的态度产生影响。

(二)权力—利益矩阵法

权力—利益矩阵如图 4.4 所示,它根据利益相关者与其持有的权力的关系,以及从何种程度上表现出对组织战略的兴趣对利益相关者进行分类。这个矩阵指明了组织需要建立的与各利益相关者之间的关系的种类。

首先,在制定和发展新战略的过程中,应重点考虑主要角色(细分市场 D)是否接受该战略。

其次,细分市场 C 内的利益相关者总的来说是被动的,但这些利益相关者影响战略的方式受特定事件的影响,即特定事件会促使他们对战略产生影响。因此,全面考虑这些利益相关者对未来战略的可能反应非常重要。如果低估了他们的利益,他们突然重新定

利益　水平

		低	高
权力	低	A 最少努力	B 提高供信息
	高	C 保持满意	D 主要利益相关者

图 4.4　利益相关者分析:权力—利益矩阵

位于细分市场 D 内并且阻止采用新战略,那么情况就会很糟。

再次,类似地,需要正确地对待细分市场 B 中的利益相关者的需要——主要通过信息来满足。在影响更有权力的利益相关者的态度时,他们是非常重要的“联盟”。这种确定利益相关者位置的方法的价值,在于其能分析以下问题:政治文化状况是否可能会阻止采纳特定的战略;谁会是变化的主要阻止者和推进者;为了重新确定特定的利益相关的位置,是否需要坚持战略。

最后,需要维持活动来阻止利益相关者对他们自己进行重新定位。这就意味着要保持与细分市场 C 有关的利益相关者的满意程度,降低与细分市场 B 中的利益相关者保持联系的程度。

基本概念

微观环境　营销中介　战略群体　利益相关者　权力—利益矩阵法

复习思考题

1.微观环境分析主要包括哪些内容?

2.宏观环境分析主要包括哪些内容?

3.如何进行竞争者分析?

阅读延伸

[1]张贵华,石青辉.白酒行业对营销环境的调适及其启示[J].财经论丛,2011,04:105-110.

[2]宋湘玲,姚晓敏.图书网络营销环境及模式浅析[J].科技与出版,2012,09:68-70.

[3]王周凯欣.我国中小食品企业营销战略环境分析——以某传统植物饮品企业为例[J].经营管理者,2015,26:256.

[4]斯琴.中小企业市场营销环境及其 SWOT 分析——以云南源泉饮品公司为例[J].中国商贸,2011,31:30-31.

[5]陈舜丽.网络零售业市场环境与营销战略实证研究——以京东商城为例[J].商业经济研究,2016,04:30-32.

第 **5** 章

市场营销战略资源分析

学习目标:资源是企业竞争优势的重要来源。作为一种特殊的资源,营销资源既有一般资源的属性,又有战略资源的特性。企业在制定与实施营销战略的过程中,不仅要把握外部营销环境所提供的机会、规避其中的风险,以了解自己可做什么、应做什么,更要清楚自身所具有的营销资源状况,以了解自己能做什么、拟做什么。在学习本章时,要重点学习企业营销资源的内涵,了解企业资源能力分析的一般框架,掌握进行营销战略制定与实施时需要特别重视的资源条件。

知识目标:理解营销资源的内涵、营销资源能力分析的一般框架、营销资源条件。

能力目标:给定某一具体企业,能够应用营销战略资源分析的一般框架对其资源条件进行分析和科学评估。

导入案例

恒大冰泉的营销战略资源分析

2013 年年底,地产界大佬恒大吹响了多元化号角,推出了首个跨界快消领域产品——恒大冰泉,计划 2014 年销售 100 亿,2016 年达到 300 亿,一时间吸引了媒体和众多人的关注!

但是这个出身豪门的产品,并没有取得预想中的辉煌,最终却交出了一年亏损 23.7亿、累积亏损 40 亿的巨亏成绩,为什么?

一、恒大冰泉本优势明显

1.资金优势。作为地产富豪的许家印进军快消,资金实力雄厚,截至 2014 年年底,恒大冰泉累计投入超过 55 亿!

2.产品优势。客观说,恒大冰泉还是有一定的产品优势,长白山天然矿泉水的诉求还是颇具优势!

3.传播推广优势。在恒大冰泉的推广上,恒大集团先后投入了大量的推广资源。2013 年 11 月 9 日晚上恒大首次夺得亚冠,紧接着 2013 年 11 月 10 日,恒大就召开了恒大冰泉的发布会,投入可以说是超级雄厚。

二、强优势未能一炮打响,却出现巨额亏损

1.对中国水饮品行情不了解,定价太高。市场上走量最大的两个水饮品,康师傅矿物质水 1 元左右一瓶,另一个算是售价相对较高的农夫山泉终端售价 1.5 元一瓶,而恒大冰泉却定在 3.8 元一瓶,几乎是同类产品的两倍以上。

2.传播诉求的不足——变换太快。在恒大冰泉投放的广告中可以看到,恒大的诉求一直变来变去,对消费者的吸引力有限。

3.渠道大跃进。在快消领域,渠道终端是一个需要慢工出细活的领域。恒大冰泉一开始就在渠道上采取了大跃进式的运作,一个月 20 万个终端,结果可想而知。

4.操作节奏不足——操之过急。在恒大冰泉广告诉求频繁变换以及渠道扩张大跃进的背后,所反映的都是操作团队的过于急切。

5.团队不足——对行业的摸索成本变大。初期,恒大冰泉的主力团队都来自于恒大地产,虽然地产业和快消品有相似的地方,但是两个行业还是有些区别的。到后面恒大才意识到这个问题。

(案例分析:佚名:《大败局！恒大冰泉巨亏 40 亿的背后真相》,营销报,2016-5-21,本案例略有调整)

第一节　营销资源概述

一、营销资源的重要性

寻求持续优势是企业战略管理、营销管理亘古不变的中心话题,迄今为止形成了许多流派的解释与回答。而其中,以资源基础观的影响最为深刻。资源基础观认为,企业是独特的资源或能力的结合体,通过一些优于竞争对手的方式占有和开发资源是企业竞争优势的来源,并且这些竞争优势的维持来自于这些高级资源不被竞争对手所模仿。

如果说资源是能够产生价值的各种自然和人文要素,那么,营销资源则是对资源使用方向的一个限定,是为制定企业营销战略、获取与提升营销竞争力和持续竞争优势而关注的一类资源。营销活动的最终目标是提升企业营销竞争力,使企业具有持续竞争优势,这些都有赖于营销战略的作用。而在企业实践中,营销战略的制定、营销战术的实施不仅要基于外部环境分析,知道外部环境中存在哪些机会与威胁、知道自己可做什么,即知彼;更要了解自己目前的资源能力状况的优势与劣势,知道自己能做什么,即知己。企业的一切战略选择和战略行为,都要建立在对当前和未来可以利用的营销资源的清晰认识的基础上。离开了对营销资源的分析,企业的营销战略将成为空中楼阁和无源之水。

因此,培育有效的营销资源是企业赢得营销竞争力的先决条件,发展和利用营销资源早已成为营销领域的一个重要主题。通过提升营销资源,企业将会处于一个强势的地位,有助于在市场中取得成功。许多企业有各种各样的营销资源,但不会识别与利用,结果使有限的营销资源流失或闲置,得不到充分利用,从而丧失市场竞争力。

二、营销资源的内涵与特征

(一)营销资源的内涵

营销资源是指企业为了获得与提升营销能力和持续优势,在长期的营销过程中所培育的各种资金、人力、组织制度、相关的营销能力以及知识、信息等要素的组合。营销资源的根本价值在于其组合所体现出来的实现营销目标的能力。企业营销资源整合所形成的企业营销能力才是营销资源的根本所在。因此,营销资源在本质上是一个企业在某一时点所具有的从事营销活动的综合能力,表现为企业在市场中的相对优势和相对劣势。

营销资源是伴随着市场营销活动的产生而产生的,其概念也同"市场营销"的概念一样,是在市场活动中孕育出来的。从理论渊源上讲,营销资源的定义是来自资源观和营销学理论相互交叉的共同领域。总体而言,营销资源是生长在资源观以及营销基础理论两块沃土上的一朵奇葩。营销资源作为企业在市场经济环境下从事经营销售活动的一种财物的投入,是在市场营销资源分配管理指导思想的影响下产生的概念。营销资源概念的提出以及界定和发展是一个渐进的过程,在此过程中人们对营销资源的认识不断加强和深化。对于营销资源的确切含义,国内外许多专家、学者曾做过多种不同的解释,反映了不同时期人们对市场营销资源作用的不同认识。

营销资源作为一种特殊的企业资源,是企业所具备的众多创造竞争优势并为企业创造利润的资源中的一种,是企业资源中在市场上直接产生经济利益的资源,是企业与市场直接发生关系的资源。营销资源作为企业具备的一种特殊资源,虽然有其特殊性,但它同时也是企业所拥有的一种战略性资源,能够为企业创造持续的竞争优势,并进而带来企业经济利润以及绩效的增长。

(二)营销资源的特征

1.资源的稀缺性

资源的稀缺性是获得竞争优势的重要前提,营销资源的稀缺意味着获取成本的高昂。这有两层含义:对企业本身而言,营销资源是需要培育的,并不是将一些成功企业的营销资源购买过来就可以成功;对别的企业而言,营销资源是企业在长期营销实践中投入了大量的精力和财力而获得的,其他企业想要获得需要付出高昂的成本。

2.动态变化性

营销资源不是一成不变的,而是随着企业营销战略与活动的变化而变化的。例如,品牌是企业的重要营销资源,企业营销战略、策略都是围绕着品牌知名度、美誉度的构建与提升而展开的。但是,如果企业在营销运作中没有处理好某些事件(如质量问题、诉讼问题等),那么这个品牌就可能退出企业的营销资源组合,也就是说这个企业丧失了这个营销资源。因此,营销资源在种类、数量、质量等方面都会随着时间的推移而发生变化。

3.来源多样性

企业的营销资源来自于各个方面,由企业进行统一的配置和运用。一般而言,营销资源有来自于企业内部的,如营销人力资源、制度资源、产品品牌资源等,也同样有来自于外部的,如供应商渠道资源、顾客资源、各种关系资源等。这些不同来源的资源在企业的统一配置与组合下,形成企业的综合营销能力。

4.形态多样性

营销资源包括企业营销过程中可以使用的物质、财务、人力资源,如产品、人员、场地、设备、商标、专利、声誉、技术等等方面。这些资源可一般性地分为有形资源和无形资源。

第二节　营销资源构成

一、内部营销资源

(一)内部营销资源的概念

企业内部营销资源是指企业经过长期的积累和培育所拥有或者控制的、能够在营销活动过程中发挥直接作用的各种经济资源,重点包括:企业营销组织制度资源、产品品牌资源、营销人力资源、财务资源、物质资源等。对于这一概念的理解,要注意以下几个方面:

1.内部营销资源主要指为企业营销部门所控制的资源

出于生产经营活动的需要,企业在内部设立不同的职能部门或者职能部门群,由一个或多个部门负责企业的某项职能工作。营销部门是企业内部从事市场营销活动的主要部门,该部门控制的人员、资金、信息、设备、办公条件等,构成了企业的主要内部营销资源。

2.内部营销资源不是一个精确划分的概念

企业是一个从事经营活动的完整整体,企业的一切活动都要围绕满足顾客的需求展开,都对营销活动产生重要的影响。例如,采购人员工作出现差错,在企业购入的原材料中出现了不合格的原材料和半成品,结果可能使产品的市场形象受到损害,企业的售后服务工作量明显加大,企业原有的营销战略无法得到有效的贯彻落实。从广义上讲,企业内部的各种资源都可以被认为是企业拥有或者控制的资源;从狭义上讲,可以依据企业经营过程中职能活动的差异,将直接同市场活动密切相关的资源归入企业的营销资源。因此,这一概念的划分具有很强的主观性。企业用于不同职能活动的资源之间,并没有明确的界限。

(二)内部营销资源的主要类型

1.企业产品品牌资源

企业的营销活动就是围绕顾客需要所进行的产品开发与传递活动,产品是企业的重要资源。企业如果拥有优质的产品和服务,那么企业的营销活动就拥有了很大的自主权。相反,如果不能提供让顾客满意的产品或服务,营销活动的效果将很难实现。在有众多产品存在的市场中,品牌建立了其在消费者、供应商和分销商之中的声誉和可信性,是借以区别于竞争对手产品的重要方法,也是引起顾客注意、促进企业销售的最简洁的手段,因此,建立于产品基础之上的品牌是企业更为重要的资源。

2.企业营销人力资源

营销人力资源在企业营销活动过程中起着举足轻重的作用,对企业营销的成败有重要影响。从根本上来说,企业的营销竞争力取决于企业的营销人力资源。除了企业部门的营销人员之外,企业董事长、总经理、营销主管等,在营销活动过程中直接发挥着重要的作用,构成了重要的营销人力资源;企业的部分工程技术人员、行政管理人员等,也可能在联系客户、售后安装调试、传递企业营销理念等方面发挥重要作用,也构成了企业的营销人力资源。

3.营销组织制度资源

企业所有的营销工作,都是通过企业构建的营销组织以及营销制度管理来实现的。与营销相关的管理资源、管理程序、管理制度、企业文化、组织结构等都是企业营销活动的重要资源。

4.财务资源

企业的财务资源,即企业的资金支持,是企业营销活动有效实施的重要保障。企业营销活动需要支付一定的营销费用,包括一些固定的营业费用,如营业部门的人事费用、折旧费用等,还包括一些变动的营业费用,如促销费、宣传费等。这些费用的支出都要企业的财务资源来保证。

二、外部营销资源

(一)外部营销资源的概念

每个企业都有一定的内部营销资源储备,这是企业开展营销活动必须具备的资源。但是,只有内部资源远远不够,企业还需要外部资源的支持。企业不是孤立地存在于市场中的,而是与众多的竞争对手、供应商、顾客、经销商共存的,它们之间的相互关系构成了企业营销竞争的重要资源。在当前极不确定的环境下,企业必须与外部主体建立起良好的竞合关系,通过外部营销资源的配置与利用,实现企业竞争力的提升。

外部营销资源是企业通过发现、积累以及关系营销获得的资源,也包括企业通过外部营销联盟获得的营销资源,主要包括顾客资源、供应商资源、渠道资源等。

外部营销资源主要是通过关系营销实现的,存在于与外部主体的互动关系之中,难以为企业所控制,因此相对来说比内部营销资源更具有不确定性与难以预测性。

(二)外部营销资源的主要类型

1.顾客关系资源

顾客是企业的生命。企业不仅要争取顾客,更要维持顾客。市场竞争的实质是争取顾客的竞争,良好的顾客关系是培育忠诚顾客、获得营销竞争力与持续竞争优势的基础来源。

2.供应商关系资源

供应商是向企业提供各种生产要素的公司和部门,企业向其采购生产和服务所需的要素。采购活动对企业的全面成本和差异化经营有重大影响。与供应商保持良好关系可以使企业产生某种综合优势和无形利益。

3.渠道关系资源

渠道是实现产品向顾客传递的途径,渠道成员是介于企业和顾客之间的中间环节,包括批发商、代理商及零售商。渠道是企业营销网络的结点,企业营销的成功离不开这些渠道,渠道资源是企业营销成功的保证。

第三节　营销资源分析

一、营销资源分析的内容

营销战略需要考虑的是企业的整体营销能力,即企业作为一个市场主体在进入市场和巩固市场的过程中涉及的各种能力。因此,营销资源分析需要对企业具备的资源和能力条件做全面的透视。

（一）企业组织结构分析

组织结构是营销战略贯彻执行的基本载体。对企业的营销工作而言,都是通过营销部门的具体组织和其他部门的配合而完成的。对企业组织结构的分析主要包括以下方面:

1.企业营销渠道的完备程度分析

现在是渠道致胜的时代。完备的营销渠道网络是企业重要的优势资源,可以使企业的产品顺畅地到达顾客手中。它像一张网一样,覆盖在企业的市场区域上。网络太小或合力不足,都将造成企业营销资源的严重匮乏。企业营销渠道完备程度的分析主要从以下几个方面入手:企业的营销渠道在全国或者更大的市场范围内具有多大程度的覆盖率;企业的营销网络是一个完整、统一的营销平台,还是由多个不同的甚至业务有冲突的渠道构成的松散网络;这样一个渠道网络在过去的经营过程中是否卓有成效地完成了企业产品的分销和经销任务。

2.营销管理组织的有效性分析

营销管理组织的有效性分析主要包括:企业的营销管理组织是否设置了能够实现企业全部或者大部分营销职能的内部组织,企业的营销管理组织是否存在着内部冲突,企业营销组织对整个营销渠道的控制是否有效,企业营销组织内部的各项管理是否规范,企业营销组织的运行效率如何,企业营销组织中的激励约束机制的合理性与有效性等等方面。

3.企业整体组织架构的有效性分析

企业营销活动的过程与结果会不同程度地受企业内部各部门的影响。因此,整个企业的组织结构是否有效,也是企业营销战略制定过程必须考虑的资源条件。企业整体组织架构的有效性分析包括:部门之间的职责、权限划分是否清晰,各部门的配合是否有力、及时,部门之间是否存在严重的冲突,部门之间的冲突能否得到有效、及时的处理,各部门能否各司其职和高效运行,部门考核和奖惩体系是否完善,部门的设置是否具有较高的弹性,根据环境变化进行组织结构变革的可能性与可行性等等。

（二）企业管理水平分析

企业的整体管理水平、各个部门的管理水平等,对企业营销活动具有直接的影响,是营销战略制定过程中必须考虑的重要资源因素。

1.企业高层管理团队的素质分析

企业高层管理团队成员主要包括企业董事长、总经理、副总经理、财务总监等人员。需要分析的内容包括企业高层管理团队成员的战略思维能力、工作魄力、身体状况、对下属的控制力、事业心、学历、工作经历及过去的工作业绩等，主要从人力资本、社会资本及创业精神等方面进行分析。

2.企业营销主管及其他中层管理人员的素质分析

这包括营销主管的学历、工作经历、工作业绩、战略管理与控制能力等，企业市场主管、各片区和办事处等管理人员的开拓能力、控制能力和协调能力等，其他部门中层管理人员的能力和素质等。

3.企业各部门管理水分析

企业各部门管理水平分析不仅要分析企业管理人员的素质，还要看企业整体管理制度的有效性，包括管理的制度化程度、规范化程度、灵活性、应变性、适应性等方面。

(三)企业营销人员分析

企业营销队伍的整体状况，直接关系到企业可以采用什么样的营销战略，也关系到企业营销战略的实施效果。

1.营销人员的规模分析

营销人员的规模分析包括：本企业专门从事营销工作的人员数量、本企业的营销人员数量是否合适、现有营销人员的数量能否满足未来市场需要等。

2.营销人员的结构分析

营销人员的结构分析包括：营销人员的年龄比例、学历结构、工作背景；营销人员在不同部门和岗位的分布状况；营销人员在不同地区的分布状况；与竞争者相比，营销人员结构的优劣等。

3.营销人员的能力分析

营销人员的能力分析包括：现有营销人员在执行营销任务过程中所取得的绩效；与竞争对手相比，现有营销人员存在的优势和不足；现有营销人员能力能否满足未来营销战略的要求等。

4.营销人员的满意程度分析

营销人员的满意程度分析主要分析以下方面：营销人员对当前薪酬、资金、福利等报酬机制与制度的满意程度，对在企业中的发展的满意程度，对企业文化的认同度，对企业的忠诚度等。

(四)企业文化状况分析

组织文化是企业的黏合剂，是组织运行的无形的推动力量。文化在推动营销及其他工作的过程中，不仅可以起到提高工作效率和降低质量、降低组织运行成本与监督成本的作用，而且常常起到单靠组织结构及运行规则无法实现的特殊效果。对组织文化的分析主要包括以下方面：

1.企业文化的一致性分析

企业文化的一致性分析需要特别关注的问题有：本企业是否有被全体成员普遍接受的核心价值观，本企业是否有一些普遍的是非判断标准，本企业是否受到某种积极或者消极文化的影响等。

2.企业文化的有效性分析

企业文化的有效性分析主要包括：企业文化是企业绩效的驱动因素还是阻碍因素，企业的整体工作气氛,员工积极性,员工对企业及自身发展前景的态度,企业是否经常涌现出一些敬业精神、创新精神非常突出的典型人物与事例,员工是否有超越自身责任范围努力将整体工作做得更好的意愿与能力等。

3.企业文化的适应性分析

企业文化的适应性分析主要分析:企业文化是否符合当前与未来的企业战略需要,企业文化是否与环境变化状况一致,企业文化能否因应环境变化而改变等。

(五)企业财务分析

企业财务状况是营销战略选择所必须考察的重要因素,是营销战略能否有效实施的关键支撑因素。

1.财务状况分析

企业可以依靠最近三年的资产负债表、损益表和现金流量表分析企业的财务状况。要了解企业的财务状况,至少应纵横向比较分析以下基本财务指标:企业的总体资产规模、销售额,企业的利润总量,企业的销售利润率、资产收益率和股东权益收益率,企业的流动资金,企业的净现金流量水平等。

2.企业财务管理制度分析

财务管理制度的完善程度及运行状况,影响着企业对产品成本、盈利水平等的判断,从而影响企业对推出某些产品或撤出某些市场的考虑。进一步地,财务管理制度通过影响采购、生产等各个环节而影响企业营销活动。财务管理制度分析应着重考察以下方面:企业是否建立了严格的控制体制;企业是否建立了定期财务分析制度,运行状况如何;在经营月度或季度结束之后,企业最快需要多长时间才能提供一套完整的财务报表和财务分析报告;企业总部对下属单位的财务监管是否有效;是否建立了有效的财务预测制度,预测效果如何等。

(六)企业供应条件分析

企业供应部门能否及时、高质、低价地采购到所需的各种设备、仪器、原材料、元器件等,直接影响到企业的生产活动,影响到企业的营销战略制定及实施效果。企业供应条件分析主要考虑以下因素:采购物资的数量和质量是否能满足企业产品质量、功能等的要求,企业采购成本是否比同行竞争对手要低,企业采购人员是否按规章办事,采购、检验、出库的过程控制是否科学合理,企业对供应商的议价能力如何,企业与供应商的关系如何等。

(七)企业生产条件分析

企业的生产条件直接决定产品的质量、交货期、成本,是企业营销战略实施的根本所在。企业生产条件分析主要包括:企业生产设备的数量及先进性、企业生产能力的饱和程度、企业生产设备的效率、企业生产设备的利用效率、企业生产过程中的质量控制体系的完备程度、质量检测手段的齐全程度、企业产品的合格率,企业能否快速随顾客需要而转产等。

二、营销资源分析的方法

(一)企业营销资源检查表

为全面把握自身的营销资源状况,企业可以利用下述营销资源检查表,如表 5.2 所示,从资源数量和质量两个方面对企业营销资源进行检查分析。当然,每种资源都可进行更细化的项目分析。

表 5.2　企业营销资源检查表

	资源的数量			资源的质量		
	丰沛	适量	匮乏	优秀	普通	差
企业产品品牌						
企业营销人力资源						
营销组织制度资源						
财务资源						
顾客关系资源						
供应商关系资源						
渠道关系资源						

(二)企业营销能力评价表

企业的上述资源条件,可归结为企业在从事营销活动过程中可以利用的各种能力,即市场开拓能力、管理控制能力、人才保障能力、财务保障能力、采购保障能力、生产保障能力。企业具有的各种营销能力,可以通过与同行业主要竞争对手的比较,区分为优势能力和劣势能力。具体可以从定性和定量两个方面进行分析。

定性分析,就是企业根据上述分析结果,对企业在各个方面拥有的优势能力和劣势能力分别进行描述,描述的主要内容是:优势或劣势是什么、程度如何、为什么是优势能力或劣势能力。

定量评分,同是根据企业的具体情况,先列举 10~20 个优势能力项目、10~20 个劣势能力项目,并根据各个能力项目对企业营销活动过程影响的重要性赋予权重。所有因素权重的总和为 1;然后根据优势或劣势的强弱程度,对每个优势项目进行 1~5 分的评分,对每个劣势项目进行(−1)~(−5)分的评分;最后计算出总分。定量分析过程中,可以只是对企业自身的相关能力项目进行评分,也可以在和竞争对手的对照中分析,如表 5.3 所示。

表 5.3　企业营销能力分析表

营销能力项目	权　　重	评　　分	加权评分
优势			
劣势			
合计	1.00		

对于优势和劣势能力项目,可以分别给出多个不同的具体能力细目进行深入分析,如表 5.4 所示,以确定企业与主要竞争对手相比的优势能力项目和劣势能力项目,进而采取有针对性的应对策略。

表 5.4　企业营销能力对比分析表

营销能力项目	权重	本企业		竞争者 1		竞争者 2	
		评分	加权评分	评分	加权评分	评分	加权评分
管理控制能力							
人才保障能力							
财务保障能力							
采购保障能力							
生产保障能力							
其他保障能力							
合计							

基本概念

营销资源　定性分析　定量评分

复习思考题

1.营销资源有何重要意义?

2.营销资源有什么特征?

3.内部营销资源包括哪些方面?

4.外部营销资源包括哪些方面?

5.如何进行企业营销资源分析?

阅读延伸

[1]王月辉,王利,冯艳.基于无形营销资源的企业动态营销能力:模型与实证研究[J].中国管理科学,2015,S1:125-131.

[2]陈学忠.基于博弈论修正模型的市场营销资源配置优化研究[J].统计与决策,2015,13:176-179.

[3]李华敏,杨磊.市场营销资源有效配置的博弈模型及实证[J].统计与决策,2013,15:53-55.

第 6 章

市场营销战略分析技术

    学习目标：市场营销战略的制定是一个事关企业全局的过程，同时也是一个复杂的过程，企业不能"拍脑袋"随意决策，而要借助于一定的方式方法，尽可能地作出科学的决策与选择。在学习本章时，要重点学习 SWOT 分析、行业结构分析、价值链分析、波士顿矩阵分析、GE 模型法、战略选择矩阵、战略聚类模型等市场营销战略分析技术，了解和掌握基本营销战略分析技术的思路与方法。

    知识目标：理解 SWOT 分析、行业结构分析、价值链分析、波士顿矩阵分析、GE 模型法、战略选择矩阵、战略聚类模型。

    能力目标：给定某一具体企业，在市场营销战略的制定过程中，能够应用营销战略分析技术对其进行科学研究。

导入案例

华为全球 DC 业务 SWOT 分析

    Gartner 这份报告通过对华为在全球数据中心基础设施市场中的优势、劣势、机会和威胁的分析，旨在帮助技术和服务提供商的产品领导者们更好地与华为竞争或是合作。

    该 SWOT 主要分析华为数据中心业务，关注公司的基础设施产品组合和管理软件，该分析采用了 Gartner 自己的 SWOT 评级模型，在每个 SWOT 因素分析中加入了相关权重。

优　势	劣　势
1.DC 业务有丰富的产品组合和强大的交付能力	1.在北美市场的渗透力度不够
2.研发资金的大量投入以应对全球技术革新	2.在国外的业务渠道覆盖度不够
3.民营企业却拥有独特的企业文化和灵活的激励机制来吸引人才	3.欠缺新兴的营销能力和执行力
4.在核心市场的增长和渗透强劲	4.缺乏成功的并购以促进其业务的增长
5.存储技术的革新会增强其在 DC 市场的渗透度	5.在生态圈中的能力仍然处于发展中水平
6.在运营商市场和国内有较强的公司品牌效益	6.咨询服务能力不够完善

续表

机　会	威　胁
1.地域政治优势有利于国内和其他国家的中国供应商	1.由于国家安全方面的顾虑会限制业务销售
2.中国日益增长的影响力给中国供应商带来更多全球的机会	2.中国国内其他供应商的激烈竞争
3.利用在运营商行业中的领导性地位和专业性，在服务器提供商和企业级数据中心市场进行交叉销售	3.有开源基础设施、ODM和基础设施软件多种选择
4.利用在云服务、网络服务和手机设备领域的优势来发展数据中心长期业务	4.客户的业务会往公有云迁移
5.公有云服务的发展会促进DC业务的增长	5.中国的经济增长有所减速

（案例来源：佚名，《Gartner：华为全球DC业务SWOT分析》，1991IT，2015-11-23，本案例略有调整）

第一节　SWOT分析

一、SWOT分析方法介绍

SWOT分析最早由Learned等人于1965年提出，被广泛应用于营销管理、战略管理领域中。从教学的角度看，许多营销管理、战略管理教科书仍然使用SWOT分析作为全书的布局，MBA学生对SWOT分析更是耳熟能详，凡案例分析大多必用之。

SWOT分析法是一种最常用的企业内外环境条件战略因素综合分析方法，它是将企业内部条件的优势（strengths）与劣势（weaknesses），外部环境的机会（opportunities）与威胁（threats）同列在一张十字图形表中加以对照，既一目了然，又可以从内外环境条件的相互联系中作出更深入的分析评价，最终选出一种适宜的战略。

二、SWOT分析的主要步骤

（一）分析环境因素

运用各种调查研究方法，分析企业所处的各种环境因素，即外部环境因素和内部能力因素。外部环境因素包括机会因素和威胁因素，它们是外部环境对企业的发展直接有影响的有利和不利因素，属于客观因素，一般归属为经济的、政治的、社会的、人口的、产品和服务的、技术的、市场的、竞争的等不同范畴；内部环境因素包括优势因素和劣势因素，它们是企业自身存在的积极和消极因素，属主动因素，一般归类为管理的、组织的、经营的、财务的、销售的、人力资源的等不同范畴。在调查分析这些因素时，不仅要考虑到企业的历史与现状，而且更要考虑企业的未来发展。

（二）构造SWOT矩阵

将调查得出的各种因素根据轻重缓急或影响程度等排序，构造SWOT矩阵。在此过程中，将那些对企业发展有直接的、重要的、大量的、迫切的、久远的影响的因素优先排列

营销战略与管理

出来,而将那些间接的、次要的、少许的、不急的、短暂的影响因素排列在后面。如表6.1
所示。

表 6.1 SWOT 分析方法

	潜在外部威胁(T)	潜在外部机会(O)
外部环境	市场增长较慢 竞争压力增大 不利的政府政策 新的竞争者进入行业 替代产品销售额正在逐步上升 用户讨价还价能力增强 用户需要与爱好逐步转变 通货膨胀递增及其他	纵向一体化 市场增长迅速 可以增加互补产品 能争取到新的用户群 有进入新市场或市场面的可能 有能力进入更好的企业集团 在同行业中竞争业绩优良 扩展产品线满足用户需要及其他
	潜在内部优势(S)	潜在内部劣势(W)
内部环境	产权技术 成本优势 竞争优势 特殊能力 产品创新 具有规模经济 良好的财务资源 高素质的管理人员 公认的行业领先者 买主的良好印象 适应力强的经营战略 其他	竞争劣势 设备老化 战略方向不明 竞争地位恶化 产品线范围太窄 技术开发滞后 营销水平低于同行业其他企业 管理不善 战略实施的历史记录不佳 不明原因导致的利润率下降 资金拮据 相对于竞争对手的高成本及其他

三、SWOT 分析方法评价

SWOT 分析实际上是对企业内部和外部条件各方面内容进行综合与概括,进而分析
组织的优势和劣势、面临的机会和威胁的一种方法。它将企业的战略与企业内部资源、外
部环境有机结合起来。其中,优劣势分析主要是着眼于企业自身的实力及其与竞争对手
的比较,而机会和威胁分析将注意力放在外部环境的变化及对企业的可能影响上,但是,
外部环境的变化给具有不同资源和能力的企业带来的机会与威胁却可能完全不同,因此,
两者之间又有紧密的联系。当企业要拓展某一新的业务或进行新的投资,以及制订销售
计划时,所用的战略分析方法之一便是 SWOT 分析。采用这种决策方法的根本目的是把
自己企业和竞争对手企业的优势、劣势、机会和挑战进行比较,然后决定某项新业务或新
投资是否可行。做 SWOT 分析有利于明确自己的企业在做新业务前是否会充分发挥自
己的长处而避开自己的短处,以趋利避害,化劣势为优势,化挑战为机遇。同时,也使自己
的企业知道该学习什么来面对市场商机,即所谓的知己知彼、百战不殆,从而降低企业的
经营和投资风险。可见,清楚地确定企业的资源优势和劣势,了解企业所面临的机会和挑

战,对于制定企业未来的发展战略有着至关重要的意义。

　　与其他分析方法相比,SWOT 分析从一开始就具有显著的结构化和系统性的特征。就结构化而言,首先在形式上,SWOT 分析法表现为构造 SWOT 结构矩阵,并为矩阵的不同区域赋予不同的分析意义;其次在内容上,SWOT 分析法的主要理论基础也强调从结构分析入手对企业的外部环境和内部资源进行分析。另外,早在 SWOT 诞生之前的 20 世纪 60 年代,就已经有人提出过 SWOT 分析中涉及的内部优势、弱点、外部机会、威胁这些变化因素,但只是孤立地对它们加以分析。SWOT 方法的重要贡献就在于用系统的思想将这些看似独立的因素相互匹配起来进行综合分析,使得企业战略计划的制订更加科学全面。

　　SWOT 方法自形成以来,被广泛应用于战略研究与竞争分析,成为战略管理和竞争情报的重要分析工具。分析直观、使用简单是它的主要优点,即使没有精确的数据支持和更专业化的分析工具,也可以得出有说服力的结论。但是,正是这种直观和简单,使得 SWOT 不可避免地带有精度不够的缺陷。例如,SWOT 分析采用定性方法,通过罗列 S、W、O、T 的各种表现,形成一种模糊的企业竞争地位描述。以此为依据作出的判断,难免带有一定程度的主观臆断。因此,在使用 SWOT 方法时要注意方法的局限性,在罗列作为判断依据的事实时,要尽量真实、客观、精确,并提供一定的定量数据以弥补 SWOT 定性分析的不足,构造定性分析的基础。

第二节　行业结构分析

　　公司战略环境的范围很广,既有社会的因素,又有经济的因素。但是,企业所面临的一个直接环境因素就是公司所在的行业。行业的结构在决定竞争原则和公司可能采取的战略等方面具有强烈的影响。因此,行业结构分析是公司的一个重要方面。

一、行业结构分析方法介绍

　　行业结构分析方法是由哈佛商学院的迈克尔·波特(Michael Porter 1985)最先提出的,其目的在于确定行业利润水平的基本决定因素。依照迈克尔·波特的观点,一个行业的激烈竞争不是事物的巧合,其根源在于内在的经济结构。一个行业中的竞争,远不止在原有竞争对手中进行,而是存在着五种基本的竞争力量:潜在的加入者、替代品的威胁、购买者的讨价还价能力、供应者的讨价还价能力、现有竞争者之间的竞争,如图 6.1 所示。这五种基本竞争力量的状况及其综合强度,决定着行业的竞争激烈程度,决定着行业中获得利润的最终潜力。

二、行业结构分析方法的内容

(一)同行竞争者分析

　　同行企业之间的竞争是最直观、最直接,也是最重要的威胁因素。同行企业竞争方式多种多样,如价格竞争、广告战、产品引进以及增加客户服务项目或提供保修业务等等。

营销战略与管理

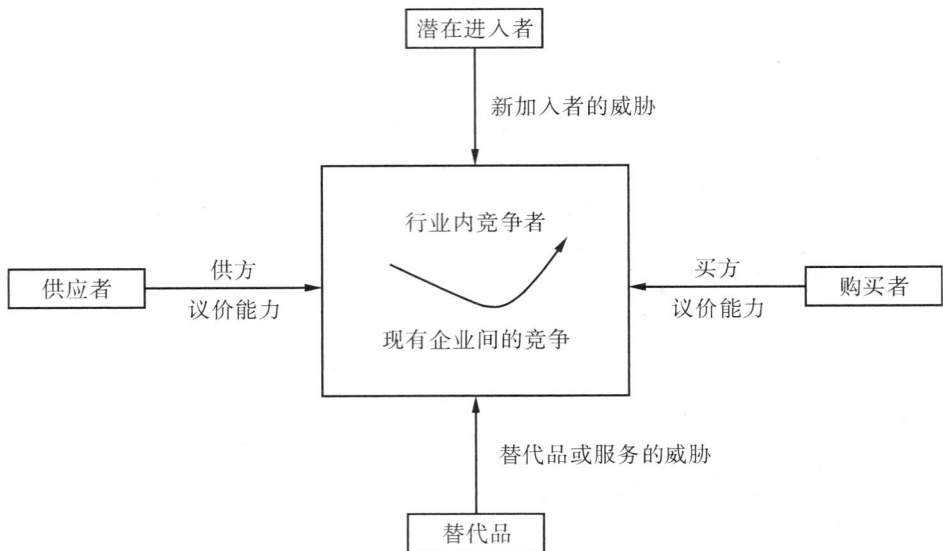

图 6.1　决定行业竞争的力量

同行竞争的原因是一个或更多竞争者感到有压力或看到有改善其地位的机会。同行竞争压力主要取决于以下几个因素：

（1）竞争者数量与实力。同行企业数量越多，实力越接近，竞争压力越大。

（2）固定成本或储存成本大小。固定成本越高，企业的负担越重，越需要充分利用生产能力，由此往往容易导致激烈的价格竞争。另外，如果产品很难储存或储存成本很高，企业也倾向于快速降低价格销售。

（3）产业增长速度。如果市场趋于成熟，产品需求增长缓慢，市场竞争将非常激烈。

（4）产品特色及用户转换成本。顾客对特定的产品有偏好并忠实于它们，产品差异化对竞争战火形成一种隔离带。若行业内用户的转换成本较低，则竞争就会比较激烈。

（5）行业的生产能力。若由于行业的技术特点和规模经济的要求，行业内的生产能力大幅度提高，将导致一段时期内的生产能力相对过剩，造成竞争加剧。

（6）退出障碍。由于专用性资产、固定成本、内部战略联系、情感障碍、政府及社会约束等因素，企业不一定能轻松退场。如果退出竞争比继续参与竞争的代价更高，行业竞争将更为惨烈。

（二）潜在进入者分析

所谓潜在进入者，可能是一个新办的企业，也可能是一个采用多元化经营战略的原从事其他行业的企业，潜在进入者会带来新的生产能力，并要求取得一定的市场份额。潜在进入者对本行业的威胁取决于本行业的进入壁垒以及进入新行业后原有企业反应的强烈程度。进入壁垒的高低主要取决于以下一些因素：

（1）规模经济。若行业内原有企业的生产都已达到一定的规模，新进入者若以较小的规模进入该行业，就将处于成本上的劣势地位；若以较大规模进入该行业，则风险较大。

（2）经营特色与用户忠诚度。若行业内现有企业已经树立了较好的企业形象，用户忠诚度较高,那么,新进入者要想树立起良好的企业形象并取得用户的信任就要付出相当大的代价。

(3)投资要求。如果本行业对一次性进入投资要求很高的话,该行业对潜在进入者来说进入壁垒就较高。

(4)资源供应。若行业内现有企业已与原材料及技术供应渠道建立了良好、稳定的供应关系,则新进入者的进入壁垒就相当高。因此,新进入者在进入该行业以前,必须做好资源供应方面的调查研究。

(5)销售渠道。若新进入者也想打入现有企业已经建立起来的良好的销售渠道,则往往要求新进入者提供更优惠的价格或加强广告宣传,这也构成了新进入者的进入壁垒。

(6)经验曲线。若行业内现有企业已掌握了某种技术诀窍,积累了丰富的生产经验,工人操作熟练且废品率低,这些使得其成本较低,这种成本因素也会构成新进入者的进入壁垒。

(7)政府政策。国家对有些行业颁布许可证(如医药、食品、邮电、通讯设备等),或对某些原材料进行严格控制都会对新进入者形成重大的进入壁垒。

(8)原有企业的反应。若行业中原有企业的预期报复强烈,那么,潜在进入者的进入壁垒就较高。

(三)替代品分析

替代品是指与那些与本行业产品具有相同或相似功能的产品,如洗衣粉可部分代替肥皂、圆珠笔可部分代替钢笔。来自替代品的压力主要有以下三个因素:

(1)替代品的盈利能力。若替代品具有较大的盈利能力,则会对本行业的原有产品形成较大压力,它把本行业的产品价格约束在一个较低的水平上,使本行业企业在竞争中处于被动地位。

(2)生产替代品的企业所采取的经营战略。若它采取迅速增长的积极发展战略,则它会对本行业构成威胁。

(3)用户的转换成本。用户改用替代品的转换成本越小,则替代品对本行业的压力越大。

(四)买方议价能力分析

买方也称用户,即本行业的顾客。用户对本行业的竞争压力主要表现为要求产品价格更低廉、质量更好、提供更多的售后服务,他们会利用各企业间的竞争来施加压力。来自用户的压力总是趋向于降低本行业的盈利能力。对用户压力的分析可以从以下几个方面入手:

(1)用户的集中程度。如果本行业产品集中供应给少数几个用户,少数用户的购买量占了企业产量的很大比例,那么这少数几个用户会对本行业形成较大压力。

(2)用户从本行业购买的产品的标准化程度。产品标准化程度越高,用户选择的余地也就越大,从而会对本行业形成较大压力;反之,用户对具有特色的产品很难施加压力。

(3)用户从本行业购买的产品在其成本中所占的比重。若用户购买的本行业产品在其成本中占很大比重,则他们在购买时对价格、质量等问题就更为敏感;反之,他们在价格上是不敏感的。

(4)转换成本。用户的转换成本越小,对本行业的压力越大。

（5）用户的盈利能力。若用户盈利能力低,则用户在购买时对价格敏感;反之,则不敏感。

（6）用户后向一体化的可能性。若用户有可能后向一体化,则他对本行业的压力会增大。

（7）本行业企业前向一体化的能力。若本行业企业前向一体化能力较强,其对用户的依赖性会降低,从而能减轻用户对本行业的竞争压力。

（8）本行业产品对用户产品质量的影响程度。若本行业产品对用户产品质量有举足轻重的影响,则用户对价格不敏感,对本行业企业的压力就较小。

（9）用户掌握的信息。若用户掌握的信息很多,则用户对本行业的压力就大。

（五）供方议价能力分析

供应方对本行业的竞争压力表现在要求提高原材料或其他供应品的价格、减少紧俏资源的供应、降低供应品的质量等。供应方总是趋向于从本行业中谋取更多的利润。来自供应方的压力主要取决于以下几个因素:

（1）供应方的集中程度和本行业的集中程度。如果供应方集中程度较高,而本行业的集中程度较差,即本行业原材料的供应完全由少数几家企业控制,少数几家企业供应给众多分散的企业,则供应方通常会在价格、质量和供应条件上对购买方施加较大的压力。

（2）供应品的可替代程度。若存在着合适的替代品,即使供应方再强大,其竞争能力也会受到牵制。

（3）本行业对供应方的重要性。如果本行业是供应方的重要用户,供应方的命运将和本行业密切相关,则来自供应方的压力就较小。反之,供应方会对本行业施加较大的压力。

（4）供应品对本行业生产的重要性。如果供应品对本行业的生产起关键性作用,则供应方会有比较强的议价能力。

（5）供应品的特色和转换成本。如果供应品具有特色并且转换成本很大,供应方就有比较强的议价能力,会对本行业施加较大的压力。

（6）供应方前向一体化的能力。如果供应方有可能前向一体化,就会增加本行业的竞争压力。

（7）本行业内的企业后向一体化的可能性。如果本行业内的企业有可能后向一体化,则它们对供应方的依赖程度会降低,从而减弱供应方对本行业的压力。

三、行业结构分析方法的评价

行业结构分析方法主要用来帮助企业了解自己所在行业的竞争状况,如:竞争力量的来源、强度、影响因素等。该模型的基本逻辑为,企业行为主要受其所在行业市场竞争强度的影响,竞争强度取决于市场上存在的五种基本力量,正是五种力量的联合强度,影响和决定了企业在行业中的最终盈利潜力。因此,制定企业战略,就是通过行业结构分析,对其所处的经营环境进行解构,了解企业所面临的五种竞争力量情况,以采取相应的竞争性行动,削弱五种竞争力量的影响,增强自身的竞争实力与地位,从而保持良好的盈利状态,在竞争中获得主动权。

五力竞争模型与产业经济学的思路一脉相承,实际上面向的是政府与产业,从中得到的有关结论可以为政府制定产业政策提供依据,通常对行业内的所有企业都普遍适用,很难直接用做指导企业构建差异化战略的依据,更难凭此帮助企业摆脱全行业竞争趋同或结构恶化的困境。在五力竞争模型中,所有的箭头均代表竞争性对抗与威胁,同行业企业、替代品厂商、潜在进入者一概被看成是企业的现实或潜在竞争对手,企业的供方与买方也只是企业讨价还价的对象,那么这其中到底谁可以作为企业的短期或长期的合作伙伴而存在呢? 这显然不是波特 1980 年提出五力竞争模型时所试图回答的,尽管他在后来发表的论文及出版的著作中有所论述。

事实上,各市场力量之间的关系,既可能竞争也可能合作,还可能"做事时合作、分利时竞争"共存。五力竞争模型作为工具,对于分析所涉及的各市场力量,原本是不应该事先作出竞争性或合作性的定论的,只是由于模型强调了市场力量的"冲突对抗性",从而隐含了以"市场竞争为手段、自身利益为中心"的判断与选择。这种带有主观价值的决策偏好预设,必然会限制整个企业战略的探索,甚至还有可能失去其原有的相对客观性,在无形中妨碍企业对于战略与环境关系的思路拓展与行动选择。考虑到市场多种力量之间可能存在着竞争、合作,以及既竞争又合作的多种关系,在尚未作出战略判断与选择之前的分析中,对这些拟探讨的市场力量关系的性质内涵,须慎作竞争或合作之类的非此即彼的简单定性。

第三节　价值链分析方法

"价值链"(Value Chain)最初是由美国哈佛大学教授迈克尔·波特于 1985 年提出来的。波特认为,"每一个企业都是在设计、生产、销售、发送和辅助其产品的过程中进行种种活动的集合体,所有这些活动可以用一个价值链来表明"。价值链分析法是一种寻求确定企业竞争优势的工具,即运用系统性方法来考察企业各项活动和相互关系,从而找寻具有竞争优势的资源。该方法作为一种强有力的战略分析框架,经过不断发展创新并被财务分析、成本管理、市场营销等专门领域广泛融入和吸收。

一、价值链的定义

价值链是企业为客户创造价值所进行的一系列经济活动的总称,企业也可以说就是这些活动的集合。价值链的含义可以概括为:第一,企业各项活动之间都有密切联系,如原材料供应的计划性、及时性和协调性与企业的生产制造有密切的联系;第二,每项活动都能给企业带来有形或无形的价值,如售后服务这项活动,如果企业密切注意顾客所需或做好售后服务,就可以提高企业的信誉,从而带来无形价值;第三,价值链不仅包括企业内部各链式活动,更重要的是,还包括企业外部活动,如与供应商之间的关系、与顾客之间的关系。

价值链在经济活动中是无处不在的,它可以分为三个层面:

(1)上下游关联的企业与企业之间存在行业价值链;

(2)企业内部各业务单元的联系构成了企业的价值链;

(3)企业内部各业务单元之间也存在着运营作业链。

"价值链分析法"可简单描述如下:把企业内外价值增加的活动分为基本活动和辅助活动,基本活动涉及企业生产、销售、进料后勤、发货后勤、售后服务,辅助活动涉及人事、财务、计划、研究与开发、采购等,基本活动和辅助活动构成了企业的价值链,如图 6.2 所示。

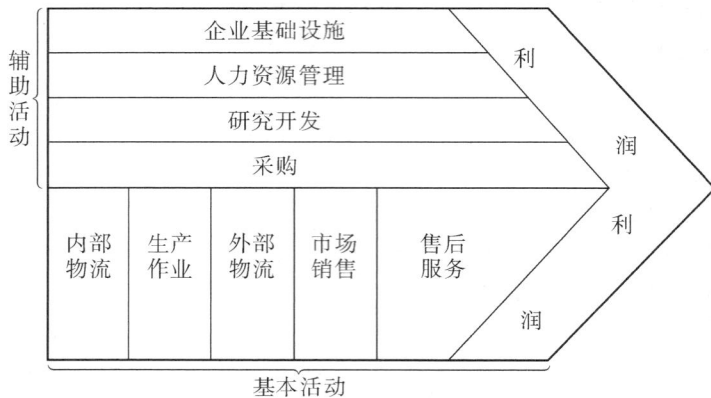

图 6.2 波特的价值链模型

企业参与的不同的价值活动中,并不是每个环节都能创造价值的,实际上只有某些特定的价值活动才真正创造价值,这些真正创造价值的经营活动,就是价值链上的"战略环节"。企业要保持的竞争优势,实际上就是企业在价值链某些特定的战略环节上的优势。运用价值链分析方法来确定核心竞争力,就是要求企业密切关注组织的资源状态,要求企业特别关注和培养在价值链的关键环节上获得重要的核心竞争力,以形成和巩固企业在行业内的竞争优势。企业的优势既来源于价值活动所涉及的市场范围的调整,也来源于企业间协调或合用价值链所带来的最优化效益。

二、价值链分析方法的特点

(一)价值链分析的基础是价值,各种价值活动构成价值链

价值是买方愿意为企业提供给它们的产品所支付的价格,也代表着顾客需求的满足。价值活动是企业所从事的物质上和技术上的界限分明的各项活动,是企业制造对买方有价值的产品的基石。

(二)价值活动可分为两种活动:基本活动和辅助活动

基本活动是涉及产品的物质创造及其销售、转移给买方和售后服务的各种活动。辅助活动是辅助基本活动并通过提供外购投入、技术、人力资源以及各种公司范围的职能以相互支持。

(三)价值链列示了总价值

价值链除包括价值活动外,还包括利润,利润是总价值与从事各种价值活动的总成本之差。

(四)价值链的整体性

企业的价值链体现在更广泛的价值系统中。供应商的价值链(上游价值)拥有创造和交付企业价值链所使用的外购输入,许多产品通过渠道价值链(渠道价值)到达买方手中,企业产品最终成为买方价值链的一部分,这些价值链都在影响企业的价值链。因此,获取并

保持竞争优势不仅要理解企业自身的价值链,而且也要理解企业价值链所处的价值系统。

（五）价值链的异质性

不同的产业具有不同的价值链。在同一产业,不同企业的价值链也不同,这反映了它们各自的历史、战略以及实施战略的途径等方面的不同,同时也代表着企业竞争优势的潜在来源。

三、价值链分析的内容

（一）识别价值活动

识别价值活动要求在技术上和战略上有显著差别的多种活动相互独立。如前所述,价值活动有基本活动和辅助活动两类。

（二）确立活动类型

在每类基本和辅助活动中,都有三种不同类型的活动。

（1）直接活动:涉及直接为买方创造价值的各种活动,例如零部件加工、安装、产品设计、销售、人员招聘等。

（2）间接活动:指那些使直接活动持续进行成为可能的各种活动,如设备维修与管理、工具制造、原材料供应与储存、新产品开发等。

（3）质量保证:指确保其他活动质量的各种活动,例如监督、视察、检测、核对、调整和返工等。

这些活动有着完全不同的经济效果,对竞争优势的确立起着不同的作用,应该加以区分,权衡取舍,以确定核心和非核心活动。

四、价值链分析方法的评价

价值链分析方法在经济活动中是无处不在的,上下游关联的企业与企业之间存在行业价值链,企业内部各业务单元的联系构成了企业的价值链,企业内部各业务单元之间也存在着价值链联结。价值链上的每一项价值活动都会对企业最终能够实现多大的价值造成影响。进行价值链研究,就是要在深入行业价值链"经济学"的基础上,对其影响方面和影响程度进行深入的考察,充分权衡其中的利弊,以求得最佳的投资方案(最佳价值链结构)。

企业的任何一种价值活动都是经营独特性的一个潜在来源。企业通过进行与其他企业不同的价值活动或是构造与其他企业不同的价值链来取得差异优势。真正重要的是,企业的经营差异战略必须为客户所认同。另外,经营差异必须控制实现差异经营的成本,以便将差异性转化为显著的盈利能力。

在企业的价值活动中增进独特性,同时要求能够控制各种独特性驱动因素,控制价值链上有战略意义的关键环节。

波特的"价值链"理论揭示,企业与企业的竞争,不只是某个环节的竞争,而是整个价值链的竞争,而整个价值链的综合竞争力决定企业的竞争力。用波特的话来说:"消费者心目中的价值由一连串企业内部物质与技术上的具体活动与利润所构成,当你和其他企业竞争时,其实是内部多项活动在进行竞争,而不是某一项活动的竞争。"

第四节　波士顿矩阵

一、波士顿矩阵方法介绍

多数公司同时经营多项业务,其中有"明日黄花",也有"明日之星"。为了使公司的发展能够适应千变万化的市场机会,必须合理地在各项业务之间分配资源。在此过程中不能仅凭印象,认为哪项业务有前途,就将资源投向哪里,而是应该根据潜在利润分析各项业务在企业中所处的地位来决定,波士顿矩阵法就是用于评估公司投资组合的一种有效模式。

波士顿矩阵又称市场增长率—相对市场份额矩阵、波士顿咨询集团法、四象限分析法、产品系列结构管理法等。该模型是由波士顿咨询集团(Boston Consulting Group,BCG)在 20 世纪 70 年代初创立并推广的。BCG 矩阵将组织的每一个战略事业单位(SBUs)标在一个二维的矩阵图上,从而显示出哪个 SBUs 提供高额的潜在收益,以及哪个 SBUs 是组织资源的漏斗。BCG 矩阵的发明者、波士顿公司的创立者布鲁斯认为,"公司若要取得成功,就必须拥有增长率和市场份额各不相同的产品组合,组合的构成取决于现金流量的平衡"。如此看来,BCG 的实质是为了通过业务的优化组合实现企业的现金流量平衡。波士顿矩阵如图 6.3 所示。

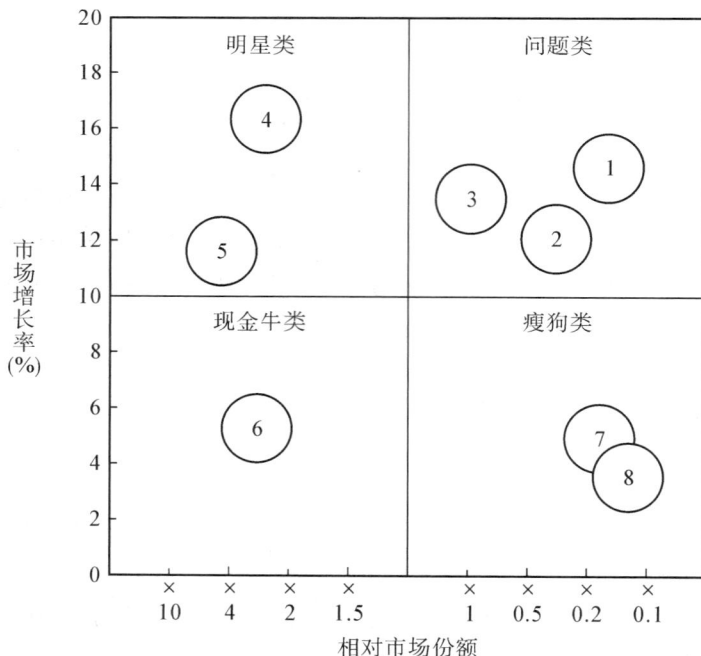

图 6.3　波士顿矩阵

图中,纵坐标市场成长率表示该业务的销售量或销售额的年增长率,用数字 0%～20%表示,并认为市场成长率超过 10%就是高速增长。横坐标相对市场份额表示该业务相对于最大竞争对手的市场份额,用于衡量企业在相关市场上的实力,用数字 0.1(该企业销售量是最大竞争对手销售量的 10%)～10(该企业销售量是最大竞争对手销售量的 10倍)表示,并以相对市场份额 1.0 为分界线。需要注意的是,这些数字范围在实际应用中可以根据实际情况的不同进行修改。图中八个圆圈代表公司的八个业务单位,它们的位置表示这个业务的市场成长和相对市场份额的高低,面积的大小表示各业务的销售额大小。波士顿矩阵法将一个公司的业务分成四种类型:问题、明星、现金牛和瘦狗。

(一)问题类业务(Question Marks,高增长、低市场份额)

问题类业务是指高市场成长率、低相对市场份额的业务,这往往是一个企业的新业务,为发展问题业务,企业必须建立工厂、增加设备和人员,以便跟上迅速发展的市场,并超过竞争对手,这些意味着大量的资金投入。"问题"非常贴切地描述了企业对待这类业务的态度,因为这时企业必须慎重回答"是否继续投资发展该业务"这个问题。只有那些符合企业长远发展目标、企业具有资源优势、能够增强企业核心竞争能力的业务才能得到肯定的回答。图 6.3 中所示的企业有三项问题业务,企业不可能全部投资发展,只能选择其中的一项或两项,集中投资发展。

(二)明星类业务(Stars,高增长、高市场份额)

明星类业务是指高市场成长率、高相对市场份额的业务,这是由问题业务继续投资发展起来的,可以视为高速成长市场中的领导者,它将成为企业未来的现金牛业务。但这并不意味着明星业务一定可以给企业带来滚滚财源,因为市场还在高速成长,企业必须继续投资,以保持与市场的同步增长,并击退竞争对手。企业没有明星业务,就失去了希望,但群星闪烁也可能会耀花了企业高层管理者的眼睛,导致作出错误的决策。这时必须具备识别"行星"和"恒星"的能力,将企业有限的资源投在能够发展成为现金牛的恒星上。

(三)现金牛类业务(Cash Cows,低增长、高市场份额)

现金牛类业务是指低市场成长率、高相对市场份额的业务,它是成熟市场中的领导者,也是企业现金的来源。由于市场已经成熟,企业不必大量投资来扩大市场规模,同时,作为市场中的领导者,该业务享有规模经济和高边际利润的优势,因而能给企业带来大量财源。企业往往用现金牛业务来支付账款并支持其他三种需大量现金的业务。图中所示的企业只有一个现金牛业务,说明它的财务状况是很脆弱的。因为如果市场环境变化导致这项业务的市场份额下降,企业就不得不从其他业务单位中抽回现金来维持现金牛的领导地位,否则这个强壮的现金牛可能就会变弱,甚至成为瘦狗。

(四)瘦狗类业务(Dogs,低增长、低市场份额)

瘦狗类业务是指低市场成长率、低相对市场份额的业务。一般情况下,这类业务常常是微利甚至是亏损的。瘦狗业务的存在更多的是由于感情上的因素,虽然这种业务一直是微利经营,但企业对它就像人对养了多年的狗一样恋恋不舍而不忍放弃。其实,瘦狗业务通常要占用很多资源,如资金、管理部门的时间等,多数时候是得不偿失的。图中的企业有两项瘦狗业务,可以说,这是沉重的负担。

二、波士顿矩阵方法的应用

波士顿矩阵法可以帮助我们分析一个企业的投资业务组合是否合理。如果一个企业没有现金牛业务,说明它当前缺乏现金来源;如果没有明星业务,说明它未来的发展缺乏希望。一个企业的业务投资组合必须是合理的,否则就要加以调整。如巨人集团在将保健品业务发展成明星业务后,就迫不及待地开发房地产业务,可以说,在当时的市场环境下,保健品和房地产都是明星业务,但由于企业没有能够提供源源不断的现金支持的现金牛业务,导致企业不得不从本身还需要大量投入的保健品业务中不断抽血来支援大厦的建设,最后两败俱伤,企业全面陷入困境。在明确了各项业务单位在企业中的不同地位后,就需要进一步明确其战略目标。通常有四种战略目标分别适用于不同的业务,这四种战略目标是:

(1)发展:继续大量投资,目的是扩大战略业务单位的市场份额。该战略目标主要针对有发展前途的问题业务和明星中的"恒星"业务。

(2)维持:投资维持现状,目标是保持业务单位现有的市场份额。该战略目标主要针对强大而稳定的现金牛业务。

(3)收获:实质上是一种榨取,目标是在短期内最大限度地得到现金收入。该目标主要针对处境不佳的现金牛业务及没有发展前途的问题业务和瘦狗业务。

(4)放弃:出售和清理某些业务,将资源转移到更有利可图的领域。这种目标适用于无利可图的瘦狗和问题业务。

三、波士顿矩阵方法的评价

(一)波士顿矩阵的作用

波士顿矩阵法的应用产生了许多收益,它提高了管理人员的分析和战略决策能力,帮助他们以前瞻性的眼光看问题,更深刻地理解企业各项业务活动的联系;同时也加强了业务单位和企业管理人员之间的沟通,使管理人员能够及时调整企业的业务投资组合、收获或放弃萎缩业务、加强在更有发展前景的业务中的投资。

(二)波士顿矩阵的局限性

首先,由于评分等级过于宽泛,可能会造成两项或多项不同的业务位于一个象限中;由于评分等级带有折中性,使很多业务位于矩阵的中间区域,难以确定使用何种战略;这种方法也难以同时顾及两项或多项业务的平衡。

其次,科尔尼咨询公司对 BCG 矩阵的局限性评价是:仅仅假设公司的业务发展依靠的是内部融资,而没有考虑外部融资,用举债等方式筹措资金并不在 BCG 矩阵的考虑之中。

再次,BCG 矩阵还假设这些业务是独立的,但是许多公司的业务经常是紧密联系在一起的。比如,如果金牛类业务和瘦狗类业务是互补的业务组合,那么放弃瘦狗类业务,金牛类业务也会受到影响,而且卖出瘦狗业务的前提是瘦狗业务单元可以卖出,但面临全行业亏损的时候,谁会来接手;BCG 矩阵并不是一个利润极大化的方式;市场占有率与利润率的关系并不非常固定;BCG 矩阵并不重视综效,实行 BCG 矩阵方式时要进行

SBU(策略事业部)重组,这要遭到许多组织的阻力;并没告诉厂商如何去找新的投资机会……

最后,对于市场占有率,波特在分析日本企业时就已说过,规模不是形成竞争优势的充分条件,差异化才是。BCG 矩阵的背后假设是"成本领先战略",当企业在各项业务上都准备采用(或正在实施)成本领先战略时,可以考虑采用 BCG 矩阵。但是如果企业准备在某些业务上采用差异化战略,就不能采用 BCG 矩阵了。

第五节　其他营销战略分析技术

一、GE 矩阵

世界著名的通用电气(General Electric,GE)公司在企业战略管理理论上通过自身经验总结,提出了非常有名的"业务筛选矩阵",矩阵指出企业必须从市场吸引力和业务优势两方面来对新业务进行评估和选择。这两个变量对评定一项业务具有极妙的营销意义。公司如果进入富有吸引力的市场,并拥有在这些市场中获胜所需要的各种条件,它就可能成功;但若缺少其中一个条件,就很难达到显著的效果。一个实力雄厚的公司不可能在一个夕阳市场中大展宏图,同样,一个孱弱的公司也不可能在一个朝阳市场中大有作为。

为了衡量这两个变量,战略计划者必须识别构成每个变量的各种因素,寻找测量方法,并把这些因素合并成一个指数。市场吸引力和业务优势这两个变量的构成要素如表6.2 所示。从表中可以看出,市场吸引力因市场规模、年市场增长率、历史盈利率等不同而不同,业务优势则随公司的市场份额、份额增长、产品质量等而变化。注意,这两个BCG 因素(市场增长率和市场份额)均被纳入 GE 模型的两个主要变量之中。GE 模型与BCG 模型相比,战略计划者在评估一项现实的或潜在的业务时能够考虑得更加全面。

表 6.2　通用电气公司多因素业务经营组合模型

变量	构成要素	权数	评分(1—5)	值
市场吸引力	总体市场大小	0.20	4	0.80
	年市场增长率	0.20	5	1.00
	历史毛利率	0.15	4	0.60
	竞争密集程度	0.15	2	0.30
	技术要求	0.15	4	0.60
	通货膨胀	0.05	3	0.15
	能源要求	0.05	2	0.10
	环境影响	0.05	3	0.15
	社会/政治/法律	必须是可接受的		
		1.00		3.70

续表

变量	构成要素	权数	评分(1—5)	值
业务优势	市场份额	0.10	4	0.40
	份额增长	0.15	2	0.30
	产品质量	0.10	4	0.40
	品牌知名度	0.10	5	0.50
	分销网	0.05	4	0.20
	促销效率	0.05	3	0.15
	生产能力	0.05	3	0.15
	生产效率	0.05	2	0.10
	单位成本	0.15	3	0.45
	物资供应	0.05	5	0.25
	开发研究绩效	0.10	3	0.30
	管理人员	0.05	4	0.20
		1.00		3.40

　　实际上，GE 矩阵分为 9 个格子,这些格子分列 3 个区,如图 6.4 所示。左上角的 3 个格子表示最强的战略业务单位,公司应该采取投资/扩张战略。在左下角到右上角这一对角线上的三个格子表示战略业务单位的总吸引力处于中等状态,公司应该采取选择和盈利战略。右下角的三个格子表示战略业务单位的吸引力很低,公司应该采取收获或放弃战略。

业务优势

中	弱	强
保持优势 • 以最快的可行速度投资发展 • 集中努力保持力量	投资建立 • 向市场领导者挑战 • 有选择地加强力量 • 加强薄弱地区	有选择发展 • 集中有限力量 • 努力克服缺点 • 如无明显增长就放弃
选择发展 • 在最有吸引力的业务上重点投资 • 加强竞争力 • 提高生产力和获利能力	选择或设法保持现有收入 • 保护现有计划 • 在获利能力强、风险相对低的部门集中投资	有限发展或缩减 • 寻找风险小的发展办法,否则尽量减少投资,合理经营
固守和调整 • 设法保持现有收入 • 集中力量于有吸引力的部门 • 保存防御力量	设法保持现有收入 • 在大部分获利部门保持优势 • 给产品线升级 • 尽量降低投资	放弃 • 在赚钱机会最小时出售 • 降低固定成本的同时避免投资

图 6.4　GE 矩阵

　　企业管理层还应根据现行的战略预测每个战略业务单位在今后 3～5 年的预期位置,这包括分析每个产品所处的产品生命周期以及预期的竞争者战略、新技术、经济事件等等。

　　公司不一定是为每个战略业务单位建立销售额目标。它们的目标也许是用较少的营销费用维持现有的需求水平;或者是从这项业务中抽走现金,并听任需求下降。所以,企业管理层的任务是把需求保持在由公司总部的战略计划所决定的一个适当的水平上。营销有助于估量每个战略业务单位的潜在销售额和利润,但是,一旦确定了战略业务单位的目标和预算,营销任务便应该高效率和高效益地贯彻执行该计划。

二、战略选择模型

战略选择模型是一种指导战略选择的模型,结合企业自身优劣势和内部资源运用两方面情况,确定企业适用何种战略的问题。如图 6.5 所示。

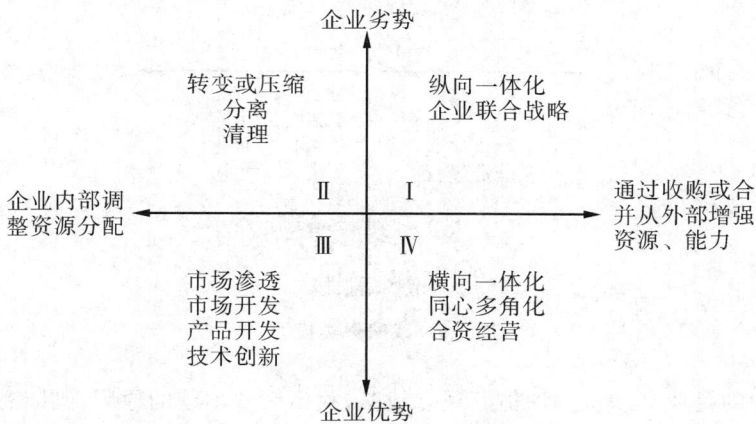

图 6.5　战略选择矩阵

象限 I 中的企业往往认为,当前全力经营的业务增长机会有限或风险太大,可采用纵向一体化战略来减少原材料供应或向产品下游延伸的不确定性带来的风险,或采用企业联合战略,这样既能获利,管理部门又不用转移其对原有经营业务的注意力。但从外部来增强资源能力耗费的时间和资金量都很大,战略管理人员需注意防止在克服劣势中又造成另一些劣势的情况。

象限 II 中是较保守的克服企业劣势的办法。企业采用压缩、精简的办法,将资源集中于有竞争优势的业务。如某种业务劣势已构成重大障碍或克服劣势将耗费甚大或成本效益太低,就必须采用分离战略,把这种业务分离出去,同时获得补偿,当该业务已经白白耗费组织资源并有导致破产的危险时,可考虑采取清理战略。

象限 III 是企业具有优势,例如企业产品的市场占有率要求企业扩大生产以达到规模经济,而且企业认为能从内部增加投入来达到此目的,可从市场渗透、市场开发、产品开发及技术创新这四种战略中进行选择。

象限 IV 是企业具有优势,而且可通过向外部积极扩大势力范围以进一步增强企业优势,则可以从横向一体化、同心多元化经营或合资经营等战略中进行选择。

三、战略聚类模型

这是由市场增长率和企业竞争地位两个坐标所组成一种模型,是可供企业选择战略使用的一种指导性模型,它是由小汤普森(A.A.Thompson.Jr.)与斯特里克兰(A.J.Strickland)根据波士顿矩阵修改而成的,如图 6.6 所示。

象限I中的企业处于最佳战略地位,宜继续集中力量经营现有的业务,不宜轻易转移既有的竞争优势。但如果企业资源有剩余,可考虑纵向一体化,也可采用同心多元化经营。

营销战略与管理

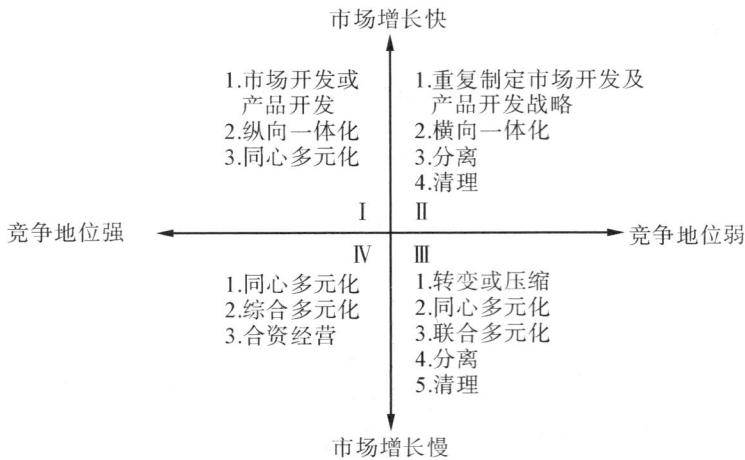

图 6.6　战略聚类模型

　　象限Ⅱ中的企业必须认真评估其现有战略,找出绩效不佳的原因,判断有无可能扭转局面,使竞争地位转弱为强。四种可能的选择是:制定或重新制定市场开发或产品开发战略、横向一体化、分离和清理。在迅速增长的市场中,即使弱小的企业也往往能找到有利可图的位置,因此首先考虑制定或重新制定产品开发或市场开发战略。如企业无力获得成本效率(或因缺乏必要条件,或因无规模经济)则可考虑横向一体化;若再无力增强地位,可考虑退出该市场或产品领域的竞争,多种产品的企业可分离出耗费大、效益低的业务;如经营失败,最后还可以清理,以避免拖延造成更大的损害。

　　象限Ⅲ中的企业,通常是要减少其对原有业务的资源投入,压缩战略撤出的资源最少,既能得到转移投资所需资金又能促使员工提高工作效率,同心或联合多元化经营战略的一体化经营战略更便于进入有前途的竞争领域。如能找到持乐观态度的买主可以采取分离或清理战略。

　　象限Ⅳ中的企业,有通过各种经营转向增长形势看好的领域的实力。这些企业的特点是资金多而企业内部增长需要有限,可进行同心或联合多元化战略以利用原有经营优势、分散投资风险。合营对跨国企业尤其有吸引力,与国内企业合营,可开拓有前途的新领域获得竞争优势。

基本概念

　　Swot 分析　行业结构分析　价值链　波士顿矩阵　战略选择模型

复习思考题

　　1.举例说明 SWOT 分析方法的应用。

　　2.请对行业结构分析方法进行评价。

　　3.简述价值链分析的主要内容。

阅读延伸

[1]闫振坤,潘凤.广东发展"创客经济"的 SWOT 分析及政策导向研究[J].科技管理研究,2016,08:32-36.

[2]詹兆宗.基于 PEST-SWOT 的旅游业新常态分析与启示[J].浙江学刊,2016,01:192-196.

[3]汪亚明,姚海琴.基于 SWOT 分析的旅游节庆策划与市场营销研究——以杭州市余杭区为例[J].浙江学刊,2012,03:155-159.

[4]阮仙友.价值链截取战略及其特征[J].财务与会计,2016,02:64.

[5]张国玲.美国营利性高等教育竞争战略研究——波特竞争理论的视角[J].贵州社会科学,2016,03:108-114.

[6]张毓峰,袁安贵,何光汉.基于波士顿矩阵理论模型的四川省入境旅游市场竞争态分析[J].生态经济,2008,03:95-97.

[7]谢维光,陈雄,谷松.基于波士顿矩阵模型的浙江省入境旅游市场分析[J].华东经济管理,2009,03:18-21.

战略制定篇

第 **7** 章

竞争性营销战略

学习目标: 不同的企业面临的使命与目标、环境与资源各不相同。本章介绍了波特的三种一般竞争战略,即成本领先战略、差异化战略、重点集中战略,并深入探讨了三种战略选择的动因与条件、实施的关键及存在的风险,以供企业根据自身条件选择采用。在学习本章时,要重点学习三种基本竞争战略的基本内涵,理解各自的适用范围与条件。

知识目标: 理解成本领先战略、差异化战略、集中化战略。

能力目标: 给定某一具体企业,根据三种战略的优缺点以及应用的市场条件为企业市场营销战略的制定提供决策依据。

导入案例

屈臣氏成功之道——集中化战略

如今,走进屈臣氏门店,你或许会发现门店消费热度不复昔日风光,往日排队结账的"长龙"没有了,取而代之的只是三三两两的来客前来闲逛;很多叫不上名字的新品入驻品牌折扣区,而消费者耳熟能详的品牌却没有摆放在显眼的位置。

针对门店生意大不如前、可比销售下滑、单店业绩出现负增长这一现象,屈臣氏依靠这三招,早已开始了润物无声的逆袭之旅。

1.上线全球购平台,比传统海淘让人放心

3月26日,屈臣氏低调上线了自己的海购平台:屈臣氏全球购。主推商品有母婴类用品、个护彩妆和营养保健三个类别。海淘的优势就是价格,对比传统海淘,屈臣氏商品不仅低价,全球购更具有海关正规检验、品牌正品授权、保税区闪电发货三大得天独厚的优势,而且,到指定屈臣氏实体店还可以抢鲜体验!

2.锁定女性目标群体,为她们设计"新奇"产品

在同质化竞争日益激烈的零售行业,只有为消费者提供合适自己的产品和优质的购物体验才能赢得市场。而实现这一目标的首要基础就是准确锁定消费群体。

中国大陆的女性平均在每个店里逗留的时间是20分钟,而在欧洲女性只有5分钟左右。这种差异,让屈臣氏最终将中国大陆的主要目标市场锁定在18岁~35岁的时尚女

性。因为这类女性更容易接受新鲜事物,更喜欢追求时尚、寻求新奇体验。

针对此类女性,屈臣氏在开发的自有产品中设计了较为"新奇"的产品。比如,在夏天来临的时候,屈臣氏会针对不少女性消费者穿高跟鞋被磨脚的问题,开发出脚掌贴、脚后跟贴,尽管这些小物件在很多人眼里微不足道,但在购买者眼中这样的服务却很贴心。

由于主要消费群体是年轻女性,屈臣氏的门店总体色彩十分缤纷鲜艳,总体格调显得非常女性化和明亮,各类美容保健产品十分齐全,同时还提出了"个人护理"的专业化服务和营销概念。

另外,针对大部分女性的购物心理,屈臣氏还推出了"加1元换购""全线八折""买一送一"等促销力度大的优惠策略,吸引顾客眼球。

3.进军二三线城市,单天单店营业额达7至8万元

作为在国内品牌最多且生存26年之久的化妆品店,屈臣氏的蓝绿色标识已经符号化,成为国内消费者认知个人护理品品牌的重要来源之一。20多年来,屈臣氏已经深入中国内地70个大中城市,现在正在向尚未进入的30多个城市发展。

(案例来源:佚名:《实体店深陷倒闭潮,而屈臣氏却靠这三招逆袭!》,营销报,2016-4-16)

第一节　企业竞争目标战略的基本范式

波特在安德鲁斯的SWOT分析构架基础上指出,在企业投入竞争的一个或几个市场上,市场结构强烈地影响着竞争规划的确立以及可供企业选择的竞争战略取向,"当影响产业竞争的作用力以及它们产生的深层次原因确定之后,企业的当务之急就是辨明自己相对于产业环境所具备的强项和弱项"。据此,他提出了可应用于任何性质与规模的企业、涵盖面甚广的一般竞争战略,包括成本领先战略、差异化战略和重点集中战略三种范式,并指出企业竞争优势归根结底来源于企业为顾客创造的超过成本的价值,即来源于低成本和差异化两种最基本的途径。

一、成本领先战略

成本领先战略就是使企业的全部成本低于竞争对手的成本,甚至在同行业中处于最低的战略方法。成本领先战略强调以很低的单位成本为价格敏感的消费者提供标准化的产品与服务,故这种战略也叫价格竞争战略或低成本竞争战略。

成本领先战略的指导思想是要在较长时期内保持成本处于同业中的领先水平,并按照这一目标采取一系列措施,使企业获得同业平均水平以上的利润。成本领先战略的目标就是使企业的产品或服务在广泛的经营范围内以成本的优势与别的企业竞争。

企业实施成本领先战略的核心是努力降低自己的产品成本。如果一家企业能够取得并保持全面的成本领先地位,那么,它只要能使自己产品的价格水平与同类企业的价格水平保持相等或相近,就能成为同类企业中的超群之辈。而如果它的价格低于同类企业,就为企业扩大市场份额、提高市场占有率创造了优势。

成本领先战略可以帮助企业以低价渗透,迅速占领市场。较低的经营成本可以提供

有竞争力的价格;而有竞争力的价格则可以扩大企业的市场份额,从而提高企业的收益。同时,较高的经济效益使企业有能力进一步扩大自己的规模、增加自己的产品与服务项目,从而形成新的较低成本,形成良性循环。与竞争对手相比,若企业处在低成本的位置上,则具有在价格竞争中的主动地位,并能在价格战中保护自己;通过使用低价格从对手那里夺取市场份额并攻击那些在其他竞争战略上取得成功的对手,从而获得超额利润。同时,面对购买者要求降低价格以及供应商抬高资源价格的压力,处于较低成本地位的企业通常有更大的余地可以与其讨价还价。较低的成本与价格水平对潜在的进入者来讲就是必须克服的一种行业进入障碍,形成了有效的市场进入壁垒,从而防止新进入者侵蚀本企业的市场份额。

二、差异化战略

差异化战略是一种标新立异的战略。这种战略是指企业采用区别于竞争者的方式,在顾客广泛重视的某些方面,力求独树一帜。通常,一个能够取得或者保持差异化形象的企业,如果其产品的溢价超过为做到差异化而发生的额外成本,就会获得出色的业绩。

差异化战略的指导思想是企业提供的产品与服务在产业中具有独特性,即具有与众不同的特色,这些特色可以表现在产品设计、技术特性、产品名牌、产品形象、服务方式、销售方式、促销手段等某一方面,也可以同时表现在几个方面。这种产品由于具有与众不同的特色,因而赢得一部分用户的信任,同产业的其他企业一时难以与之竞争,其替代品也很难在这个特定的领域与之抗衡。当企业之间的产品或服务成本愈来愈接近时,市场竞争的重点就在于差异化。

虽然差异化战略与成本领先战略有明显的不同,前者是试图提供一种产品或服务去满足所有顾客,以降低成本;而后者注重的是为不同顾客提供不同的产品,但这并不表示两者完全矛盾。在不同的情况下,企业可以采取不同的战略组合。

三、重点集中战略

重点集中战略是企业在充分分析产品或服务市场的基础上,通过市场细分,集中力量,或主攻某一特定的客户群体,或主攻某个产品系列的一个细分区段,或主攻某一个特定的地区市场,从而使企业的产品或服务占领一定的市场份额。企业实行重点集中战略的依据是其业务的集中化能够以更高的效率、更好的效果为某一狭窄的战略对象服务,从而超过在较广范围内的竞争对手。这种战略的优点在于企业能够控制一定的产品势力范围,在此势力范围内,其他竞争者不易与之竞争,故其竞争优势地位较为稳定。

重点集中战略又分为成本集中和差异化集中。成本集中是指采用重点集中战略的企业,在目标市场中针对目标顾客的需要,在不影响产品质量的前提下努力控制成本,从而获得在目标区域中的低成本优势。中国的经济水平依然落后,价格竞争仍是企业发展过程中应该时刻把握的要素。很多企业规模较小,不具有规模效应,但在区域市场,可以根据目标客户的需要,选择适合的企业产品品种,集中资金,在目标市场将网点铺开,利用对目标市场的熟悉,降低成本,获得低成本竞争优势。差异化集中是指采用重点集中战略的企业为了满足目标顾客的需要,提供与竞争者有差别的、多样化的产品和服务。企业选择差异化重点集中战略,能免除顾客众口难调的困境,能根据目标顾客的偏好,提供相应的特色化产品与服务。

第二节　成本领先导向的战略选择

一、成本领先战略动因

成本领先战略是指企业通过在内部加强成本控制,在研究开发、生产、销售、服务和广告等领域内把成本降到最低,成为行业中的成本领先者的战略。企业凭借其成本优势,可以在激烈的市场竞争中获得有利的竞争优势。

如果企业所在的市场对购买价格很敏感,那么努力成为行业中总成本最低的供应商就是一个很有力的竞争途径。低成本供应商战略的战略目标是获取相对竞争对手低的成本,而不是获取绝对低的成本。在寻求低成本的领导地位时,公司的管理者必须认真地考虑购买者认为是至关重要的特色和服务———一种产品如果过于简便,没有任何特色,实际上就会削弱产品的竞争力。而且,竞争对手能否复制或匹配公司获得成本优势的方式也有着重要的意义。成本优势的价值取决于这种优势的持久性。如果竞争对手发现模仿领导者的低成本方法相对来说并不难或者并不需要付出太大的代价,那么,低成本的领导者的成本优势就不会维持很长的时间,就不能持久产生有价值的优势。

企业采用成本领先战略的主要动因有:

(一)形成进入障碍

企业的生产经营成本低,便为行业的潜在进入者设置了较高的进入障碍。那些生产技术尚不成熟、经营上缺乏规模经济的企业都很难进入此行业。

(二)增强企业的讨价还价能力

企业的成本低,便能够应付投入费用的增长,提高企业与供应者的讨价还价的能力,降低投入因素变化所产生的影响。同时,企业成本低,可以提高自己对购买者的讨价还价能力,对抗强有力的购买者。

(三)降低替代品的威胁

企业的成本低,在与竞争者竞争时,便可以凭借其低价格的产品和服务吸引大量的顾客,降低或缓解替代品的威胁,使自己处于有利的竞争地位。

(四)保持领先的竞争地位

当企业与行业内的竞争对手进行价格战时,由于企业的成本低,可以在竞争对手毫无利润的水平上保持盈利,从而扩大市场份额,保持绝对竞争优势的地位。总之,企业采用成本领先战略可以使企业有效地面对行业中的五种竞争力量,以其低成本的优势,获得高于行业平均水平的利润。

二、成本领先战略选择

低成本领导者获取很好的利润业绩有两种选择:第一个选择是利用低成本优势制定

出比竞争对手低的产品或服务的价格，大量吸引对价格很敏感的购买者，从而提高总利润；第二个选择是不削价，满足于现在的市场份额，利用低成本优势提高单位利润率，从而提高公司的总利润和总的投资回报率。

要获得成本优势，企业价值链上的累积成本必须低于竞争对手的累积成本。达到这个目的有两个途径：一是比竞争对手更有效地开展内部价值链活动，更好地管理推动价值链活动成本的各个因素，即控制成本驱动因素；二是改造企业的价值链，省略或跨越一些高成本的价值链活动。

（一）控制成本驱动因素

一个企业的低成本是企业总价值链中各项活动作用的结果。下面9种不同的驱动因素在确定一个公司在某项具体活动的成本时都可能有用：

1.规模经济或不经济

价值链上某项具体活动常常会受到规模经济或规模不经济的约束。如果开展某项活动，规模大比规模小的成本更低，以及如果公司能够将某些成本，如研究与开发费用，分配到更大的销售量之上，那么，就可以获得规模经济。对那些容易受到规模经济或规模不经济制约的活动进行敏锐的管理是节约成本的一个主要方法。例如，制造经济性往往可以通过下列方式获得：简化产品线，对种类比较少的产品模型的产品生产采用比较长的生产计划周期，在不同的产品模型之中采用相同的零配件。在全球市场上，如果为每一个国家或市场生产不同的产品，而不是在全球范围内销售标准产品，那往往会提高产品的单位成本。因为这样做往往会因为产品模型之间的转换而浪费一些时间，生产期会延长，对每一个国家内推出的产品模型都不能达到最经济的规模。规模经济或规模不经济的产生也可能来自于公司管理其销售和市场营销的方式，销售队伍如果按照地理区域组织，那么，随着区域销售额的上升往往可以实现规模经济。

2.学习及经验曲线效应

开展某项活动的成本可能因为经验和学习的经济性而随时间下降。经验性成本节约不仅仅来源于公司的员工学会完成他们的任务和使用及调试新技术，还来源于：找到了改善工厂布置和工作流程的方式，找到了修改产品设计以提高制造效率的途径，找到了改进零配件以简化装配的途径。学习还可以降低建造和运作新零售分点、新生产工厂或新分销设施的成本。另外，下列这些做法也可以获得学习利益：获得一个竞争对手的产品或样本，然后让设计工程师研究其产品制造的方式；以其他公司类似活动的业绩为参照对公司的活动进行基准化超越；采访供应商、咨询人员和竞争对手的退休离职人员。学习通常会随着这个因素的变化而变化：公司致力于抓住公司内部和公司外部经验的利益的程度。为了获得学习所带来的利益，敏锐的公司管理者会有意识地采取以下方式：在场内建造或改造生产设备，努力留住知识渊博的员工（降低他们为竞争对手工作的风险），限制员工向竞争对手出卖与传播成本节约方面的信息，在同员工签订的合同中订立严格的非泄密性条款。

3.关键资源的投入成本

开展价值链活动的成本部分取决于公司购买关键资源所支付的成本。对于从供应商那里购买的资源或价值链活动中所消耗的资源，各个竞争厂商所承担的成本并不完全相同。一家公司对外购投入的成本的管理通常是一个很重要的成本驱动因素。投入因素是

营销战略与管理

下面三个因素的函数:(1)工会劳动与非工会劳动——避免使用工会劳动是低成本制造的一个关键,这样做不仅仅可以逃避支付高工资,还可以逃避那些约束生产率的工会工作条例。(2)与供应商的谈判能力——很多大公司通常利用大量采购的谈判权力来从供应商那里获得的低价格。行业竞争厂商之间谈判能力的差异可能成为成本优势或劣势的一个重要源泉。(3)地区变量——地区与地区之间通常会在以下一些方面有差别:工资水平、税率、能源成本、入厂和出厂装运及运输成本等等。通过重新布置生产工厂、基层办公室、仓储或总部的运作地点通常可以找到降低成本的机会。

4.与公司中或行业价值链中其他活动的联系

如果一项活动的成本受到另一项活动的影响,那么,在确保相关的活动以一种协调合作的方式开展的情况下,就可以降低成本。例如,当一个公司的质量控制成本或材料库存成本同供应商的活动相关时,可以在以下一些方面同关键的供应商合作来降低成本:零配件的设计、质量保证程序、及时送货,以及一体化材料供应。新产品的开发成本常常因涉及某项特定任务的职能部门力量(优势也许还可以包括供应商和重要的客户代表)在以下这些方面的合作而得到降低:研究与开发、产品设计、制造设计、市场运动。同前向渠道的联系往往集中在仓库的位置、材料的处理、出厂装运,以及包装等。因此,有效地协调相联系的活动具有降低成本的潜力。

5.在公司内部同其他组织单元或业务单元分享机会

一个公司内部的不同产品线或不同业务单元通常共同使用一个订单处理和客户账单处理系统,通常使用相同的销售力量,共同使用相同的仓储和分销设施,通常依靠相同的客户服务和技术支持队伍。这种类似活动的合并和兄弟单位之间的跨部门的资源分享可以带来重要的成本节约。成本共享有助于获得规模经济,有助于缩短掌握一项技术的学习曲线,有助于促进生产能力的更充分利用。而且,在一个部门或一个地理单元获得的经验可以用来帮助减少另一个部门或地理单元的成本。如果各项活动相似,同时经验也很容易在单元与单元之间进行转移,那么,在组织单元之间分享经验就具有很大的节约成本的潜力。

6.垂直一体化对资源外包所具有的利益

部分或全部一体化进入供应商企业或前向渠道联盟可以使一个公司绕开有谈判权利的供应商或购买者。如果合并或协调价值链中紧密相关的活动能够带来重大成本节约的话,那么前向或后向一体化就有很大的潜力。相反,有时对某些职能活动进行资源外包,让外部的专业厂商来做或许更便宜,因为它们利用专有技术和规模,开展这些活动的成本会更便宜。

7.与首先行动者的优势或劣势相关的时机因素

有时候,市场上的第一个行动者往往能够以比后来者更低的成本建立和维持其名声,因此先采取行动往往比后采取行动便宜。而有时候,特别是技术发展很快的时候,设备或技术的后购买者往往会受益,因为所安装的设备是第二代或第三代的产品,产品的价格反而会便宜一些,运作效率也会高一些;而第一代产品的用户往往会因为需要对产品进行调试和排除错误以及学习使用一项不成熟的和不完善的技术而承担一些额外的成本,而开拓公司因为要进行先导型的研究开发和开辟市场也不得不承担一些额外的成本。

8.生产能力利用率

生产能力利用率是价值链的一个很大的成本驱动因素,因为它本身附带了巨大的固定成本。生产能力利用率的提高可以使得承担折旧和其他固定费用的生产量扩大,从而降低单位固定成本。业务的资本密集度越高或固定成本占总成本的比重越大,这个成本驱动因素的重要性就越明显,因为生产能力利用不足会使单位成本遭受很大的损失。在这种情况下,寻找生产设备能够接近满负荷运转的途径是获取成本优势的又一个源泉。

9.战略选择和经营运作决策

公司内部的各种管理决策可以使公司的成本降低或者上升,这些管理决策包括:(1)提高或减少产品和产品种类的数量;(2)增加或减少为顾客提供的服务;(3)增加或减少产品的性能或质量的特色;(4)相对于竞争对手而言,支付更高或更低的工资和附加福利;(5)增加或减少公司产品分销中使用的不同前向渠道的数量;(6)延长或缩短给客户送货的时间;(7)比竞争对手更加重视或不重视利用激励性补偿(工资)制度来激励职工和提高工人的生产率;(8)提高或降低购入材料的规格。

公司的管理者如果想要获得低成本的领导地位,就必须深入地理解上述 9 个因素是如何影响价值链中的各项活动的成本的,不但必须运用自己的知识对那些可以清楚确认其成本节约之处的活动进行成本降低活动,而且必须凭借自己的责任感和创造性降低各项活动的成本,从而给公司带来比竞争对手持久的成本优势。

(二)改造价值链的结构

寻找革新性的途径来改造业务的各个过程和任务,削减附加的"无用之物",更经济地为顾客提供基本的东西,这样可以带来更大的成本优势。公司通过改造价值链的结构来获得成本优势的最主要的方式有:

(1)简化产品设计,利用计算机辅助设计技术、减少零部件、将各种模型和款式的零配件标准化,转向"易于制造"的设计方式。

(2)削减产品或服务的附加,只提供基本无附加的产品或服务,从而削减多用途的特色和选择。

(3)转向更简单的、资本密集度更低的,或者更简便、更灵活的技术过程。

(4)寻找各种途径来避免使用高成本的原材料和零部件。

(5)使用"直接到达最终用户"的营销和销售策略,从而削减批发商和零售商环节的成本费用和利润。

(6)将各种设施重新布置在更靠近供应商和消费者的地方,以减少入厂和出厂成本。

(7)抛弃那种"针对每一个人"的经营方式,将核心集中在有限的产品或服务之上,以满足目标购买者特殊但却很重要的需求,以消除产品或服务中的各种变形所带来的活动和成本;再造和新建业务过程,从而统一和合并一些工作步骤,去掉重复和低价值的活动。

(8)利用电子通信技术减少笔头工作,减少打印和复印成本,通过电子邮件加快通信,通过使用电视会议减少差旅成本,通过公司的内部网络来传播信息,通过网址和网页同顾客建立联系。

有时,公司也可以通过建立全新的价值链体系,或者通过重组现行的价值链,剔除那些创造极少价值而成本高昂的价值链活动,获得巨大的成本优势。

三、成本领先战略的实施条件

企业在考虑实施条件时,一般从两个方面考虑,一方面考虑实施战略所需要的资源和技能,另一方面考虑组织落实的必要条件。实施成本领先战略,企业需要持续投资和增加资本,提高科研与开发能力,增强市场营销的手段,提高内部管理水平。在组织落实方面,企业要考虑严格的成本控制、详尽的控制报告、合理的组织结构和责任制,以及完善的激励管理机制。在实践中,成本领先战略要想取得好的效果,还要考虑企业所在的市场是否是完全竞争的市场、该行业的产品是否是标准化的产品、大多数购买者是否以同样的方式使用产品、产品是否具有较高的价格弹性、价格竞争是否是市场竞争的主要手段等。如果企业的环境和内部条件不具备这些因素,企业便难以实施成本领先战略。

四、成本领先战略的风险

企业在选择成本领先战略时还应看到这一战略的弱点。如果竞争对手的竞争能力过强,采用成本领先的战略就有可能使企业处于不利的地位,具体表现在:(1)竞争对手开发出更低成本的生产方法。例如,竞争对手利用新技术或更低的人工成本,形成新的低成本优势,使得企业原有的优势变成劣势。(2)竞争对手采用模仿的办法。当企业的产品或服务具有竞争优势时,竞争对手往往会采取模仿的办法,形成与企业相似的产品和成本,使企业陷入困境。(3)顾客需求的改变。如果企业过分追求低成本,降低了产品和服务的质量,反而会影响顾客的需求,使得企业非但不能获得竞争优势,反而会处于劣势。

第三节　差异化导向的战略选择

一、差异化战略的动因

差异化战略是提供与众不同的产品和服务,满足顾客的特殊需求,形成竞争优势的战略。差异化的形成主要是依靠产品和服务的特色,而不是产品和服务的成本。但是应该注意,差异化战略不是讲企业可以忽略成本,只是强调这时的战略目标不是成本问题。企业采用这种战略,可以很好地防御行业中的五种竞争力量,获得超过行业平均水平的利润。具体而言,主要表现在以下几个方面:

(一)形成进入障碍

由于产品的特色,顾客对产品或服务具有很高的忠诚度,从而该产品和服务就具有强有力的进入障碍。潜在的进入者要与该企业竞争,则需要克服这种产品的独特性。

(二)降低顾客敏感程度

由于差异化,顾客对该产品或服务具有一定的忠诚度,因此当这种产品的价格发生变化时,顾客对价格的敏感程度不高。生产该产品的企业便可以运用产品差异化的战略,在行业的竞争中形成一个隔离带,避免竞争者的伤害。

(三)增强讨价还价的能力

产品差异化可以为企业带来较高的边际收益,降低企业的总成本,增强企业对供应者的讨价还价能力。同时,由于购买者没有其他选择,对价格的敏感程度又降低,企业可以运用这一战略削弱购买者的讨价还价的能力。

(四)防止替代品的威胁

企业的产品或服务具有特色,能够赢得顾客的信任,便可以在与替代品的较量中比同类企业处于更有利的地位。

营销高手经典语录

产品的差异可以化解竞争,企业的差异也可以化解竞争。

——梁国坚(梁氏集团董事长)

二、差异化战略选择

差异化定位就是为顾客提供与行业竞争对手不同的服务内容与服务水平,通过顾客需求和企业能力的匹配来确定企业的战略方向。差异化战略以了解顾客需求为起点,以创造高价值满足顾客需求为终点。因此,企业在决定整体定位差异化的时候,必须综合考虑顾客的需求、企业的核心能力以及竞争对手的服务水平三个要素,做到三者的协调统一。

有差异化的顾客就有差异化的需求,有差异化的需求就要提供差异化的服务,因此,以满足不同顾客群的多样化需求为目标的细分市场成了企业经营的着眼点。细分市场的确定,有助于企业找准目标顾客群,并通过差异化的竞争策略来构建自身的竞争优势。

一般来说,差异化战略可以分为如下三种:(1)产品差异化,指企业的产品在性能、质量上明显优于竞争对手;(2)形象差异化,指企业通过塑造优势品牌以及成功的企业形象策划,借助公关传播,在顾客心目中树立起良好的形象,从而使顾客对该企业的产品产生偏好;(3)市场差异化,指由产品的销售条件、销售环境等具体的市场操作因素而形成的差异,包括在定价、分销、销售服务等方面形成自己的差异化优势。

三、差异化战略实施条件

企业要成功地实施差异化战略,通常需要特殊的管理技能和组织结构。例如,企业需要具备从总体上提高某项经营业务的质量、树立产品形象、保持先进技术和建立完善的分销渠道的能力。为实施这一战略,企业需要具有很强的研究开发与市场营销能力的管理人员。同时在组织结构上,成功的差异化战略需要有良好的结构以协调各个职能领域,以及有能够确保激励员工创造性的激励体制和管理体制。在这里,企业文化也是一个十分重要的因素,高技术的企业格外需要良好的创造性文化,鼓励技术人员大胆创新。

四、差异化战略的风险

企业在实施差异化战略时,主要面临两种风险:一种风险是企业无法形成适当的差异化;另一种风险是在竞争对手的模仿和进攻下,行业的条件又发生了变化时,企业不能保持差异化。第二种风险经常发生。企业在保持差异化上普遍面对着四种威胁:

(1)企业形成产品差异化的成本过高,大多数购买者难以承受产品的价格,企业也就难以盈利。竞争对手的产品价格降得很低时,企业即使控制其成本水平,购买者也不愿意为具有差异化的产品支付较高的价格。

(2)竞争对手推出相似的产品,降低了产品的差异化特色。

(3)竞争对手推出更有差异化的产品,使得企业产品的原有购买者转向购买竞争对手的产品。

(4)购买者不再需要本企业赖以生存的那些产品差异化的因素。例如,经过一段时间,由于产品质量的不断提高,顾客对电视机、录放机等家用电器的价格越来越敏感,这些产品差异化的重要性就降低了。

追求差异化战略时所会遇到的其他陷阱和错误有:差异化的内容对购买者而言并不能够降低他们的成本或者提高他们的收益;过度差异化使得产品的价格相对于竞争对手来说太高,或者差异化属性超出了购买者的需求;向购买者索要太多的价格附加(价格的差别越大,购买者就越容易转向低价格的竞争对手);忽视向购买者宣传差异化的价值,仅仅依靠内在产品属性来获得差异化;没有理解购买者认为有价值的东西是什么;如果购买者满足于基本的产品,认为"差异"的属性并不值得支付更高的价格,那么,竞争对手的低成本战略就可以击败差异化战略。

由于差异化与市场份额有时是矛盾的,企业为了形成产品的差异化,有时需要放弃获得较高市场份额的目标。同时,企业在进行差异化的过程中,需要进行广泛的研究开发、设计产品形象、选择高质量的原材料和争取顾客等工作,其代价是高昂的。最后,企业还应该认识到,并不是所有顾客都愿意支付产品差异化后形成的较高价格。

差异化是一种十分有效的竞争战略,但差异化并不一定能够创造有意义的竞争优势。如果公司所强调的特色或者能力在购买者看来并没有多大的价值,那么公司所创造的差异化就没有什么意义。另外,如果竞争对手能能够很快地复制公司所提供的所有或者绝大部分有吸引力的产品属性,那么公司为差异化所作出的努力也注定会失败。能够快速地被复制意味着一个企业实际上没有获得真正的差异化,因为企业每次采取新的行动使企业的产品同竞争对手的产品区别开来的时候,竞争对手都能够发生类似的变化。因此,通过差异化建立竞争优势,企业必须找出产品独特的属性,从而使竞争对手复制起来很困难。

第四节 重点集中导向的战略选择

一、重点集中战略的动因

重点集中战略是指把经营战略的重点放在一个特定的目标市场上,为特定的地区或特定的购买者集团提供特殊的产品或服务。重点集中战略与其他两个基本的竞争战略不同,成本领先战略与差异化战略面向全行业,在整个行业的范围内进行活动;而重点集中战略则是围绕一个特定的目标进行密集型的生产经营活动,要求能够比竞争对手提供更为有效的服务。企业一旦选定了目标市场,便可以通过产品差异化或成本领先的方法,形成重点集中战略。也就是说,重点集中战略,基本上就是特殊的差异化或特殊的成本领先战略。由于这类企业的规模较小,采用重点集中战略的企业往往不能同时采取差异化和成本领先的方法。如果采用重点集中战略的企业想实现成本领先,则可以在专用品或复杂产品上建立自己的成本优势,这类产品难以进行标准化生产,也就不容易形成生产上的规模经济效益,因此也难以具有经验曲线的优势。如果采用重点集中战略的企业要实现差异化,则可以运用所有差异化的方法去达到预期的目的,与差异化战略不同的是,采用重点集中战略的企业是在特定的目标市场中与实行差异化战略的企业进行竞争,而不在其他细分市场上与其竞争对手竞争。在这方面,采用重点集中战略的企业由于其市场面狭小,可以更好地了解市场和顾客,提供更好的产品与服务。

重点集中战略与其他两个竞争战略一样,可以防御行业中的各种竞争力量,使企业在本行业中获得高于一般水平的收益。这种战略可以用来防御替代品的威胁,也可以针对竞争对手最薄弱的环节采取行动。这种战略需要形成产品的差异化;或者在为该目标市场的专门服务中降低成本,形成低成本优势;或者兼有产品差异化和低成本的优势。在这种情况下,其竞争对手很难在目标市场上与之抗衡。企业在竞争战略中成功地运用重点集中战略,就可以获得超过行业平均水平的收益。应当指出,企业实施重点集中战略,尽管能在其目标市场上保持一定的竞争优势,获得较高的市场份额,但由于其目标市场是相对狭小的,所以其市场份额的总体水平是较低的。重点集中战略在获得市场份额方面有某些局限性。因此,企业选择重点集中战略时,应该在产品获利能力和销售量之间进行权衡和取舍,有时还要在产品差异化和成本领先中进行权衡。

重点集中战略往往在下列情况下能够取得最好的效果:(1)定位于多细分市场的企业,很难满足目标小市场的专业或特殊需求,或者满足这个市场的专业化需求的代价很高。(2)没有其他竞争企业在相同的目标细分市场上进行专业化经营。(3)一家企业没有足够的资源和能力进入整个市场中更多的细分市场,整个行业中有很多小市场和细分市场,从而一个集中型的企业能够选择与自己的优势和能力相符的有吸引力的目标小市场。

二、重点集中战略的选择

满足下列一些条件时,不管是以低成本为基础,还是以差异化为基础,重点集中战略都会变得有吸引力:(1)目标市场足够大,可以盈利;(2)小市场具有很好的成长潜力;(3)小市场不是主要竞争企业成功的关键;(4)采取重点集中战略的企业拥有有效服务目标小市场的资源和能力;(5)采取重点集中战略的企业凭借其建立起来的顾客商誉和提供的服务来防御行业中的竞争者。

一个采用重点集中战略的企业服务于目标小市场的专业化能力是防御五种竞争力量的基础。定位于多细分市场的竞争企业可能不具备真正满足采用重点集中战略的企业的目标顾客群的能力。采用重点集中战略的企业所拥有的服务于目标小市场的能力,是潜在进入者和替代品生产企业必须克服的一个障碍。

三、重点集中战略的实施关键

企业实施重点集中战略的关键是选好目标市场。一般的原则是,企业要尽可能地选择那些竞争对手最薄弱的和最不易受替代产品冲击的目标市场。在确定目标市场之前,企业必须确认:(1)购买群体在需求上存在的差异;(2)在企业的目标市场上,没有其他竞争对手试图采用重点集中战略;(3)企业的目标市场在市场容量、成长速度、获利能力、竞争强度方面具有相对的吸引力;(4)企业的资源实力有限,没有能力追求更大的目标市场。

四、重点集中战略的风险

企业在实施重点集中战略的时候,可能会面临以下风险:(1)以较大的市场为目标的竞争者采用同样的重点集中战略;或者竞争对手从企业的目标市场中找到了可以再细分的市场,并以此为目标实施重点集中战略,从而使原来采用重点集中战略的企业失去优势。(2)由于技术进步、替代品的出现、价值观念的更新、消费者偏好的变化等多方面的原因,目标市场与总体市场之间在产品或服务之间的需求差别变小,企业原来赖以形成重点集中战略的基础也就失掉了。(3)在较宽的范围经营的竞争对手与采取集中战略的企业之间在成本上的差异日益扩大,抵消了企业为目标市场服务的成本优势,或抵消了通过重点集中战略而取得的产品差异化,导致重点集中战略的失败。

基本概念

成本领先战略　　差异化战略　　重点集中战略

复习思考题

1.成本领先战略的动因是什么?

2.如何进行差异化战略选择?

3.采用重点集中战略有何风险?

阅读延伸

[1]徐万里,吴美洁,黄俊源.成本领先与差异化战略并行实施研究[J].软科学,2013,10:45-49.

[2]葛虹,张艳霞.基于企业竞争战略选择偏好的标杆筛选方法[J].管理学报,2013,

07:972-978.

[3]马春成.构建全面成本管控体系 实现成本领先战略[J].财务与会计,2015,11:22-24.

[4]徐雪高,沈贵银.关于当前我国大豆产业发展状况的若干判断及差异化战略[J].经济纵横,2015,12:53-59.

[5]陈敏利.从中美对比中分析国内视频网站的差异化战略[J].编辑之友,2015,04:17-21.

[6]田立法,王淞,刘丛珊,杨来娣.差异化战略、二元创新与企业绩效:资源整合能力的调节或中介作用[J].科技进步与对策,2015,09:93-99.

[7]蒋维.以差异化战略构筑竞争新优势——以广西电视台影视频道为例[J].传媒,2014,04:60-62.

[8]崔明,孙步青.高校出版社目标集中战略实施策略探讨[J].科技与出版,2012,12:15-18.

[9]袁晓东,孟奇勋.专利集中战略:一种新的战略类型[J].中国科技论坛,2011,03:88-94.

第 **8** 章

组合性营销战略

学习目标：企业营销战略的成功与否既受非可控因素的影响，也受可控因素的影响。非可控因素一般为企业的外部因素，难以把握；可控因素一般为企业的内部因素，企业能够对这些因素产生直接影响，是企业营销战略选择的重要方式。美国市场营销学家麦卡锡将各种因素归结为四个主要方面的组合，即产品因素、价格因素、分销因素和促销因素，从而使企业的营销战略围绕这四个方面形成了不同类型的营销组合。在学习本章时，要重点学习基于这四种因素组合的营销战略选择。

知识目标：理解基于产品的战略、基于价格的战略、基于分销的战略、基于促销的战略。

能力目标：给定某一具体企业，根据四种战略的优缺点以及应用的市场条件为企业市场营销战略的制定提供决策依据。

导入案例

OPPO 手机的营销组合战略

产品战略：极速充电和美颜拍照，并将其做到极致。比如 2015 年 OPPO 推出爆款手机 R7 系列，销量高达 1 500 万台。陈明永曾透露，其对产品的极致追求与自己的工匠家庭有关。

渠道战略：价值观为先、共存亡和股份绑定、三类代理商。OPPO 挑选一级代理商，先考核价值观，要求现款现货，服务好消费者，该有的分销、该做的品牌形象宣传都要做好，把利益放在这些之后。OPPO 始终坚持跟渠道伙伴共存亡的策略，不仅是因为 OPPO 始终在互联网销售上斩获不多，也因为代理商跟 OPPO 有千丝万缕的关系。代理商主要来自 OPPO 前员工，前供应商、合作伙伴，还有合作了十几年的 OPPO 独家渠道商。

促销策略：整合媒介资源、明星策略、品牌包装巧构思。OPPO 几乎把所有卫视与音乐、娱乐相关的节目都冠名了，找巨星不找偶像，从品牌的名字到品牌的设计都偏韩范、国际范。

（案例来源：佚名：《屌丝"小米手机"注定没有未来，OPPO 是怎样逆袭"雷布斯"的？》，2016 年 5 月

28 日,本案例略有改动)

　　企业市场营销理论与实践的发展是建立在若干营销因素之上的,所谓营销因素是指影响企业市场营销活动的各种手段与方式。随着市场营销环境的变化,企业经历了由单一营销因素向组合营销因素的发展。市场营销因素组合是指企业综合运用多种可控制的市场营销手段,即企业的营销人员采用系统的手法,根据企业的外部环境,把市场营销的各种要素进行组合,使它们相互协调和配合,综合性地发挥作用,借以实现企业的营销战略目标。一个企业在分析市场、确定自己的目标市场之后,就要针对目标市场的要求,设计企业的营销战略,制订最佳的营销组合要素方案,以达到企业占领市场的预定目标。

　　然而,在企业的营销活动中,可控因素很多,细分起来也十分复杂,人们为了便于分析运用,曾提出过多种分类方法,其中以美国营销学家麦卡锡教授提出的 4Ps 分类最为流行。即将可控因素分为产品(Product)、价格(Pricing)、分销(Place)和促销(Promotion)四大类型,因为这些英文词的开头均为 P,所以简称为"4Ps"。

　　(1)产品,代表企业提供给其目标市场的产品和劳务,包括产品质量、外观、式样、品牌名称、商标、包装、买卖权、服务、保证等。产品的设计与开发必须建立在满足消费者需求的基础上。

　　(2)价格,代表顾客购买商品的价格,包括价目表所列的价格、折扣折让、支付期限、信用条件等,它是营销组合中一个十分敏感的因素。首先,价格的制定必须能够产生利润;其次,当竞争对手推出类似产品时,这个价格必须有调整的空间而且有竞争力。

　　(3)分销渠道或营销渠道,指将产品实体从生产者手中转移到消费者(或用户)手中的整个过程。它是由所有的生产制造商和中间商组成的商品流通网络。生活消费品一般要经过批发商、经销商和零售商这样几个环节,是又长又宽的渠道;工业生产资料的渠道一般是经过经销商到用户,或是由制造商直接到用户,是较短的渠道。

　　(4)促销,指企业为宣传产品的优点和说服顾客购买其产品所进行的种种活动,如人员推销、广告促销、营业推广等。这里,重要的是将各种方法有机结合起来运用,以求产生整体的良好效果。

第一节　基于产品因素的营销战略

一、商标策略

　　商标是指企业为了表明其所生产或销售的商品区别于其他同类商品的质量、规格、造型等特征而使用的标志,一般用文字、符号、图形或者它们的组合表示,注明在商品、包装、招牌或者广告上面,便于消费者识别。一个经过核准具有专用权,并且受到法律保护的商标,称为注册商标。可供企业选择的商标策略一般有以下几种:

　　(一)统一商标策略

　　统一商标策略又称家族商标策略,是指企业中不同的商品采用同一种商标。采用这种策略,有利于建立一整套"企业识别体系",即企业统一的商标,通过广告、包装、橱窗、路

营销战略与管理

牌、霓虹灯、印刷品,以及厂歌、厂徽等,广泛地传播给用户,使用户对企业具有强烈的识别性和深刻的印象,从而提高企业的影响、信誉和知名度。其缺点在于所有产品一旦使用统一的商标,如果商品要分高、中、低档的话,低档商品可能会给高档商品带来不利的影响。

(二)多种商标策略

多种商标策略又称个别商标策略,是指不同的商品采用不同的商标。这种策略能够严格地区分高、中、低档产品,使用户能够快速识别,从而购买令自己满意的商品,而且有利于维护和提高名牌商品的信誉。但是,采用这种策略,由于品种较多,广告活动频繁,容易被人们遗忘,从而影响广告效果和企业知名度。因此,这种策略一般只适用于企业不同品质的产品。此外,当新商标的新产品销售失利时,也可能会损害企业的声誉。

(三)创新商标策略

传统观念认为牌子越老越好,但是在现代市场中,这种观念已经落伍了。现代企业的生命力在于创新的能力,不仅要商品创新、服务创新,商标也要创新。企业要善于通过新的商标,把企业的新精神及新产品的特点有效地传播给广大用户,从而进一步巩固和提高企业的信誉及其在社会上的知名度。

(四)无商标策略

某些商品的使用性能很接近,不容易区别,消费者往往不按商标选择商品,这时企业可以不采用商标。现在有一种出售无商标商品的超级市场,商品上只印有商店的商标而没有生产企业的商标,由于质量相同,而且价格便宜,很受消费者欢迎。

(五)商标借用策略

一些中小企业往往不使用自己的商标,而是借用其他企业或者采用中间商的商标。这样做不仅可以节省大量的推销费用,还可以利用其他企业或者中间商的市场声誉,使自己的商品迅速地进入市场;但是缺点是企业不能很好地树立品牌形象。

二、包装策略

商品包装是指商品的盛器或者外部包扎物。商品包装也是顾客识别商品的重要标志之一,企业常用的商品包装策略有以下几种:

(一)类似包装策略

类似包装或者称统一包装,是指企业生产的所有商品的包装,在图案、色彩等方面均采用统一的形式。这种方法可以降低包装的成本、扩大企业的影响力,特别是在推出新产品时,可以利用企业的声誉,使顾客首先从包装上认出商品,迅速地打开市场。但是,类似包装策略不能用于品质不同和等级不同的产品,否则,会对品质优良的高档产品产生不良的影响,影响企业的声誉。

(二)综合包装策略

综合包装或称多种包装,是企业把各种有关联的产品放在同一个包装器之内。这种包装策略对用户来说不仅便于购买,而且还便于携带、使用和保管;对企业来说,可以扩大商品的销路,特别是推销新产品时,可以将其与老产品组合出售,创造条件使消费者接触试用。

（三）附赠品包装策略

附赠品包装策略是企业在某商品的包装容器中附加一些赠品，以吸引消费者，有时也能造成消费者重复购买的意愿。

（四）再使用包装策略

再使用包装或称多用途包装，是指消费者将原包装里的商品用完之后，其包装容器可以继续使用，不仅可以用来购买或者零买原来的商品，也可以作其他用途。这种策略有助于提高购买者的购买愿望和购买兴趣，还可以促使消费者重复购买。对企业来说，还可以利用再使用包装策略充分发挥广告的效果。

（五）等级包装策略

等级包装策略是指对不同等级的商品采用不同的包装；或者对同一种商品根据消费者的不同需要，采用不同级别的包装。比如高价高档商品的包装，必须精美、上档次，以满足高收入阶层的需要或者购买礼品的需要；而低档低价产品的包装设计，应该尽量简单实用，给人以物美价廉的印象。即使采用同一商标的同类商品，在品种、规格不同时，包装设计上也可以采用不同的形式，以提高用户的购买兴趣。又如同一种商品，若消费者购买其作为礼品，则可以用精致的包装；若是自己使用，则只需要简单包装。

（六）创新包装策略

创新包装是指根据市场的变化，相应地改革包装设计。在现代市场经营中，包装的创新与产品创新往往具有同等重要的意义。尤其是，当由于某种原因导致企业的产品销售量下降、市场声誉跌落时，企业可以在改进产品质量的同时，及时改变包装形式，从而以新产品的形象在市场上出现，改变产品在消费者心目中的不良印象。这种做法有利于迅速恢复企业声誉，重新扩大市场份额。

三、商品组合策略

商品组合是卖方提供给买方的所有商品系列、商品项目组成的一个组合。商品系列是商品组合的一个组成部分、一个商品集合体。商品集合体内部的各产品有同样的功能，被需求相同的消费者购买，由同一类型的店铺销售，属于同一价格区间，各产品间有密切的联系。商品项目是指某一产品系列内在的规格标准、价格、样式以及其他属性，是针对识别一个单位的商品而言的，有时称为库存管理单位、商品交易项目或者副交易项目。研究商品组合，还必须研究商品组合的广度、深度和关联性三个基本的概念。（1）商品组合的广度，指不同商品系列的数目；（2）商品组合的深度，指在同一产品系列中，生产不同商品项目的数量；（3）商品组合的关联性，指各种商品在最终用途、生产条件以及销售途径中的相互关联程度。

所谓商品组合策略，就是企业为了满足目标市场的需求，而对商品组合的广度、深度和关联性所做的决策或策略的调整。商品组合策略主要有如下几种：

（1）商品组合发展策略，即在原有的基础上拓宽商品系列的广度，扩大经营范围，实现产品多样化，增加企业的经营品种，既可以与原有商品系列相关，也可以不相关，但是都应该有利于提高企业的市场占有率。

（2）商品系列化策略，即把原有的商品项目扩充成一个系列。系列化的方法很多：在品质方面,可以增设不同的档次,可以有高档商品,也可以有低档商品,以适应不同层次的顾客的需要;在用途方面,可以增进相互配合使用的商品品种;在功效方面,可以生产适应不同特征的顾客需要的商品等等。

(3)高档商品策略或者低档商品策略。所谓高档商品策略,就是在原有的商品线内增加高档商品项目,提高原有商品线的声望。这样既能增加高档商品的比重,又能推动原有的中低档商品的销售。所谓低档商品策略,就是在高档商品线中,利用相同的商标增加低档廉价商品的项目,目的是借助高档名牌商品的声誉吸引顾客,使那些购买力低的消费者也能够购买。

(4)改良商品组合策略,即对企业经营的某些商品从整体上进行较大的改善,提高其质量、增加其功能、降低其成本、改善其服务等,以此增强商品组合的整体竞争力。

(5)商品专业化策略,即缩小商品系列的广度、缩小经营范围,实行商品专业化。有的可以在取消某些商品系列的同时,增加商品系列的深度,以提高专业化经营水平。

营销高手经典语录

洗涤用品为什么会打价格战?在于产品差异性不大,消费者被迫在价格上做出选择。如果不能在产品上创新,这个瓶颈不突破,就难以有胜出者。

——庄启传(纳爱斯集团总裁)

第二节　基于价格因素的营销战略

一、产品定价影响因素分析

产品的价格是价值的货币表现。从理论上来讲,影响产品价格变动的因素主要有三个:其一是商品价值。在其他条件不变的情况下,单位商品价值量增加,以货币表现的商品价格将随之上升;反之,价格下跌。其二是货币价值与货币量,在其他条件不变的情况下,货币价值下降,商品价格就上涨;反之,价格下跌。其三是供求关系,供不应求,商品价格上升;反之,价格下降。

在短期内,可以将商品价值与货币价值视为不变,这时,影响商品实际定价的因素有:

(1)成本与销售量。产品成本是定价的最低经济界限。按量本利盈亏分析法,一定时期内总的价格水平必须超过盈亏平衡点的产销数量,这时候才有利润。只有当市场情况恶劣时,作为短期权宜之计,可以把售价降到比变动成本稍高一点。

(2)需求关系和价格弹性。所谓价格弹性,是指价格变动引起的需求量的变化程度,即需求的灵敏度。当某种产品具有较高弹性时,降低其价格可以扩大销售量,从而增加收入;反之,若某种商品是缺乏弹性的,适当地提高价格会带来收入的增加。

(3)企业定价目标。即定价所要达到的目的。公司定价的主要目标有:追求最大的利润、保持或者扩大市场占有率、稳定价格水平、保持与销售渠道的良好关系、适应或者防止竞争、创建名牌等。定价目标不同必然会影响价格的选择。

（4）国家政策。这对定价的影响表现在许多方面，国家的价格政策、金融政策、税收政策、产业政策等都会直接影响企业的定价。

（5）消费心理。需求曲线的一般变动模式是传统的"理性购买"模式。事实上，在实际生活中，购买者的消费心理对企业定价具有很大的影响。例如消费者在专业知识不足或者资料掌握不多的情况下，常常以价格作为衡量质量的标准，企业定价高有时反而会增加需求。

（6）竞争者价格。虽然企业在现代经营活动中一般采用非价格竞争，即相对地稳定商品价格，而以降低成本、提高质量、提供服务、改进销售和推广方式来增强竞争力，但是也不能完全忽视竞争对手的价格。

营销高手经典语录

买东西要在价格低的时候，卖东西要在价高的时候，这是一个简单的道理。

——黄光裕（国美电器公司总经理）

二、产品定价的基本方法选择

这里介绍几种最基本的定价方法：

（一）成本导向定价法

成本导向定价方法的思路是：在定价时，首先要考虑收回企业在生产经营中的全部成本，然后再考虑取得一定的利润。其中常用的有成本加成定价法和销售定价法。

1.成本加成定价法

成本加成定价法是指单位产品成本加上规定的利润比例所制定的价格。其中价格与成本之间的差额，就是加成比例。其公式为：

单位产品价格 = 单位产品总成本 × (1 + 加成率)

一般来说，高级消费品或者生产批量较小的产品，其加成比例可以高一点；生活必需品或者大批量生产的产品加成比例应该低一些。成本加成法的主要优点是计算方便，而且在市场环境诸因素基本稳定的情况下，采用这种方法可以保证各行各业获得正常的利润率；其缺点是没有考虑市场上需求方的利益，是典型的生产者导向观念的产物。

2.售价加成定价法

此方法以售价为基础，加成率为预测利润占售价的百分比，其具体公式为：

$$单位产品价格 = \frac{单位产品总成本}{1 - 加成率}$$

一般来说，商业部门更多地采用此方法，此方法的优点在于企业更容易计算商品销售的毛利率；而在售价相同的情况下，用这种方法计算出来的加成率较低，也就容易被消费者所接受。

（二）目标收益定价法

目标收益定价法与成本导向定价法的主要区别在于：第一，前者是根据预计的销售量倒推出成本；后者却不管销售量如何，先确定成本。第二，前者的收益率是企业按照需要和可能自行制定的，后者是按照行业的习惯标准制定的。目标收益定价法常用的有收支平衡定价法和投资收益定价法。

1.收支平衡定价法

收支平衡定价法是根据企业的生产数量，在能保证取得一定利润的前提下制定价格的方法。该方法是根据盈亏平衡点公式计算出平衡点的价格，这是企业产品不亏损的最低价格，即保本价格。不同预期的销售量，对应着不同的收支平衡价格。企业可以根据这一标准，结合预期的产品盈利，选择适当的定价。

2.投资收益率定价法

投资收益率定价法是先按照企业的投资总额确定一个资金利润率，然后按照资金利润率计算目标利润额，再根据总成本和计划销售量及目标利润算出产品的价格。这种方法有利于保证实现既定的资金利润率，但是这种方法只有市场占有率很高的企业才会采用，对于大型的公用事业单位更为适合。

（三）需求导向定价法

需求导向定价法，是以市场导向为指导，以消费者对商品价值的理解和认识程度为依据，对同一种商品针对不同类型的消费者和市场制定不同的价格。常用的方法有理解价值定价法和区别需求定价法。

1.理解价值定价法

消费者对商品往往有自身的价值观念，这种价值观念实际上是消费者对商品质量、用途、款式以及服务质量的评估。当一个消费者看到某种商品，他便根据对这个商品的印象，自我评估它的价格，只有这个价格消费者才愿意购买，市场营销学上称之为消费者对价格的理解价值。理解价值定价法是一种先估计和测定商品在顾客心中的价值水平，再以此为依据制定商品价格的方法。

这种方法的具体做法是：企业先通过广告宣传或者其他传播途径，把商品介绍给消费者，使消费者对商品的质量、用途、款式、格调，以及原材料等有一个初步的印象。然后通过市场调查，了解掌握消费者对商品价值的理解，以此作为定价标准。如果在这个定价水平下，企业所获的利润同其经营目标相符合，就可以开发商品；如果在这个价格水平下利润很低，甚至会亏损，企业就应该考虑放弃经营。这种方法的关键是分析和测定产品的理解价值水平，测定的方法有直接评议法、相对评议法、相对评分法、诊断评议法等。

2.区别需求定价法

区别需求定价法又叫差别定价法，就是指某一种产品，在特定的条件下，可以按照不同的价格出售。其主要形式有：以顾客群的差异为基础的差别定价，以数量差异为基础的差别定价，以产品的外观、式样、花色等差异为基础的差别定价，以地域差异为基础的差别定价，以时间差异为基础的差别定价等。

(四)竞争导向定价法

竞争导向定价法是一种以竞争者的价格为基础,根据竞争双方的力量等情况,企业制定比竞争者的价格高或低的价格,或相同的价格,以增加利润、扩大销售量或者提高市场占有率的定价方法。常用的方法有以下几种:

1.随行就市定价法

随行就市定价法就是企业使自己的商品价格跟上同行业的平均水平。在竞争激烈而产品需求弹性较小或者供需基本平衡的市场上,这是一种比较稳妥的定价方法。这样做既降低了风险,又大体反映了该商品的社会必要劳动时间,从而获得平均利润,或者经过降低成本的努力获得超额利润。

2.追随领导企业定价法

即有些拥有较丰富的后备资源的企业,为了应付或者避免竞争,或者为了稳定市场以利于长期经营,以同行业中影响最大的企业的价格为标准,来制定本企业的商品价格。

3.边际贡献定价法

当企业的营销市场发生变化,企业的商品按照原价出售有困难,或者企业为了竞争的需要,压低价格以利于竞争优势时,企业可以采用这种方法。

边际贡献定价法实际上是一种可变成本加成法,它暂时不考虑固定成本的分摊,只考虑可变成本,算出贡献利润(即商品价格与可变成本之差)后,再把分摊的固定成本扣除,得出企业的净利润。特别是在企业的生产能力尚有剩余的情况下,只要有边际贡献率,就意味着有利可图。其基本公式为:单位产品的价格=单位产品的变动成本+边际贡献。

营销 TIPS

一个基本的价格定律:一是市场上卖得最好的绝不是价格最低的产品,而是市场表现最活跃的产品。怎样才能活跃?肯定要求产品的渠道利润空间大。二是便宜的产品未必好卖,让消费者、销售者觉得占了便宜的产品才好卖。怎么让他们觉得占了便宜?肯定少不了价格设定策略。

——杨永华

三、产品定价的策略选择

企业要更好地实现目标,就应该根据不同的产品和市场情况,采用灵活多变的定价策略和技巧。

(一)产品生命周期定价策略

即企业根据产品所处生命周期的不同阶段,灵活地制定价格。

1.投入期的定价策略

投入期的新产品的合理价格应该是最能吸引中间商,又最能吸引最终用户的价格。企业定价应该以产品的直接生产和销售成本为依据,特别要注意产品将进入成长期的预期成本。投入期可选择的定价策略一般有以下三种:

营销战略与管理

（1）撇脂定价法。撇脂定价法又称高价法，即将产品的价格定得较高，尽可能在产品生命周期初期，在竞争者研制出相似的产品以前，尽快地收回投资，并且取得相当的利润。然后随着时间的推移，再逐步降低价格使新产品进入弹性大的市场。

（2）渗透定价法。渗透定价法又称低价法，它采用低价策略，将产品的价格尽量定得低一些，以达到打进市场或者扩大市场占有率、巩固市场地位的目的。一些资金比较雄厚的大企业往往采用这种定价方法。

（3）满意价值定价法。满意价值定价法又称为薄利多销定价法。所谓"满意"，就是确定的价格是使生产者和消费者双方都感到满意从而能接受的价格。具体地说，在企业新产品刚投放市场时，利润很少或者有少量亏损；而当市场销路打开后，很快就能转亏为盈。该方法所定的价格一般在上述两种定价法所定的价格之间。

2.成长期的定价策略

在成长期，产品逐渐形成了市场价格。成长期初期市场价格变动幅度较大，末期则变动较小。对于早期推出新产品的企业来说，如果在投入期采用撇脂定价法，则此时可以分数次降低售价；如果在投入期采用渗透定价法，则在成长期可以继续运用该方法。对于在成长期新进入市场的企业来说，则应该注意保持原创新者的定价策略，一般来说，采用低于创新者价格的策略为宜。

3.成熟期的定价策略

成熟期的定价目标应该是选择带来最大贡献的价格方案，这一阶段应该尽量避免价格竞争，更多地采用非价格竞争方式。当然，在必要时也可以采用降价策略，但是必须遵循需求弹性的原理，对那些需求价格弹性大的商品和市场，这样做的收效较大。

4.产品衰退期的定价策略

在产品衰退期，竞争已经迫使市场价格不断降低到接近于产品的变动成本，只有在成熟期不断降低成本的那些企业才能维持下来。这时，只要企业有剩余生产能力，就应该以变动成本作为价格的最低限度。同时，企业应该注意及时退出这一产品市场。

（二）用户心理定价策略

用户心理定价策略是一种根据用户购买心理的要求来制定价格的策略，主要适用于消费资料的定价，常用的有以下几种：

1.尾数定价策略

在确定零售价格时，以零头数结尾，使用户在心理上有一种便宜的感觉；或者是按照风俗习惯的要求，价格尾数取吉利数，也可以促进购买。该策略适用于非名牌和中低档产品。

2.整数定价策略

与尾数定价策略相反，整数定价策略利用顾客"一分钱一分货"的心理，采用整数定价。该策略适用于高档、名牌产品或者是消费者不太了解的商品。

3.声望定价策略

该策略主要适用于名牌企业、名牌商店和名牌产品。由于声望和信用度高，用户愿意支付较高的价格购买企业的产品，因此可以制定较高的价格。但是，滥用此法可能会使企业失去市场。

4.特价策略

这是利用部分顾客追求廉价的心理,有意识地将价格定得低一些,达到打开销路或者是扩大销售的目的,如常见的大减价和大拍卖就属于这种策略。该策略主要适用于竞争较为激烈的产品,滥用此法会损害企业的形象。

5.投标价格策略

投标价格策略也称为密封定价策略。采用这种策略的企业事先不规定具体价格,而是采用投标的方式,由用户相互提出价格,然后由企业从中选出较为理想的价格成交。这种策略一般适用于工程承包,或者是某些特殊商品,如古玩文物和工艺美术珍品等。

(三)价格折扣策略

价格折扣策略是为了调动各类中间商和其他用户购买商品的积极性,按照原定的价格少收一定比例或者一定数量的货款。具体有以下几种:

1.现金折扣策略

现金折扣策略又称为付款期折扣。在允许买主延期付款的情况下,如果买主提前交付货款,可以在原价基础上给予一定的折扣。这有利于鼓励顾客提前付款。

2.数量折扣策略

数量折扣策略主要是根据中间商和用户的购买数量,采用不同的价格折扣,以鼓励大量订货或者一次性大量购买某种产品,具体可用非累进折扣和累进折扣等方法。

3.业务折扣策略

业务折扣策略主要是为了调动中间商的积极性,根据中间商在市场营销中担负的不同业务功能给予不同的价格折扣,如推广折扣、运费折扣、交易折扣等。

4.季节性折扣策略

季节性折扣策略主要适用于某些商品在市场销售中有旺季和淡季区别的情况。该策略利用季节价差,鼓励中间商在淡季时大量订货。

(四)地区价格策略

地区价格策略主要在价格上灵活反映和处理运输、装卸、仓储、保险等多种费用。这种策略在对外贸易中更为普遍,根据商品的流通费用在买卖双方中如何分担的情况,表现为各种不同的价格,常用的有以下几种:

1.产地价格策略

产地价格策略又称为离岸价格策略。采用该策略时,商品在产地交货,交货后由购买方负担一切运输及保险费用,常用于市场供应较为紧张或运输费用较大的商品。

2.销售地价格策略

销售地价格策略又称为到岸价格策略。采用该策略时,商品在销售地点交易,一切运输费用及保险费用均由生产公司负担。这种策略常用于需要打开销路或者运输费用较小的商品。

3.地域性价格策略

该策略是指生产商和批发商对不同地区的用户采取不同的价格策略,在同一地区内实行统一的价格。

(五)商品品质的价格策略

即根据企业的经营目标、市场竞争等因素,采取与商品品质相符或者不相符的定价策

营销战略与管理

略。企业在将其商品定位在何种品质与价格时，将采取相应的定价策略。如图8.1所示，为产品品质—价格策略矩阵图。

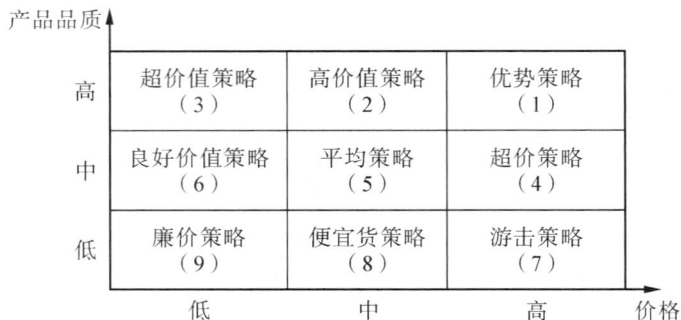

图 8.1　产品品质—价格策略矩阵图

图中，位于对角线上的策略（1）、（5）、（9）是可以同时存在于同一市场的。也就是说，第一个企业提供优质高价的产品，第二个企业提供中质中价的产品，第三个企业则提供低质低价的产品，这三个企业便有可能和平共存于同一市场。

而选择其余六种策略的企业则不同，通俗地讲是采用了一种与常规的价格原则有所不同的特殊策略。策略（2）、（3）、（6）是违背优质优价、同质同价的原则的，它适用于一般企业在竞争激烈的条件下，尤其是在与名牌产品进行竞争的条件下，宁可减少一些利润，采取降低价格的办法吸引用户购买；打开销路、取得用户信任以后，又可以逐步恢复优质优价的通行做法。采用策略（4）、（7）、（8）的企业，其商品价格都高过商品价值。这是一种短期的行为，在顾客的市场信息较为闭塞等特殊情况下，可能会有一定的收效。但是一旦顾客的市场信息量增大，他可能会有被掠夺的感觉，从而会传播一些对企业不利的信息。所以，企业应该尽可能避免使用这些策略。

第三节　基于渠道因素的营销战略

一、供货商种类的选择

对供货商种类的选择，是由购买企业对价格、质量、服务、信誉、互惠关系等的态度所决定的。

（一）价格

价格因素是一种最直接、最敏感的因素。有些买方企业的采购员主要是根据价格来决定自己的购买行为；或者在其他要素（如质量、服务等）差不多的情况下，优先比较价格。也有些买方企业因为产品档次的关系，以价格来决定供货商。

（二）质量

有些买方企业更加看重原材料或者零部件的质量，这一般是由买方企业的产品质量决定的。例如，一流的汽车制造厂，其购买的一定是一流的轮胎、一流的发动机、一流的造型设计等,谁的质量好,就向谁购货。

（三）服务

如果说价格和质量是两个直观的因素,是硬指标的话,那么,服务则是一项软指标,很容易打动消费者。一些专业性较强的产品,如复印机、计算机等,购买企业往往非常看重供货商的服务,特别是在产品竞争达到一定程度之后,价格、质量均相差无几,服务就是决定性的因素。

（四）信誉

供货商的信誉是影响购买企业购买行为的重要因素,因为信誉高的供货商一般管理严格,产品质量好,不会有假货。

（五）互惠关系

这是一个较为特殊的因素,买方企业以互惠关系决定供货商,如两家企业,其产品互为对方所需,便可以利用互惠关系建立供货渠道。这种互惠关系也有三边或者更多边的。

（六）促销手段

促销手段是供货商主动出击拉拢购买企业,从而建立供货关系。促销手段包括礼品、抽奖、赠送、回扣等多种形式,尽管花样繁多,实际上也可以认为是一种变相的优惠措施。

二、供货商的数量选择战略

供货商,尤其是提供企业主要产品所需的资源的供货商,会对企业的经营活动产生重大影响。如果企业只有唯一的供货商,则可能危及企业的生产经营,可见,企业应对供货商的数量选择有足够的重视。

（一）多渠道少批量策略

企业采用多渠道、少批量策略,可以和较多的供货商保持联系,以保证稳定的供应,使经营更加稳健。这种策略比较适用于原材料供应紧张的企业。其缺点是不能够享受大量购买带来的折扣优惠;而且,从供货商的角度来看,不是主要客户,货源往往会受到影响。

（二）集中于少数供货商的策略

集中于少数供货商的策略可以使企业提高进货数量,从而享受价格上的优惠;同时,可以保持买卖双方的信用关系,使得供货商把该企业作为稳定的大批量的业务伙伴,即使在其有困难时,也优先或优价保证该企业的货源。但是该策略也有其潜在的危害。如果供货商发生意外,如发生工人罢工、资金短缺、火灾等,货物无法满足或不能按期交货,则企业将会发生供应危机。同时,供货商还可以利用其独特的经营地位,以断绝货源相要挟,迫使购买企业接受较高的价格,或者同意其他不合理的要求。许多企业为了防止这类事件的发生,在采购方面有一条规定,即向同一购货商购货的数量不得超过一定的百分比。

以上两种策略各有优劣,因此许多企业都实行综合的策略,既寻求集中于少数供货商的好处,又充分利用多家供货商的优点,更多的是采用"集中单一卖主,加强多种联系"的策略。集中单一卖主是将企业所需材料、部件的绝大多数集中向一家供货商购买,这样可以充分享受供货商给予的价格、质量、服务等的优惠;其余的少部分便分别从几个不同的供货商那里进货。这样做一方面是保持一种联系,为今后的需要奠定基础;另一方面,是防止主要供货商出现意外时,不至于走投无路,同时还可以给主要供货商以一定的压力,造成供货商之间的竞争,给自己带来更大的收益。

(三)供货商数量的决策

决定企业选择供货商数量的因素比较多,要具体问题具体分析。决策者还必须对供货商有充分的了解,才能综合评定,掌握进货主动权。一般来说,决策的步骤有:

首先,确定有几家企业能够提供本企业所需的产品和服务,这些企业构成了供货商选择对象;其次,这些供货商的规模实力、经营状况、信用程度、产品价格、交易条件具体如何;再次,本企业看重的是什么,是价格、质量、交货期、服务,还是企业信誉;最后,综合上述方面,并结合各种策略的优势,选择适当的供货商数目和适当的策略进行决策。

营销高手经典语录

(我们)要让红酒像牛奶、果汁、可口可乐那样随时随处可及。

——覃文华(新天印象酒业公司总经理)

本土化,从我们跨国企业来看,关键是如何建立一个成熟的、可以控制的渠道。

——邱锦云(美国如新集团中国总裁)

渠道和商家手里只有一票,到底是投给格兰仕还是其他品牌,对企业是至关重要的。

——梁昭贤(格兰仕集团执行总裁)

第四节 基于促销因素的营销战略

一、促销方式及其种类

促销方式是指企业运用人员或者非人员的方法,向用户提供商品和服务的信息,引导、启发、刺激用户产生购买的兴趣,作出购买决策,采取购买行动,以达到促销的目的。促销方式主要包括人员推销、营业推广、广告推销和公共关系四种。

(一)人员推销

人员推销是企业派推销员直接向用户(包括直接和间接用户)推销商品和服务的一种销售方式。它具有直接联系、机动灵活、现场洽谈、及时反馈、选择性强、有利于建立良好的人际关系等优点。但是它的绝对费用较高,在发达国家大致是广告费用的 2～3 倍,而且企业较难得到优秀的推销员。

(二)营业推广

营业推广是指企业在特定的目标市场中,为迅速地刺激需求和鼓励消费而采取的一种促销手段。其具体形式有三类:一是针对消费者的营业推广,这是为了刺激消费者的购买欲望、提高重复购买率、推动新产品销售、扩大市场占有率等而采取的促销手段,如进行有奖销售,举办展销、现场表演等;二是针对中间商的营业推广,这是为了鼓励中间商大量进货、代销、加速货款回收等而采取的促销手段,如购货折扣、经销竞赛等;三是针对经销人员的营业推广,这是为了鼓励推销人员积极工作、努力开拓市场、增加计划期内的销售量而采取的促销手段,如开展竞赛和奖励活动。

(三)广告推销

广告是公司用付费的方式,把有关的商品、服务等信息通过一定的媒体,有计划地传递给消费者,以沟通供需之间的联系,达到指导消费、扩大销售的目的。在现代社会中,可供选择的广告媒介越来越多,除了报纸、杂志、广播、电视四大媒体之外,企业还可以利用邮寄、电影、招贴、橱窗、路牌等多种手段进行广告宣传。尤其值得一提的是,在互联网日益发达的今天,利用网络进行广告宣传是一个重要的手段。

(四)公共关系

公共关系是指一个企业为了谋求社会各方面的信任和支持、树立企业信誉、创造良好的社会环境,而采取的一系列措施和行动。从销售角度看,它是企业为获取公众的信赖、加深用户印象而用非直接付费方式进行的一种促销活动。

促销计划是有计划、有目的地把人员推销、营业推广、广告推销和公众关系四种促销形式结合起来,综合运用,形成一个有机的促销策略。或者说,企业的促销策略,就是对促销方式的选择、组合和运用。一般来讲,企业可以从以下几个角度来分析和选择促销组合的基本战略。

二、促销的拉引策略与推动策略

拉引策略,就是企业先通过广告等直接面向最终消费者的强大促销攻势,把新的商品或者服务介绍给最终市场的消费者,使之产生强烈的购买欲望,形成急切的市场需求,然后"拉引"中间商纷纷要求经销这种商品,拉引策略的促销顺序如图 8.2 所示。

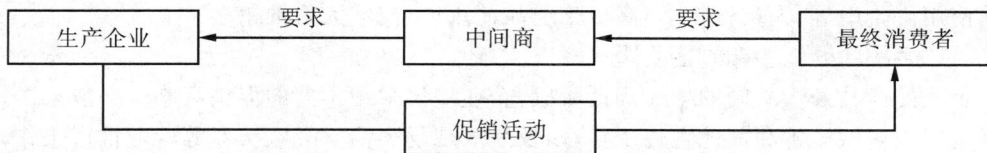

图 8.2　拉引策略分析模型

推动策略则是企业以人员推销为主要手段,首先争取中间商的合作,利用中间商的力量把新的商品或者服务推向市场,推向消费者。其运作程序如图 8.3 所示。

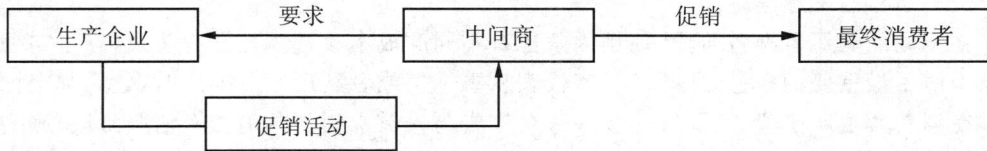

图 8.3　推动策略分析模型

在市场营销的过程中,由于中间商和生产企业对某些新产品或者服务的市场前景有不同的看法,因此,很多新产品上市时,中间商往往因为过高估计市场风险而不愿意经销。在这种情况下,生产企业可以采用拉引策略,只能先向消费者直接推销,然后拉引中间商经销。反之,推动策略是生产企业与中间商对新的产品或者服务市场的前景看法比较一致,双方愿意合作的情况下经常采用的手段。运用推动策略,对于生产企业来说,较之拉引策略风险小,推销周期短,资金回收快,但是其前提条件是有中间商的共识与配合。

当然,在通常情况下,企业也可以把上述两种策略结合起来使用,在向中间商大力促销的同时,通过大量的广告刺激市场的需求,其程序如图 8.4 所示。

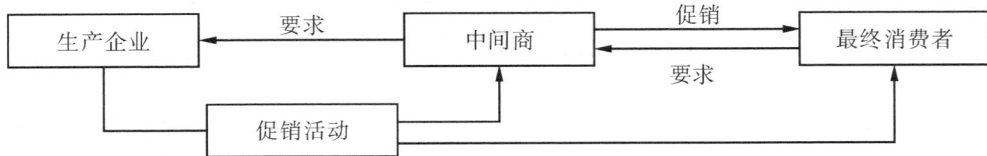

图 8.4 推、拉策略分析模型

三、促销策略选择的影响因素

(一)商品的性质

促销效果在不同性质的商品上是不同的。例如在消费品市场和工业品市场上,一般来说,消费品因为销售面广,应该多利用非人员促销,多采取广告形式;而工业品应该充分利用人员促销和加强服务工作等手段。至于营业推广和公共关系,对消费品和工业品则起辅助作用。

如果把价格因素加入商品中去,促销因素的效果和选择还可以进一步细分,一般来讲,低价消费品使用广告多,人员推销少;高价消费品使用广告多,人员推销也多;低价工业品使用广告中等,人员推销多;高价工业品使用广告少,人员推销多。

(二)商品所处的生命周期阶段

企业的商品处于不同的生命周期阶段,企业应该采用不同的促销策略。一般来讲,在投入期应该多做广告和其他宣传工作,以及采取现场表演、样品、奖券等营业推广工作,诱导中间商进货和消费者试用。成长期的重点是宣传产品,充分调动推销人员和中间商的积极性,以迅速扩大商品的销路。成熟期以广告为主,注重于竞销,利用公共关系,突出企业声誉,力创名牌。衰退期以营业推广为主,结合提示性广告和减价等,维持尽可能多的销售量,还可以采用一些特殊促销措施,如附带赠品、推销奖励等。

(三)购买者的准备阶段

在不同的购买者准备阶段,促销因素也有不同的成本收益。在知晓阶段,广告与公共关系扮演了最重要的角色,此时由销售代表从事推销或者利用营业推广时,效果都会比较差。在消费者了解阶段,主要影响效果来自广告与人员推销。在消费者信服阶段,则主要受人员推销与营业推广的影响。在后续再订购阶段,也依赖于人员推销与营业推广,以及某些程度的提醒性广告。很显然,在购买者决策过程的早期阶段,广告与公共关系最具成本收益,而人员推销与营业推广则在后面的几个阶段中较具有成本收益。

（四）市场的性质

对不同的市场应该采用不同的市场策略。如在地理位置上比较集中、交易额大或者顾客比较集中的市场上，应该以人员推销为主。反之，顾客分散、购买次数少、地理位置广泛的市场，应该以广告为主，当然可以辅之以向大型用户和重要中间商的人员促销。

（五）促销费用

促销预算费用就是用于促销活动的费用开支，由于不同的销售方式所需的费用不同，应该力求以尽可能少的促销费用达到预期的促销效果。

基本概念

商品组合　营业推广　公共关系　拉引策略　推动策略

复习思考题

1.企业商标战略一般有哪些类型？

2.影响产品定价的主要因素有哪些？

3.产品定价方法有哪些？

4.如何选择供货商？

5.促销策略选择的影响因素有哪些？

阅读延伸

[1]熊元斌，吕丹.品牌依恋的形成机制与营销效应：一个整合性分析框架[J].华东经济管理，2015，10：139-145.

[2]童佳.基于渠道细分的营销资源最优化分配方案[J].中国流通经济，2012，09：86-90.

[3]王延明，赵贵玉.发达国家农产品营销战略及其启示[J].当代经济研究，2012，12：79-81.

[4]刘能良.电子电器产品的营销战略——以海尔集团的成功经验为例[J].生产力研究，2009，22：216-217.

[5]黄静，刘洪亮，郭昱琅.在线促销限制对消费者购买决策的影响研究——基于精细加工可能性视角[J].商业经济与管理，2016，05：76-85.

[6]郝辽钢，曾慧.价格折扣促销对手机 App 使用行为的影响研究[J].西南民族大学学报（人文社科版），2016，01：141-146.

[7]雷大章，叶乃沂.隐性价格捆绑策略的间接促销机制研究[J].华东经济管理，2016，01：129-135.

第 9 章

市场性营销战略

学习目标： 企业当前所处行业的竞争地位是营销战略选择的重要基础。不同的竞争地位应选取不同的营销战略。市场占有率是衡量竞争地位的主要方法。在学习本章时，要重点学习基于市场占有率的衡量方法，掌握市场领先者、市场跟随者、市场挑战者及市场补缺者所应采取的营销战略，了解战略联盟这一基于竞争地位的营销战略前沿理论。

知识目标： 理解市场占有率、市场领先者战略、市场挑战者战略、市场跟随者战略、市场补缺者战略。

能力目标： 给定某一具体企业，能够在了解企业目前所处市场竞争地位的基础上，作出相应的营销战略选择。

导入案例

哈啤惊人"逆袭"，超越国内销量第一的雪花！

目前，饮料行业竞争日趋激烈化，更多国外品牌抢占中国市场，中国啤酒品牌似乎陷入困境。五家上榜的中国啤酒品牌总价值年度同比下降 4％，缩水至 41.75 亿美元。

此次，青岛啤酒品牌价值首次下滑，下跌幅度达到 20％。同样表现不佳的，还有燕京啤酒和珠江啤酒。在一片愁云惨淡下，哈尔滨啤酒却上演"逆袭"，品牌价值同比增长 23％，达到 10.11 亿美元，成为啤酒类别中增长最快的中国品牌，排名超越国内销量第一的雪花啤酒。由此可见，品牌价值并非由销量单一决定。

一份"逆天"的成绩单背后隐藏着怎样的营销方法？哈啤在 2015 年究竟做了什么关键动作，赢得了消费者喜爱？

1. 意想不到的明星组合。Hip-pop 被许多年轻人喜爱，哈啤大胆推出嘻哈风格 MV，力邀张震岳、热狗和奥尼尔组成哈啤兄弟，意想不到的跨界组合带来了新鲜感，畅快淋漓的曲风和朗朗上口的 rap，进一步加深了品牌记忆点。

2. 大咖演唱会嗨爆全场。80 后、90 后是"娱乐化的一代"，明星、音乐、综艺都是他们的关注焦点。哈啤携手张震岳、热狗在全国各大城市举办演唱会，一场关于夏日、啤酒和偶像的音乐盛会，迅速获得年轻人追捧。

品牌价值（百万美元）

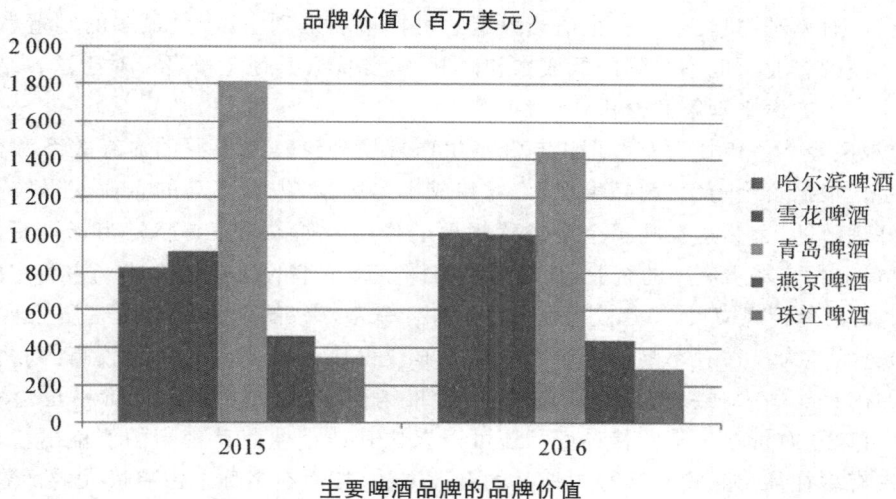

主要啤酒品牌的品牌价值

3. 第一支 emoji 表情 TVC。emoji 是年轻人最流行的沟通方式，为了拉近与目标消费者的距离，哈尔滨啤酒率先制作了以 emoji 为主角的大片《啤酒是怎样酿成的》。春节期间，哈啤还推出 emoji 春联生成器，带给年轻人不一样的新玩法。

4. 年轻人的地盘看哈啤。年轻消费者最活跃的数字化平台，怎么可能少得了哈啤呢？通过大量高品质原创内容以及与二次元集中的 Bilibili 平台合作，哈啤快速打开话题之门，进一步扩大品牌声量！

5. 户外创意就该这么玩。通过年轻人喜欢的插画风格，将哈啤酿造工序完整展示，更做出真实啤酒传送带，将哈啤工厂建到广州地铁，让消费者大开眼界，别出心裁的创意带来良好传播效果，提升了品牌知名度！

在营销手段层出不穷的互联网时代，哈啤坚持品牌年轻化战略，通过跨界音乐、视频、体育等多种领域，搭建与年轻人沟通的桥梁，提升品牌好感度从而拉动整体销量。这个世界终归是年轻人的，哈啤的成功再次印证了这个道理。

（案例来源：佚名：《哈啤惊人"逆袭"，超越国内销量第一的雪花！》，营销志，发表时间：2016-3-30）

第一节 市场占有率与竞争地位

一、市场占有率理论

一个企业在目标市场上的市场占有率的高低，说明了该企业在目标市场中销售商品或者提供劳务的数量在交易总额中所占比例的大小。在需求不变的情况下，该企业的市场占有率高，就意味着竞争对手企业在这一目标市场中的商品或者提供的劳务的数量很少。因而市场占有率状况是反映企业在目标市场区划中的地位的首要指标，是企业竞争地位最集中、最综合、最直接的反映。

营销战略与管理

市场占有率理论指出:在一个适当界定的目标市场区划中,产量最多的制造者,即市场占有率高的企业所能享受到的低成本和高利润,要优于其他竞争者。对于这一结论,可以从以下三个方面来理解和分析:

(1)规模经济。市场占有率理论与经济生产规模理论具有很深的血缘关系和密不可分的联系。根据资金筹集、商品生产、市场和成本等因素,占有率高的企业获得较高的收益是很好理解的,因为这反映了企业经营规模的作用。如果对某一特定市场进行简单的考察,拥有40%市场占有率的企业,其规模为同样生产技术的拥有20%市场占有率的企业的两倍。由于经营规模大,经营效果也自然比占有率为20%的企业大,这是理所当然的。

(2)竞争能力。占有率高的企业之所以能够获得比占有率低的企业较高的收益率的另一个原因是竞争力强、资金雄厚、成本较低、推销得法,即便稍稍降低价格也会取得收益,而且可以左右价格。某些特种商品还可以以比其他企业商品稍高的价格出售,此外,高市场占有率往往是赢得顾客心中地位的有效方法,故而在名称上占有极大的优势。

(3)经营者的能力。市场占有率与收益率共同的内在因素是经营者的能力。优秀的经营者之所以能够使本企业的商品在市场上获得高的占有率,是采取了成本管理的措施和最大限度地提高员工生产的积极性;同时进一步研制新产品开拓新市场领域,从而取得本行业带头人的地位。在兢兢业业继续前进的状况下其他企业更难以赶上。

然而,企业也不能自认为只要保持市场占有率的增加,就会自动地改善企业的收益率。事实上,这还要视企业为取得市场占有率的增加所采取的策略而定,为了获得更高的市场占有率,而使所花费的成本却远远超过其收益价值,则显然是不值得的。因此,企业在盲目追求市场占有率的提高之前,应该首先考虑三个因素:

(1)激起反垄断法案干涉的可能性。如果位居领导地位的企业进一步扩大其市场占有率,则嫉妒的竞争者可能会群起指责其独占行为。这种风险的提升,可能会削减追求更高市场占有率的吸引力。

(2)经济成本的因素。在市场占有率超过某一水准之后,若想更进一步增加市场占有率,则可能会使收益率开始下降。一般而言,存在下列情况时,想追求更高的市场占有率是不合适的:只有少数的经济规模或经验、存在不具有吸引力的市场区划、购买者希望拥有多方面的供应来源,以及退出障碍相当高时。领导者可能宁愿将力量集中于扩展整个市场规模,而不愿为进一步提高市场占有率而奋战。有时甚至可以有选择性地放弃弱小地区的市场占有率,以取得某些居于主宰地位的市场。

(3)在争取更高的市场占有率时,企业所采用的营销组合策略可能有错,以致企业的利润无法增加。虽然某类特定的营销组合在提高市场占有率上甚具效力,但是使用这些组合并不一定会带来较高的利润。

营销高手经典语录

　　我要做,就要占领制高点,做最好的。

——马志平(熊猫移动公司总经理)

二、市场占有率的变动分析

对付竞争对手的战略由许多因素构成,每一个因素都是影响市场占有率的力量。要考察市场占有率的变动,必须探讨构成企业竞争战略的各因素,同时也必须分析竞争对手的活动,结合本行业市场占有率动态进行考察。

（一）市场占有率变动率

一般来讲,市场占有率变动首先可以用变动率表示,变动率为上年市场占有率的增长率或者下降率。如表 9.1 所示,A 企业与 B 企业市场占有率的变动率都是 10%。

表 9.1　市场占有率变动

年　　度	A 企业市场占有率(%)	B 企业市场占有率(%)
第一年度	20	50
第二年度	22	55
变动率	10	10

市场占有率的变动率是反映市场占有率变动的综合指标,但是如上分析,虽然 A 企业和 B 企业的变动率都递增了 10%,可是两个企业增长的绝对量是不同的,A 企业增加了 2 个百分点,B 企业增长了 5 个百分点,因此还必须进行影响市场占有率变动率的因素的具体分析。

（二）影响市场占有率变动率的因素分析

影响市场占有率变动率的因素是很多的,从市场营销的角度来看,可主要分析质量水平、新产品率、市场费用、价格指标等因素。

1.质量水平

各样本企业产品或者劳务质量指标用竞争对手企业产品或劳务质量比较的方式来表示。根据评议结果推定,可以了解该企业一年的总销售额中比竞争对手企业质量好的产品或劳务的销售比例是多少,质量相同的产品或劳务的销售比例是多少,质量差的产品或者劳务的销售比例是多少。用这个分析方法,从比竞争对手企业质量好的产品销售额比例中减去比竞争对手质量差的产品销售额比例,算出所用的指标。

2.新产品率

新产品率是指企业新产品、新劳务在总销售额中所占的比例,与质量水平一样与主要竞争对手的新产品率比较作为指标。这里所称的新产品是指三年前开始出售的商品。例如,本企业的新产品占总销售额的 30%,主要竞争对手的新产品率为 20%,新产品指标为 30 减去 20,即 10。

3.市场费用

市场费用是指为了向市场推销产品而支付的费用,可以分为三类:推销员费用、广告费、促进销售费。促进销售费包括销售竞赛、赠送样品、产品展销的费用,给批发商或者零售业的回扣,临时减价费用。为推断市场占有率的变化,应结合市场动态算出三类费用构成比例的变化,并结合市场发展进行调整。

4.价格指标

将本企业的产品或者劳务的价格与竞争对手的产品或劳务价格比较拟订指标。本企

营销战略与管理

业产品与竞争对手产品价格如果相同,指标为零;如果比竞争对手产品价格高5%,即加5;如果比竞争对手产品价格低5%,即减5。

计算各样本企业市场占有率变动率的方法并无绝对的标准,这是因为主要是采取与竞争对手比较的方法。例如,新产品效益指标是从该企业总销售额中新产品销售额的所占比例减去主要竞争对手新产品销售额在对手企业总销售额所占比例算出的。各样本企业新产品销售额所占比例即使都是20%,其新产品销售额的绝对值也因企业市场占有率不同而异。如某企业的市场占有率为50%,竞争对手市场占有率为25%,即使双方的新产品销售额所占比例都是20%,某企业新产品销售额绝对值也为对手企业的2倍。

同样,质量指标用在总销售额中所占的比例反映,市场费用变动以在上期支出总额中所占的比例反映。如果总销售额或者总支出额高,其绝对值自然也高。因为变动率是用相对的比例表示的,相关基数不同绝对值当然也不同。假如某企业市场占有率为50%,把质量指标提高10%,占有率增加2%,竞争对手占有率为25%,即使同样提高质量指标10%,其占有率也只能增加1%。为使测定的市场占有率变动尽可能地接近实际情况,所以分析时可以用各样本企业几年的平均增减率算出平均值。

(三)市场的顾客占有变动分析

市场的顾客占有变动分析是分析市场占有率变动的另一种方法。整体市场顾客占有率的计算公式如下:

整体市场顾客占有率＝顾客渗透率×顾客忠诚度×顾客选择性×价格选择性

在该式中,顾客的渗透率是指向本企业购买产品的顾客占有市场上所有顾客的百分比,顾客忠诚度是指顾客从本企业购买的商品的数量占他们所购买的全部同类产品的总量的百分比,顾客选择性是指本企业顾客平均购买量与某个一般企业的顾客平均购买量的百分比,价格选择性是指本企业的平均价格与所有企业的平均价格的百分比。

如果我们发现在某一时期内,某企业的市场占有率上升,由上式就可以找到四种可能的解释。企业赢得了一些顾客,即顾客渗透率有所上升;现有顾客购买企业商品的比例上升,即顾客忠诚度上升;现有顾客的平均购买量加大,即顾客的选择性增加;企业产品的价格对于竞争者而言逐渐上升,即价格选择性高。

在调查不同时间内的这些因素之后,企业可以诊断出市场占有率变动的基本原因,假定期初顾客渗透率为55%,顾客忠诚度为50%,顾客选择性为75%,而价格选择性为130%,根据上述公式,可知企业的市场顾客占有率为27%。再假定期末企业的市场占有率升至30%,分析的结果,顾客渗透率为60%,顾客忠诚度为50%,顾客选择性为80%,而价格选择性为125%。很显然,顾客市场占有率的上升,主要源于顾客的增加,即顾客渗透率的上升;且顾客的平均购买量上升,即顾客选择性上升。因此,通过该公式可以研究某个企业经营成功的原因。

三、衡量市场占有率的方法

一般来讲,衡量市场占有率的常用方法有以下四种:

(一)整体市场占有率

整体市场占有率是该企业的销售额(量)占整个产业的总销售额的比例。使用这种衡

量方法必须界定整个产业的范围,然后确定使用销售量还是销售额来计算市场占有率。其公式为:

$$整体市场占有率=\frac{该企业销售量}{产业总销售量}\times100\%$$

$$整体市场占有率=\frac{该企业销售额}{产业总销售额}\times100\%$$

(二)服务市场占有率

企业的服务市场占有率是指该企业的销售额(量)占其服务市场的总销售额(量)的比例。服务市场是指对企业商品发生兴趣并通过企业营销努力还可以达到的市场。一般来说,企业的服务市场占有率要比整体市场占有率高。其公式为:

$$服务市场占有率=\frac{该企业销售额(量)}{服务市场总销售额(量)}\times100\%$$

(三)相对市场占有率

相对市场占有率是指该企业的销售额(量)占若干个最大竞争者的销售额(量)的比例。其公式为:

$$相对市场占有率=\frac{该企业销售额(量)}{若干个最大的竞争者(包括本企业)的总销售额(量)}\times100\%$$

$$或者,相对市场占有率=\frac{该企业市场占有率}{若干个最大的竞争者(包括本企业)的市场占有率}\times100\%$$

若企业的市场占有率为 30%,而另外两家最大的竞争者的占有率分别为 20% 和 10%,则该企业的相对市场占有率为 50%[30%/(20%+10%+30%)]。选择几个竞争者可视竞争状况而定,一般选择三个左右,如果该企业在三个竞争者中,相对市场占有率超过 33%,可以看做是实力较强的企业。

(四)对比市场占有率

对比市场占有率是指该企业的销售额(量)与最大的竞争者的销售额(量)的比例,其公式为:

$$对比市场占有率=\frac{该企业的销售额(量)}{最大竞争者销售额(量)}\times100\%$$

如果对比市场占有率大于 100%,说明该企业具有竞争优势,对比市场占有率等于 100%,说明该企业和最大的竞争者不相上下。该企业的对比市场占有率上升,意味着该企业的市场成长速度快于最大的竞争对手的速度。

励志语录

如果你一直觉得自己在后面,那么你肯定一直在向前看;如果你一直觉得自己在前面,那么你肯定一直在向后看,目光决定不了位置,但位置却永远因为目光而不同。

——《位置》

第二节 市场领导者的营销战略选择

一、扩大现有市场份额战略

市场领导者可以通过增加市场占有率来增加收益，但是，市场领导者必须比其他企业更注意最佳市场占有率的问题，市场领导者可以采用以下几项战略措施：

（一）增加新产品

研制新产品和出售新产品是提高市场占有率广泛使用的重要手段。根据市场战略对收益影响的有关调查资料，新产品在销售额中所占的比例比竞争对手高或者该比例增加时，其市场占有率就会增加。对已经形成的或者开始形成的产品市场，革新产品是广泛使用的战略。电子计算机与半导体加工业总是不断地更新产品，不仅从性能上，也从体积以及功能上不断改良产品。加工食品、日常生活用品、家庭用品的企业也应该定期创新，改良成分、香味、大小、包装等。

（二）提高企业与竞争对手的产品质量

开发新产品扩大市场占有率的战略渐渐扩大到对原有产品或者劳务的改良方面。有些企业是经过一段缓慢过程对原有产品逐步改良的。提高产品质量是扩大市场占有率的有力手段，通过提高质量来扩大市场占有率的产品并不是指豪华产品，在大部分市场中销售最好的一般是中档品，制造质量比其他企业好的中档商品是最重要的。

（三）增加开拓市场的费用

扩大市场占有率战略的第三个因素是市场费用，即推销员费用、广告费用、促销费用。与市场占有率增减关系最密切的是推销员费用。消费资料和生产资料企业的促进销售费用扩大是扩大市场占有率的关键。但在经营原材料的企业，促进销售费用的作用就不太明显，而广告费用对经济消费资料企业扩大市场占有率可以作出很大的贡献。在生产资料和原材料企业，广告费用在市场费用中所占的比例不大，只是竞争的一种手段而已。促进销售活动的方式很多，所以使用促进销售费用的方法也多种多样。以经营消费资料的企业为例，一般采用临时降价、赠送样品、商品展销等，尤其是在开始出售新产品期间；近年来耐用消费品企业常常用现金折扣；生产资料企业常常采用赠送样品目录、对销售企业给予佣金、暂时降价等方法。

二、发现和扩大市场规模战略

市场领导者的战略核心是保持其领导地位，可采用的战略之一是发现和扩大整个市场的规模。当整个市场扩张时，处于主宰地位的企业通常可以获得最大的利润。一般而言，市场领导者应该采用市场渗透策略和市场发展策略来寻找产品的新使用者、新用途以及更多的使用量。

所谓市场渗透策略是指采取积极的营销措施，在现有的市场中增加现有产品的销量。例如可设法更好地吸引产品的使用者，使现在的使用者使用更多数量的产品。市场发展策略是指把现有产品推到新市场,从而使该产品市场的容量扩大,这种策略又可以细分为地理扩张策略(把产品推广到其他国家和地区)和新市场策略(即发现和推广现有产品的新用途,从而达到扩大销售量的目的)。可见采用以上策略是为了寻找新的使用者、新用途和扩大使用量。

(一)寻找新的使用者

每一种产品都有吸引购买者的潜力,而这些购买者也许尚未知道有此种产品存在,也可能因为价格或者缺乏某些特性而拒绝购买。一个企业可以在上述三种购买群中寻找新的使用者。例如,香水制造商可以设法说服不使用香水的妇女去使用香水(市场渗透策略),或者说服男士开始使用香水(新市场策略),或者将香水销售到其他国家(地理扩张策略)。

(二)寻找新用途

市场可以经由发现与推广产品的新用途而予以扩张。美国杜邦公司的重要产品——尼龙就是一个典型的例子。最初,尼龙是用来制造降落伞的,然后又成为长筒袜的主要原料,再后来成为衣料,人们以为尼龙早已到了其寿命成熟期,孰料经过杜邦公司等大跨国企业不懈地实施开拓新用途战略,尼龙进入了汽车制造业,成为轮胎、坐垫的原料。企业应该注意消费者使用产品的方式,此种做法对工业品和消费品都同样适用。有关资料表明,大多数新工业品的构想都是由顾客提出的,而非出自企业的研究开发实验室。系统地收集消费者的需要并给予关注是很重要的,它有助于新产品的发展。

(三)增加使用量

第三种市场扩张策略是说服人们在使用产品时,增加每次的使用量。如果麦片制造商能够说服其消费者每次食用满满的一碗,而不只是半碗,那么总销售量将会大增。例如,给予顾客一项建议:使用洗发液时,使用两次比一次更有效果。

三、保护现有市场份额战略

在努力扩大市场规模的同时,处于统治地位的企业还必须时刻注意保护自己的现有业务不受到竞争者的侵犯,这就需要采取保护现有市场份额的策略,常采取的策略有:

(一)创新策略

市场领导者为了保护其现有的市场份额,最为建设性的做法是不断创新,市场领导者应该拒绝满足于现状,在产品、顾客服务、流通手段、生产技术等各方面不断创新,为保持企业的领导地位创造条件。实质上,这是市场渗透、市场发展和产品发展三种策略的综合。

(二)筑垒策略

市场领导者即使不展开攻势,至少也必须对竞争者保持警惕,它必须合理定价,同时使用同一个牌名和商标大量生产不同尺寸、型号和档次的产品,满足市场上的不同需求,不给主要市场上的竞争对手留下重要的可乘之机。这种策略实质上是竞争导向定价策略和差异化产品发展策略的混合。

(三)正面对抗策略

若一个市场领导者受到攻击,无论是侧翼攻击还是先发制人的攻击,它都必须及时对扩张性挑战者作出反应,或者发起推销战,以低价击败对手,并且使那些想挑战并独占市场的企业望而却步。在此,前一反应阶段是采用市场渗透策略,后一反应阶段属于采用竞争导向定价策略的范围。

营销高手经典语录

我们需把握好节奏,因为"先烈"和"先驱"仅有半步之遥。

——史万文(TCL 集团 TV 事业部总经理)

第三节　市场挑战者的营销战略选择

市场的挑战者通常是指在本行业产品的销售额中处于前几名(但不是第一名)的大企业,它们的营销战略目标是不断增加市场份额,因此,这种战略无异于向领袖企业发动攻势战略,所以被称做市场挑战者战略。

一、战略目标与竞争对手确认

市场挑战者首先必须确定其战略目标。大多数市场挑战者的战略目标是提高自己的市场占有率,并且认为提高市场占有率将会使企业获得更大的利益。不管企业的目标是要击垮竞争者还是要降低竞争者的市场占有率,都应该考虑谁是竞争者。基本上说,一个竞争者可在下列三种类型的企业中选择一种进行攻击:

(1)攻击市场领导者。这是一种具有高风险但是又具有潜在高报酬的策略,而且如果市场领导者"并非真正的领导者",且无法为市场服务时,这种策略就更具有意义。挑战者应该了解消费者的需要或者是不满之处,当有一种实质的需要尚未被满足或者未能获得完全满足时,就给挑战者提供了一个战略性的目标市场。

(2)攻击那些与自己规模相当,但经营不良且财务状况不佳的公司。攻击者必须时时刻刻地调查消费者的满意程度,以及发掘潜在的创新机会。假如其他企业的资源有限,那么即使采取正面的攻击亦能奏效。

(3)攻击地方性的或者区域性的营运与财务状况均不佳的企业。很多大公司之所以有今日的规模,并非靠争夺彼此的顾客,而主要是靠争取一些"小企业"或者"小公司"的顾客而日渐壮大的。

由此可知,选择竞争者与选择目标是相互关联的。如果攻击的对象是市场领导者,则其目标可能是夺取某些市场份额;若所攻击的对象是地方性的小企业,则其目标可能是将此小企业逐出市场。不论是在何种情况下,最重要的原则依然是:每一项战略行动都必须指向一个明确规定的、决定性的以及可以达到的目标。

二、挑战者的特殊营销战略

市场挑战者在战略进攻中,必须把几个特定的策略组成一个总体战略,应用于市场营销活动中。下面列举适用于进攻竞争地位的几种特定的营销策略:

(1)价格折扣策略。挑战者可以用较低的价格提供与领导者品质相当的产品。当然，要使价格折扣策略奏效，必须符合下列三个条件：第一，购买者相信挑战者企业的产品与服务可以与市场领导者的媲美；第二，购买者对价格差异必须具有敏感性，并且乐于、易于转换供应商；第三，无论竞争者如何攻击，市场领导者决不降价。

(2)廉价品策略。即提供质量中等或者质量稍低的但是价格低得多的产品。这种战略只有在有足够数量的只对价格感兴趣的购买者的细分市场上是可行的。而且这种策略只是过渡性的，因为产品质量不够高，通过这一策略所造成的市场营销的优势是不能持久的，企业必须逐渐提高产品质量，才可能在长时间内向领导者挑战。

(3)名牌产品策略。即努力创造一种名优产品，虽然价格也很高，却更有可能把市场领导者的同类产品和市场份额挤掉一部分。

(4)产品扩张策略。即挑战者紧步领导者之后尘，创制出许多不同种类的新产品，此即产品创新策略的变相形式。这种策略是否成功取决于新产品市场的预测是否合理；也取决于领导企业和其他势均力敌的企业的反应是否迅速和有效，是否会以同样的方法和策略"回敬"该挑战者企业。

(5)产品创新策略。前面的产品扩散策略主要是向广度发展的产品发展策略，而这里的产品创新策略主要是向深度发展的产品策略，即企业在新产品方面不断创新、精益求精。

(6)降低制造成本的策略。这是一种结合定价策略和成本管理以及技术研究等因素的产品发展策略。挑战者可以靠有效的材料采购、较低的人工成本和更加现代化的生产设备，来求得比其竞争对手更加低的制造成本。企业用较低的成本，制定更具进攻性的价格来获取市场份额。

(7)改善服务的策略。挑战者可以找到一些新的或者更好的服务方法来为顾客服务。

(8)分销渠道创新策略。挑战者可以发现或发展一个新的分销渠道，以增加市场份额。

(9)密集广告促销策略。有些挑战者可以依靠它们的广告和促销手段，向领导者发动进攻，当然这一策略的成功必须基于挑战者的产品或者广告信息有着某些能够胜过竞争对手的优越之处。

三、进攻战略的选择

在选定特定的竞争对手和目标之后，就应该考虑采用何种进攻战略了。这里特别要注意进攻中的"密集原则"，不能进行全面的进攻，而要集中优势兵力在关键时刻和地点，以达到决定性的目的。有如下五种进攻策略可以选择：

(一)正面进攻

如果进攻者将其所有的力量集中，并直接对竞争者的主力发动攻击，则称为发动正面进攻。这种企业策略是选择竞争对手的最强部分发动攻击，而非选择弱点加以攻击。正面进攻的胜负结果当视谁有较强的实力而定，在一个纯粹的正面进攻中，进攻者可对其竞争者的产品、广告与价格等方面进行攻击。为了使纯粹的正面进攻能够成功，进攻者需要有超过竞争者相对实力的优势；如果进攻者的战斗力较防御者薄弱，则正面进攻反而会给自己造成重大的损失。

正面进攻的另一种方式是，进攻者常常采取经过修正的正面进攻策略。其中最常见的一种做法是与竞争者进行残酷的价格竞争。这种策略也有两种形式,而最常用的是使企业的产品在各方面都与领导者的产品相同,而以价格作为进攻的武器。如果市场领导者不以削价竞争作为报复手段,且进攻者能使消费者相信其企业的产品不但价格较低,而且产品质量也与市场领导者相同,则这种进攻策略便可以奏效。另一种价格竞争策略的方法是进攻者投入大量的研究经费,以降低生产成本,来达到用较低的价格击败竞争者的目的。

(二)侧翼进攻

一个等待受攻击者往往是最强大的,但是它必然也会有弱点,它的弱点自然就会成为竞争对手的攻击目标。侧翼往往就是其防守较为薄弱的地方。侧翼进攻在市场营销上有重要意义,尤其是对于那些资源较其竞争对手少的进攻者而言,假如它无法以强大的力量来战胜竞争对手,便可以使用这种声东击西的方式。侧翼进攻可以从两种策略角度来攻击竞争者——地理性的角度与区划细分角度。地理性的进攻是指在全国或者是世界各地,在竞争者的经营绩效尚未达到高水平的地区布置进攻点。

另一种更具有潜在威力的侧翼攻击,是以领导者尚未发现的市场作为攻击的目标,从这一意义上说,侧翼策略是辨认市场区划细分的基础,也是使目标市场转换的另一个名称,它是指及时地发现本行业尚未提供服务的市场区划的空隙,并积极地填补此空隙,把它作为本企业的目标市场,使之发展成为强大的市场区划。侧翼策略可以引导各企业对整个行业市场中的各种不同的需求提供更为完整的服务,以避免两个或者两个以上的企业在同一市场区划中做激烈的竞争。侧翼策略有现代营销策略的优良传统,秉持着"发掘顾客的需要,并全力满足它"的营销理念。侧翼进攻的成功率往往比正面进攻高。

(三)包围进攻

纯粹的侧翼进攻策略是指把行动的重点指向现行市场中竞争者领域里的空隙。然而,在另一方面,包围进攻乃企图贯穿敌人的市场领域而展开行动。包围进攻是对敌人的各个方面发动进攻,迫使敌人必须同时防御其前后左右的战线。采取包围进攻的进攻者可能提供竞争者所提供的每一项产品,并且比竞争者提供得更多、更好,以使其所提供的服务不会遭到拒绝。包围进攻策略意味着攻击者所拥有的资源优于竞争对手,并且深信能够迅速地完全摧毁对手的抵抗意志。这里需要强调的是,选用间接进攻方法的关键在于以市场区划细分为基础,如果补缺空隙目前不存在,或者不能用区划细分来创建市场空隙,那么,在进攻者心中的侧翼进攻方法就会逐渐消失,而转为市场上直接的正面进攻的方法。当然,正面进攻要求进攻者有优于竞争者三倍以上的优势,才能成功。

(四)迂回进攻

迂回是最间接的进攻策略,是避免任何交战的行动而直接指向敌人的现有领域。这种进攻意味着迂回绕过敌人,并攻击较易取得的市场以扩展企业的资源基础。这种策略有三种途径可供采纳:发展不相关产品的多样化;在现有的产品下,进入新地理性市场的多样化;开发新技术以取代现有产品。在高科技行业中,技术跃入经常采用迂回策略。这种策略并不去模仿竞争者的产品或者从事劳民伤财的正面进攻,而是耐心地研究开发更新的技术,一旦企业凭该项新技术取得优势地位时,便可以展开进攻。也因此便可以将战场转移至自己占有优势地位的市场,从而获得实质的利益。

（五）游击进攻

游击进攻是进攻者的另一种选择，它对资本不足的小企业特别适用。游击战是对敌人的各个不同的领域，发动小型的、间歇性的攻击，其目的在于干扰与瓦解敌方的军心士气，以达到巩固本身之永久性的立足点。

采用游击战的进攻者可以兼用传统与非传统两种方法来进攻竞争对手，这些方法包括：选择性的降价、加强促销活动，以及配合法律的行动等。此种策略的重点在于将进攻力集中于一个较小的领域。游击战通常都是小型企业用来对抗大型企业时所采用的策略，小企业由于无力发动有效的正面进攻或者侧面进攻，因此只以短期的促销活动与降价行动，对大企业市场的任一方面发动攻击以削弱竞争对手的市场力量。即便如此，进攻者仍需在发动少量大型攻击或连续不断的小型攻击之间作出决策。一般来说，连续性的小型攻击通常比少数的几场大型攻击更能对对手产生累积性的重击，并能使竞争对手自乱阵脚或者困惑敌人。因此，游击战中进攻者将会发现，攻击小型、独立且防御薄弱的市场会比攻击势强稳固的主要市场更为有效。然而，若认为游击战的活动只是一种"低消耗"的策略，仅适合财力较弱的挑战者，那将是一种错误的想法。虽然持续的游击战略所耗费的资金较正面的进攻、侧翼攻击或者包围战略都要少，但是长期游击战略仍需耗费一笔可观的支出。此外，游击战争乃是一种战争准备，并非战争本身，假如进攻者希望能够在最后击倒竞争对手，则仍需发动猛烈的进攻来支撑。因此就资源消耗的观点来说，游击战未必是一种便宜的作战方式。

第四节　市场追随者的营销战略选择

并不是所有屈居第二的企业都会向市场领导者挑战。市场挑战的策略可能会引起激烈的市场竞争，而在一场全面的竞争中，领导者往往具有更大的持续力，因此除非挑战者能够以实质的产品创新或者营销渠道的突破去挑战，才能够先发制人，否则最好是追随领导者而不是去攻击领导者。

市场追随者的营销战略的一个重要特征是追随领导企业的经营行为，提供类似的产品或者服务给购买者，尽力维持行业市场占有率的稳定。但是这不是说市场追随者毫无策略可言。一个市场追随者必须了解如何掌握现有的顾客，并且在新的顾客群中争取更多的顾客。每一个市场追随者都应该设法为其目标市场带来现实的利益——地理位置、服务、融资等。再者，由于追随者往往是挑战者的主要攻击目标，因此追随者必须随时保持低的制造成本以及高的产品品质与服务，以免遭受打击。此外，一旦有新的市场出现，追随者应该更积极地进入该市场。不过，追随者并非仅是被动地模仿领导者，相反的，追随者必须自行选择一条不会引发报复的成长途径。可供追随者选用的战略主要有如下几种：

一、可供追随者选择的总体追随战略

（一）紧密追随

紧密追随者会在尽可能多的细分市场和营销组合领域中模仿领导者，但是它不会发

营销战略与管理

动任何进攻,而只是期望能够分享市场领导者的投资,因此不会发生直接冲突。有些追随者甚至可以被说成是寄生者,它们在刺激市场方面很少有主动的动作,而是靠紧密追随领导者而获利。

(二)有距离追随

有距离的追随者会从领导者那里模仿一些事物,但是这种模仿往往是带有差异性的模仿,如在包装、广告、定价等方面有所不同。只要有距离的追随者没有积极地进攻领导者,领导者十分欢迎这种追随者,乐意让给它们一些市场份额,以使自己免遭市场的指责。

(三)有选择地追随

有选择的追随者除了生产与领导者相似的产品外,通常也会进一步对产品加以改良。这类企业也会选择不同的市场规划,以避免直接与领导者发生冲突,这类企业常常会成为未来的挑战者。

二、市场追随者可以选择的营销策略

市场追随者占有的市场份额虽然比领导者低,但是它们仍然能够赚钱,甚至可能赚得更多。有资料表明,采用市场追随者战略的企业,其报酬率能超过本行业的平均水平,它们成功的关键在于正确地选择营销策略。

(一)竞争导向的定价策略

这一策略特别适用于有距离的追随者,选用竞争导向定价,既有利于紧跟领导者,又不会与领导者发生正面的冲突。

(二)市场发展策略

这一策略适用于有距离的追随者,选用这一策略可以减少对竞争者的市场计划的干扰,又可依靠与同行业的小企业竞争而得到成长。

(三)市场细分化策略

这适用于有选择的追随者,选择不同领导者的市场区划,能够避免与领导者直接发生冲突。追随者集中于某些区划,有效地研究和开发新产品,条件一旦成熟,就有可能成为迂回进攻的挑战者。

小故事,学营销

模 仿

一个人想做一套家具,就走到树林里砍倒一棵树,并动手把它锯成木板。这个人锯树的时候,把树干的一头搁在树墩上,自己骑在树干上;还往锯开的缝隙里打了一个楔子,然后再锯,过了一会儿又把楔子拔出来,再打进一个新地方。

一只猴子坐在一棵树上看着他干这一切,心想:原来伐木如此简单。这个人干累了,就躺下打盹,这时猴子爬下来骑到树干上,模仿着人的动作锯起树来,锯起来很轻松,但是,当猴子要拔出楔子时,树一合拢,夹住了它的尾巴。

猴子疼得大叫,它极力挣扎,把人给闹醒了,最后被人用绳子捆了起来。

营销启示:日本企业是靠模仿欧美产品起家的,但是他们在模仿中有创新,这就促成了日本经济 30 年的兴旺。我国许多企业生产的产品也是模仿欧美企业的,但是我们在模仿中没有创新,所以如今电视、DVD 等许多产品的核心技术不在我们手中,这就像猴子的尾巴,一不小心就被树夹住了,由此可见,模仿固然重要,但创新更为关键。

第五节 市场补缺者的营销战略选择

在绝大多数的行业中都会存在一些较小的企业,它们只专门服务于市场区划的某一部分。这些小企业不会追逐整个市场或是市场中的某个大区划,相反的,其目标都在市场小区划或者区划中的更小的角落。这种战略对小型企业而言特别适用,因为小企业的资源往往是很有限的,而且那些不能在行业中取得主要地位的大企业中的较小的事业部也常常对此战略深感兴趣。下面介绍与补缺战略有关的三个重要问题。

一、小区划的选择

实施小区划补缺战略的企业或者大企业的某些事业部,应该努力寻找一个或更多的安全和有利可图的市场小区划,或区划的某一部分作为其定位点,一般来讲,一个理想的补缺小区划有下列特点:(1)该补缺小区划有足够的规模和购买力,企业能够从中获利;(2)该小区划有成长的潜力,企业能够进一步发展;(3)该小区划对主要的竞争者不具有吸引力;(4)企业拥有足够的技能和资源,可以有效地为该小区划服务;(5)企业能够靠自己建立的顾客信誉,保卫自身的地位,对抗主要竞争者的进攻。

采取小区划补缺者战略的主要风险是,小区划可能会枯竭或者受到攻击。这也就是多重补缺小区划要比单一补缺小区划更受欢迎的原因。因此,企业可以根据以上五个原则选择两个或者更多的补缺小区划发展实力,以增加自身的生存机会。

二、补缺者的专业化要求

小区划补缺战略的关键是专业化,企业必须在市场、顾客、产品或营销组合线上实行专业化。可供补缺者采用的专业化角色有:(1)最终使用专家。企业专为某一类最终使用顾客提供服务。例如,一家律师事务所可以决定在刑事、民事,或者是商事法庭市场,实施专业化服务。(2)垂直层次专家。企业可以在生产、营销循环中的某一垂直层次中实施专业化。(3)顾客规模专家。企业可以专注于向小型、中型或者大型顾客销售产品。许多小区划补缺者专门服务于那些被主要企业所忽略的小客户。(4)特殊顾客专家。企业可以将其销售对象只限制在一个或者较少的几个主要顾客,许多企业都将其所有的产品销售给一家特定的公司。(5)地理区域专家。企业只在某一个地方、区域或者世界上的某一区域进行销售。(6)产品或者产品线专家。企业只生产一种产品或者一条产品线。(7)产品特设专家。企业专门精于某类产品的生产或者具有某类特色的产品的生产。(8)定制专家。企业只按顾客订单生产定制的产品。(9)质量与价格专家。企业在高级品市场或者低级品市场中经营。(10)服务专家。企业选择一种或者多种其他企业所没有提供的服务,提供给顾客。(11)渠道专家。企业只专门服务于一种营销渠道。

三、小区划补缺者的营销战略

一些有较小市场占有率的企业,往往可以通过有效的小区划补缺战略获得很大的利润。它们的成功往往取决于以下一些做法:(1)企业的目标高度集中化,它们不愿意样样都干,而是在较狭窄的细分市场中,集中在一个较狭窄的产品线上,这是一种彻底细分市场的策略。(2)正确选择补缺目标市场。许多能够盈利的补缺企业是在很稳定的成长市场上被发现的,它们中的大多数只生产经常被购买的工业品部件或者供应品,这些企业不改变它们的产品,大部分产品都是标准化的,而且几乎不提供额外的服务。在高附加价值的行业中容易发现这些企业。(3)有效地使用开发研究费,生产有质量而价格相对而言是中低档的产品,并且具有这方面的声誉。(4)注重实际收益,注意成本降低。小区划补缺者应该十分重视实际收益,而不是过分注意销售增长率和市场占有率,补缺者的单位成本常常较低,因为它们集中在一个较狭窄的产品线上,在产品的研究和开发、新产品引入、广告、促销和销售队伍开支上往往花费较少。

营销高手经典语录

市场给中小商业银行留下的空间并不是很大,但中小商业银行就是要靠特色的服务把这些客户牢牢把握住。

——张光华(广东发展银行行长)

我们从来不会说到一个市场上跟老大产生正面冲突,我在你不重视的地区,我投入很大的力量去做。

——李嘉(统一润滑油总裁)

第六节 基于竞争地位的营销战略前沿:战略联盟

一、战略联盟的含义

战略联盟是指两个或两个以上的企业为了一定的目的,通过一定的方式组成的网络式的联合体。战略联盟是现代企业组织制度的一种创新,随着经济的发展,企业作为组织社会资源的最基本的单位,其边界越来越模糊,目前,网络式组织已经成为企业组织发展的一种趋势,战略联盟正是具备网络组织的特点。具体表述如下:

(一)边界模糊

战略联盟这一组织并不像传统的企业那样具有明确的边界和层级,企业之间以一定的契约或资产联结起来对资产进行最优化配置。战略联盟一般是由具有共同利益关系的单位组成的战略共同体,它们可能是供应者、生产者、分销商形成的联盟,甚至可能是竞争者形成的联盟,从而产生一种你中有我、我中有你的局面。

(二)关系松散

战略联盟由于主要是以契约形式联结起来的,因此合作各方的关系十分松散,不像传统企业组织之中主要通过行政方式进行协调管理。另外,战略联盟不是由纯粹的市场机制进行协调,而是兼具了市场机制与行政管理的特点,合作各方主要通过协商的方式解决各种问题。在时间上,战略联盟存在期限一般较短。在战略联盟形成之时,一般有规定存续时间的协议,或者规定一个固定的时期,或者规定在一定任务完成之后解散。

(三)机动灵活

由于战略联盟主要是以契约的方式所组成的,因此通过购并或内部投资新建来扩展所需的时间较短,组建过程相对也十分简单,同时也不需大量投资。这样如果外部出现发展机会,战略联盟可以迅速组成并发挥作用。另外,由于合作者之间的关系十分松散,战略联盟存续时间又较短,解散十分方便,因此,当外界条件发生变化、战略联盟不适应变化的环境时,可迅速将其解散。

(四)运作高效

由于战略联盟在组建时,合作各方都是将自己最核心的资源加入联盟中来,联盟的各个方面都是一流的,在目前分工日益深化的情况下,战略联盟的实力是单个企业很难达到的。在这种条件下,联盟可以高效运作,完成一些以单个企业之力难以完成的任务。

二、战略联盟的组建动因

战略联盟的组建动因主要包括以下几个方面:

(一)增强企业实力

企业在激烈的竞争环境之中,要想获得持久的竞争优势,在市场上立于不败之地,就必须善于利用各种竞争力量,以提高竞争能力。企业通过与和自己有共同利益的单位建立战略联盟,彼此之间可以通过加强合作而发挥整体优势,尤其是在对竞争者的看法上,战略联盟理论与传统的管理理论有很大的不同,传统上,企业都是与竞争对手处于势不两立的位置,双方都想采取一切竞争手段将竞争对手逐出市场;而在战略联盟中,竞争对手之间可能通过彼此的合作,加强各自的实力,共同对付别的竞争者或潜在竞争者。

(二)扩大市场份额

有的企业之间通过建立战略联盟来扩大市场份额,双方可以利用彼此的网络进入新的市场,加强产品的销售,或者共同举办促销活动来扩大影响。

(三)迅速获取新的技术

目前,技术创新和推广的速度越来越快,一个企业如果不能紧跟技术前进的步伐,就很有可能被市场淘汰,即使很大的企业也存在这一方面的压力。而技术创新需要企业有很强的实力和充分的信息,否则很难跟上技术创新的步伐,这就要求具备各种专业特长的企业互相配合,而战略联盟正好可以满足这一要求。

(四)进入国外市场

竞争全球化是市场竞争的一个趋势,这已经成为越来越多的企业的共识,企业要谋求全球化的发展,仅靠出口产品的方式占领国际市场存在着很大的局限。现在很多企业都试图在国外生产、国外销售,这一方式也存在着很大的问题,因为国外的经营环境与国内有很大的区别,且由于各国法规的限制,对企业的发展有极大的制约。通过与进入国建立战略联盟,用合资、合作、特许经营的方式可以有效地解决这一问题,这些优点是在国外直接投资建厂、购并当地企业所不具备的。

(五)降低风险

现在的市场竞争千变万化、瞬息万变,因此企业经营存在着巨大的风险,而通过战略联盟的方式可以分担风险从而使企业的经营风险大大降低。例如在科技投入方面,由于研究开发费用很大,而成功率很低,所以即使开发成功,也很可能很快就会被更先进的技术所取代,因此研究开发存在很大的风险,而通过几个企业组建战略联盟共同开发,不仅可以提高成功的可能性,而且可以使费用得到分担和迅速回收,这就大大降低了风险。

三、基于战略联盟的营销战略选择

战略联盟的组建方式主要有以下几种:

(一)合资

合资企业是指由两家或两家以上的企业共同出资、共担风险、共享收益而形成的企业。这种方式目前十分普遍,尤其是在发展中国家。通过合资的方式,合作各方可以将各自的优势资源投入合资企业中,从而使其发挥单独一家企业所不能发挥的效益。

(二)研究与开发协议

为了研究开发某种新产品或新技术,合作方可以制定一个合作开发协议,联盟各方分别以资金、设备、技术、人才投入,联合开发,开发成果按协议由各方共享。这种方式由于汇集了各方的优势,因此成功的可能性大大提高,加快了开发速度,另外,由于各方共担开发费用,降低了各方的开发成本与风险。

(三)定牌生产

如果一方具有知名度,但生产能力不足,另一方有剩余的生产能力,则有生产能力的一方可以为知名一方生产,然后冠以知名一方的品牌进行销售。这样生产能力不足的一方可以迅速获得一定的生产力,增加产品销售,扩大影响;而另一方则可以利用闲置的生产能力,获取一定的收益。对于拥有知名度的一方,还可以降低投资或购并所产生的风险。

(四)特许经营

合作各方还可以通过特许经营的方式组建战略联盟。其中一方具有重要的无形资产,它可以与其他各方签订特许协议,允许它们使用自己的专利或专有技术,从而形成一种战略联盟。这样特许方可以通过特许权获取收益,并可以利用规模优势加强无形资产的维护,而受许方可以利用该无形资产扩大销售,提高收益。

(五)相互持股

相互持股是合作各方为加强联系而持有对方一定数量的股份,这种战略联盟中各方的关系相对更加紧密,各方可以进行更为长久、密切的合作。与合资不同的是,合作的只是各方的资产,人员不必进行合并。

四、战略联盟组建应注意的问题

组建战略联盟是一种新的组织模式,与购并相比具有反应迅速、机动灵活的优点,但也正是由于这些特点产生了许多不足,在具体操作中,应该注意以下的问题:

(一)慎重选择合作伙伴

由于战略联盟各方关系十分松散,其内部存在着市场和行政的双重机制的作用,而不是像购并中主要靠行政方式起作用,因此合作方是否真诚对战略联盟的成败有着决定性的影响,在组建战略联盟时必须选择真正有合作诚意的伙伴。另外,合作各方的核心专长能否互补也有很重要的影响,因为战略联盟的新思想就是通过联盟各方发挥核心优势互补效应,因此合作之前必须很好地进行权衡。

(二)建立合理的组织关系

战略联盟是一种网络式的组织结构,不同于传统企业的层级式组织,因此对其的管理与传统组织中的管理有着不同的要求。在战略联盟设计之初应该针对合作的具体情况,确定合理的组织关系,对各方的责、权、利进行明确的界定,防止由于组织不合理而影响其正常运作。

(三)加强沟通

战略联盟各方由于相对独立,彼此之间的组织结构、企业文化、管理风格有着很大的不同,尤其是跨国界的战略联盟在这一方面的表现更加突出,这给双方的沟通、合作带来了一定的困难。而在战略联盟中,合作各方良好的沟通与协作对于联盟的成败有着重要的影响,许多战略联盟的失败都是由于各方缺乏沟通所致,因此各方应该有意识地加强沟通。

小故事，学营销

与虎谋皮

从前,有个富人喜欢贵重的皮袍子和精美的事物。

一天,他想炫耀自己的财富,便想做一件价值一千两银子的皮袍子。没有这么多的皮,他就去和老虎商量,要剥它们的皮,这个人的话没有说完,老虎就逃入深山老林去了。一次,他想办一桌有羊肉的丰盛宴席,去和羊商量,要割它们的肉,结果羊也一个个躲进了密林深处。

就这样,这个人谋算了很长时间,没有做成一件虎皮袍子,也没有办法办成一桌有羊肉的酒席。

营销启示:在市场营销中,存在着许多合作和战略联盟的机会,但是一个基本原则是,当你想谋求某种东西时,绝对不能和与这东西有利害关系的人商量。我国彩电业"价格联盟"不正说明了这个问题吗?

基本概念

市场占有率理论　市场费用　相对市场占有率　对比市场占有率　市场渗透策略　侧翼进攻　迂回进攻　战略联盟

营销战略与管理

复习思考题

    1.衡量市场占有率的方法有哪些?

    2.市场领导者有哪些营销战略可供选择?

    3.市场挑战者有哪些进攻营销战略可供选择?

    4.市场追随者可以选择的营销策略有哪些?

    5.市场补缺者的营销策略有哪些?

    6.战略联盟的组建方式主要有哪些?

阅读延伸

[1]肖谦,赵海燕.基于马尔科夫模型的物流服务市场占有率的预测[J].湖南社会科学,2014,04:132-134.

[2]刘银娣.欧美科技出版集团的市场领导者战略[J].中国出版,2010,06:63-66.

[3]蒋莉.市场挑战者的价值网络与进攻策略[J].统计与决策,2008,21:178-180.

[4]曾德明,成春平,禹献云.产业技术创新战略联盟的知识整合模式研究[J].情报理论与实践,2012,04:29-33.

[5]赵炎,王冰,周瑞波.社会网络视角下战略联盟研究的"新思维"——基于文献综述[J].软科学,2012,09:138-141.

第 **10** 章

目标市场营销战略

学习目标:满足顾客需求是企业营销战略的根本出发点。但是,企业不可能满足所有顾客的需求,而需对顾客需求进行分门别类,在综合考虑内外环境的基础上进行准确的市场定位,选择合适的市场进行开发。在学习本章时,要重点学习市场细分、市场定位及目标市场选择的方法与策略。

知识目标:理解市场细分、目标市场选择、市场定位。

能力目标:给定某一具体企业,能够在细分市场的基础上,找准企业的目标市场,然后根据企业的优势进行有效的市场定位。

导入案例

微商已经进入细分市场时代

当品牌商还在电商中厮杀、争夺流量时,微商以"程咬金"的姿态快速切入移动互联网,加速商业渠道的多元变革。

2014 年微商以疾雷不及掩耳之势发展,据相关数据显示,微商大约产生了 1 500 亿的销售额,而当年阿里巴巴做到 2 千亿交易额用了 8 年。正当大众对这个行业报以厚望,期许能够产生移动端的"淘宝"时,2015 年微商遭遇了断壁式的下滑,让众多一拥而上的品牌开始反思。面对这样的市场环境,对于真正的品牌经营者,微商未来该如何走?

1.走向细分市场的微商机遇

微商最大的优势在于市场竞争不充分。纵然 2015 年微商市场总体下滑,但是服饰和食品两大品类却崛起。这个数据传递一个信息,微商正在走向更加完善和细分的市场。除了美妆、服饰、食品外,目前微商涉及的品类主要有箱包、饰品、鞋、保健品、3C 产品、小家电、娱乐产品等,而且仅美妆品类有诞生微商品牌,其他品类尚处于无强大竞争对手的状态。

2.细分市场狠狠抓住"她"消费

在"她"消费中,目前以功能性产品占大多数,使用频率比较少。作为在线购物的渠道之一,微商的出路必定是产品走向生活,走向常规,易消耗,可重复购买。

3.从卖货向媒体化转变

微商与消费者特有的接触模式,让商品销售在单纯的卖货的基础上加入了温度。以

营销战略与管理

微商火热时的美妆产品为例,2015年女性获取美妆信息的主要渠道69.1％是微信。

4.信任下的移动社群生态

微商是基于移动社交而产生的一种信任经济。在微商,产品即人品,人品即市场。微商本质上不是卖产品,而是在经营自己的个人品牌,也可以讲是一个服务体验解决问题的过程。

(案例来源:佚名:《微商已经进入细分市场时代》,新营销,2016-4-15)

第一节　市场细分及其战略选择

一、市场细分的概念及要求

市场细分是市场研究中最吸引人的领域之一,它不仅是一种使用诸多数理分析方法的科学工作,还是一项需要研究者发挥想象力和洞察力的艺术创造。所谓市场细分是指企业依据整体市场顾客需求的差异性与相似性,以影响顾客需求的某些因素为依据,将整体市场划分为若干个细分市场(子市场)的过程。

区划一个市场的方法非常多,然而并不是每一个区划方法对企业都有实际的意义,对不同行业、不同类型的企业来说,实施市场细分化应该遵循以下基本要求,市场区划才能发挥最大的作用:

(1)有明显的区划特征,并且可以衡量。明显的区划特征是市场细分的基本要求,细分后的小市场必须有明显的区别,各子市场内都有明确的顾客,这些顾客应该具有共同的需求特征,表现出类似的购买行为。

(2)细分后的区划要有充足的需求量和发展潜力。在市场细分中,被企业选中的子市场还必须具有一定的规模。区划内要有充足的需求量,这样才能保证企业获得足够的经济效益。因此,子市场被细分得过大或者过小都是不妥当的。另外,在细分市场时,企业还必须注意子市场的发展潜力问题。细分出一个正处于饱和或者即将饱和的市场,对企业来说是没有多大意义的。

(3)可行动性和可接近性。在市场细分中,企业所选择的目标市场,必须是企业有可能进入并占有一定份额的子市场。如果缺乏足够的能力或者自己无法与许多竞争者抗衡,却硬要开拓这个市场,则会白白浪费企业资源。另外,有些市场由于自然条件、法律和道德规范的限制,企业无法接近并为之服务,也不能作为市场细分的依据,更不能选为目标市场。例如迷信用品、毒品等,虽有市场需求,有厚利可图,但是不能作为市场细分的依据。

二、消费品市场细分

消费品市场可以按照如下几个维度来进行划分:

(一)地理细分

地理细分是指按行政区划分为国家、省、地区、县、市或者是临近区域,按照经济状况划分为经济发达地区、经济较发达地区、经济落后地区等,按照地形来细分有沿海地区、内陆地区、平原、丘陵、高原等,按照气候来划分有多雨地区、干旱地区、多雾地区等。还可以根据不同的民族和风俗习惯划分区域。企业可以决定在一个或者多个市场区域中经营或者在所有的地理区域经营,但是必须密切注意各地理区域的不同需求和偏好。不同地理位置的消费者,对同一类产品的需求和偏好往往有所不同。地理因素相对来说是一种静态因素,比较容易辨别,所以一直以来为企业划分市场时所使用,往往也被自然地作为细分市场的第一步,但是还需要注意,同一区域的消费者需求往往还有极大的差异。因此,在这第一步的细分基础上还要按照其他因素进一步细分。

(二)人口细分

人口细分就是按照人口调查统计资料反映的内容,如年龄、性别、家庭规模、收入、职业、文化水平、宗教信仰等"人口变量"来细分市场。由于消费者的欲望和使用程度与人口变量有因果关系,而且人口变量比其他变量更容易衡量,所以,人口变量一直是细分市场的重要依据。

(1)年龄与家庭生命周期阶段。消费者需求和消费能力往往随着年龄的增长和家庭生命周期阶段的不同而不断发生变化。年龄一般可以分为学龄前、小学生、中学生、大学生,或者青年、中年、老年。家庭生命周期阶段可以分为未婚、已婚无子女、已婚有一学龄前子女……子女独立、鳏寡单身。

(2)收入细分。收入细分是根据消费者的收入情况来划分市场。一般分为高收入、中等收入和低收入三类。产品一般可以分成生活必需品和任意选购品。收入水平不高的消费者,对生活必需品的支出比重大,对商品的价格较为敏感,强调商品的实用性;收入水平较高的消费者,对任意选购商品的购买量大,对商品的品质、款式、售后服务等就有较高的要求。不同类别、不同档次的消费品将为不同收入层次的消费者所接受和欢迎。

(3)性别。有些商品,如服装、化妆品等都是按性别来划分的。

(4)家庭规模。家庭规模的大小将直接影响对生活用品的需求,如住房、炊具的大小,同时又会从生活习惯上间接影响对不同生活用品的需求,如单身者对微波炉的需求量就会大一些。

人口因素除了上述四个之外,还有文化水平、职业、宗教信仰等也会影响市场的细分。

(三)心理细分

心理细分是以社会阶层、生活方式以及性格特点作为变量来划分消费者群。

1.社会阶层细分

处于不同阶层的消费者,由于生活方式、消费者特征和价值观念有很大的区别,因此,他们在家用设备、服装、闲暇活动、阅读习惯、零售商品等方面的偏爱上有明显的差异。反之,同一社会阶层的人,他们的消费心理更为相似,从而形成了市场细分的基础。

2.生活方式的细分

生活方式是人们对消费、工作和娱乐的特定习惯和倾向性的方式。生活方式影响人们对各种产品的兴趣,而消费的产品不同也反映了人们生活方式的差异。如生产妇女服装的企业可以为"时髦妇女型"、"潇洒妇女型"、"朴素妇女型"的市场分别设计服装。

3.性格细分

企业有时也使用性格变量来细分市场。当本企业产品和其他竞争企业的产品非常相似,而其他因素又不能用来细分市场时,对消费者按照性格划分就能够起到一定的作用,但是,使用性格变量来划分市场往往难以掌握。

(四)购买行为细分

购买行为细分是以购买者对产品的知识、态度、使用及反应为基础来划分消费者群的。以下一些变量一般被认为是消费者市场有效细分的最佳依据。

1.时机

时机细分即根据购买者购买产品或使用产品的时机,来区分不同的购买者群。时机细分可以帮助企业开拓产品的使用率。例如某些企业利用某些节日,如情人节,来促销鲜花和礼品以增加其销售额。除了寻找产品的特定时机外,企业也可以专注于人的生命历程中的很多日子,想想是否有某种需要伴随着这些日子,而某些产品与服务组合恰好可以满足这些需要。这种方式有时也称为重要时间区划法,重要时间包括结婚、离婚、购房、受伤或者生病、换工作或者改变生涯规划、退休、家庭成员的死亡等等。

2.寻求利益

消费者购买产品是为了取得某种使用价值。但是每种产品给每个消费者带来的利益是因人而异的。有的消费者追求商品的经济性,有的消费者追求商品的名望,有的追求商品的耐用性等等。企业可以根据购买者追求的产品利益的不同,进行市场细分。不同的利益侧重点,反映了消费者购买产品时的不同动机,动机有感性动机和理性动机之分。了解消费者的利益偏好和动机,不仅有助于推销商品,也将有助于企业设计新产品,开发空缺产品。

3.使用者状况

许多市场可以被划分为未使用者、曾使用者、潜在使用者、初次使用者以及经常使用者。市场占有率高的公司,特别有兴趣将潜在使用者转变为实际使用者,而小型公司则尝试将竞争者的使用者,转变为自己的使用者,对潜在使用者和经常使用者,需要采取不同的营销方式。

4.使用量状况

根据消费者对产品的使用量来划分市场,一般可区划为少量使用、中量使用和大量使用者。由于使用者人数在使用量上的分布不同,例如,大量使用者通常仅占有市场的很小的比率,但是使用量却占总消费量的很大的部分,因此,企业在选择消费对象时应该予以综合考虑。

5.忠诚度状况

市场也可以按照消费者对产品的忠诚度来划分。消费者对产品的忠诚度一般可以分成以下四类:(1)绝对忠诚者。消费者自始至终只购买一种产品,对该产品忠贞不贰。(2)中度忠诚者,即忠诚于几种产品的消费者。(3)转移型忠诚者,即从偏爱一种转移到偏爱另一种的消费者。(4)游离者,即消费者对任何产品都不具有忠诚度,有什么就买什么。上述四种不同忠诚度的消费者群,在每种产品市场上都有不同的数量构成,企业经常分析这些构成会获得大量的信息和经验。

6.购买者准备阶段

在任何时候,人们皆处于购买产品的各个不同的阶段。有些人不知道该项产品的存在,有些人知道,有些人相当清楚,有些人感到有兴趣,有些人想要去购买,有些人已经决定要购买。这其间相对人数的多寡,对营销方案的拟订有很大的影响。企业可以按照不同的购前阶段对消费者进行细分,然后运用适当的市场营销措施,并且随着购前阶段的进展而随时修改营销方案。

7.对产品的态度状况

消费者对产品的态度,一般可以分为五种:热爱、肯定、冷淡、否定和怀有敌意。企业对待不同态度的消费者应该采取不同的营销措施。如对热爱和肯定者,应该感谢他们的支持;对冷淡者,应通过适当的媒体介绍进行宣传,使他们转为关心;对否定和怀有敌意者,也应该进行必要的宣传和解释,以缓和他们的情绪和改变他们的态度。

三、工业品市场细分

工业品市场细分的变量很多,除引用消费品市场使用的区划变量外,还有其自己的特点。成功的工业品市场细分方法不仅具有独创性,而且还要能对具体的市场作出具体判断。下面介绍几种工业品细分市场的细分变量。

(1)最终使用者。工业品市场常常按照最终使用者的需要来进行细分。工业品在销售时,尤其是经过批发商销售,如果企业不清楚最终用户的情况,即不了解自己真正的服务对象,往往会造成损失。划分最终使用者的最简单的方法,是以产业作为细分的标准,依次划分出子市场。

(2)产品用途。由于一种产品常常有若干不同的用途,产品用途细分就是按照产品的不同用途细分市场。工业品一般可以分为原料、半制成品零件、工业设备和附属设备四种,不同种类的工业品其客户也不一样。

(3)客户的规模。购买量的大小是企业细分工业品市场的一个重要变量。很多企业往往采用不同的接待方式,大客户主要由业务负责人接待,一般中小客户主要由推销员接待。

(4)采购方式。在某一目标产业与顾客规模之下,企业还可以根据采购方式来细分市场。首先不同的顾客追求不同的利益,有的注重价格,有的注重服务,有的更加重视质量。例如政府实验室、大学实验室以及工业实验室等,对科学仪器的采购标准是不同的。政府实验室需要低价格(因为它们较难获得经费来购买仪器)以及服务契约(因为它们较容易获得机会来维护仪器)。大学实验室不需要太多要求连续性服务的设备,主要是因为它们并没有服务人员的编制。至于工业实验室,则需要具有高度可靠性的设备,因为机器设备若是损坏,则所带来的损失将极其巨大。其次,从一般采购政策来看,我们可以把市场细分为租赁企业、签订服务契约的企业、系统采购的企业,以及招标采购的企业。再次,从现行关系看可以分为现行关系密切的企业和尚待开拓业务关系的企业,或者分为高忠诚度的企业和低忠诚度的企业。最后,从购买企业的特征来看,可以分为承当风险的顾客和逃避风险的顾客。

上述介绍的几种工业品的市场细分的变量都是从某一角度来进行的。在通常情况下,工业品市场不使用单一的变量来细分,而是用几个变量来细分。不同的企业,其侧重点也有很大的不同。由于市场竞争、技术进步、企业兼并等都会改变市场占有份额,工业

营销战略与管理

品市场细分必定是动态的。企业有必要定期评价细分标准,考虑是否采用新的或者是不同的细分变量。

第二节　市场定位及其战略选择

一、市场定位的方法与策略

购买者并非对某一产品与其他产品的所有差别都感兴趣,因此企业对每一项差异都作详细的说明是不必要的,企业应该针对目标市场找出几个重要的差异性,并加强对顾客的宣传,这一过程实际上就是定位的过程。

(一)目标市场定位的方法

目标市场定位的方法可以归纳为如下几种:

(1)以特定的产品特性来定位。特别是新产品,产品的某些特性往往是竞争对手无暇顾及的,这种定位往往容易收效。

(2)根据特定的产品用途来定位。为老产品找到一种新用途,也是为该产品创造定位的好方法。

(3)根据特定的产品使用者定位。企业常常试图把某些产品指引给适当的使用者或者某个细分市场,以便根据那个细分市场的特点建立起恰当的形象。

(4)根据特定的产品档次定位。产品可以定位为与其相似的另一种类的产品档次,或者强调与其同档次产品具有某些方面的差异特点。

(5)对抗另一产品的定位。可以在暗示另一产品的不利特点的基础上进行定位。如一家饮料厂以生产无色饮料来定位,以暗示有色饮料的色素对人体健康不利。

小故事，学营销

情侣苹果

元旦,某高校俱乐部前,一老妇守着两筐大苹果叫卖,因为天寒,问者寥寥。一教授见此情形,上前与老妇商量几句,然后走到附近商店买来节日织花用的红彩带,并与老妇一起将苹果两个两个扎在一起,接着高叫道:"情侣苹果呦! 两元一对!"经过的情侣们觉得挺新鲜,用红彩带扎在一起的一对苹果看起来很有情趣,因而买者甚众。不消一会,苹果就全卖光了,老妇对教授感激不尽。

营销启示:这是一个成功进行目标市场定位营销的案例。即首先分清众多细分市场之间的差别,并从中选择一个或几个细分市场,针对这几个细分市场开发产品并制定营销组合。那位教授对俱乐部前来往的人群进行的市场细分可谓别出心裁,占比例很大的成双成对的情侣让他突发灵感,觉察到情侣们将是最大的苹果需求市场,而对其产品的定位更是奇巧,用红彩带两个一扎,称为"情侣"苹果,对情侣非常具有吸引力,即使在苹果不好销的大冷天里也高价畅销了。

（二）市场定位战略

企业进行目标市场定位，一般有三种战略可供选择。

1.发掘战略

发掘战略即通过发掘市场上未重叠的新区划来定位。当企业对竞争者的位置、消费者的实际需求和自己的产品属性等进行评估分析后，发现现有市场存在缝隙或者空白，这一缝隙或者空白有足够的消费者并能够作为一个潜在的区划而存在，并且企业发现自身的产品难以与竞争者正面匹敌，或者发现这一潜在区域比原来的区域更有潜力。在这种情况下可以采取发掘定位战略。

2.跻身战略

当企业发现目标市场竞争者众多，但是细加分析，发现该区划内市场需求的潜力很大，而且企业也有条件适应这一区划环境，企业就可以采用跻身战略，进入该区划，与众竞争者分享市场。

3.取代战略

取代战略即把对方赶下现在的市场位置，由本企业取而代之。采用这一战略定位，企业必须比竞争对手具有明显的优势，必须提供优于对方的产品，使大多数消费者乐于接受本企业的产品，而不愿意接受竞争对手的产品。

（三）防止定位错误

前面已经分析过，企业应该针对其目标市场找出几个较重要的差异性，然而当企业对其所拥有利益推广得越多时，将越容易使人产生不信任感，而且也越容易失去其清晰的定位形象。反之当然也不行。因此，作为企业来说，定位时应该注意避免以下错误：

（1）定位不明显。有些企业定位不够明显，往往使得顾客心中只有模糊的形象，认为它与其他企业并无差异。

（2）定位过于狭隘。有些企业恰好相反，过分强调定位于某一狭隘区划，使顾客忽视了企业在其他方面的表现。

（3）定位混淆。购买者混淆了企业的形象可能是因为企业宣传产品的利益太多了，也可能是企业的定位更换过于频繁。

（4）有疑问的定位。由于企业没有注意整体的形象，造成一些矛盾的定位宣传。

二、扩大差异化战略

扩大差异化，既是满足顾客不同欲望的基础，也是市场定位的重要任务，下面介绍各种可供利用的差异化属性。

（一）可供利用的产品差异化属性

1.产品特性

产品特性是指补充产品基本功能的特征。产品的每一个特性都有可能吸引一些不同的消费者。产品特性是一种有竞争力的武器，因此许多企业都积极地寻求差异化的途径，只要能够最先生产出顾客需要且有价值的特性，就将掌握一个最有竞争力的武器。

2.产品性能

产品性能是指产品的主要操作特征的水准。如果把产品最初的性能水准分为低、平均、高、特优四级,就会发现高品质企业的获利能力要强于低品质企业。其获利情况较佳是因为:高品质的形象使得它们可以制定高价,而且使顾客具有较高的忠诚度,会重复购买等。企业必须决定如何随着时间的变化管理其产品品质,这里有三种可供选择的策略。第一种策略是,企业不断地改良其产品,而借此获得高报酬和高市场占有率;第二种策略是,维持产品的品质,除非产品发生极大的错误,企业可以一直保持相同的品质水准;第三种策略是,随着时间的延伸而逐渐降低品质,这种措施可能会增加短期利润,但是对企业的长远利润有着不利的影响。

3.产品一致性

产品一致性是指产品的设计与操作特征接近预定标准的程度。一致性过低会使很多购买者无法获得产品所承诺的性能,这将使他们对产品失去信心。

4.产品的耐用性

耐用性是一种产品的预期操作寿命的量度。购买者愿意支付更多的钱,购买更耐用的商品。然而,此项说法尚受制于某些因素,亦即超额的价格不能超过其所值。另外,这种产品不能够受到流行或者科技落伍等因素的影响,比如说对个人电脑宣传耐用性,可能并不会受到多大的重视。

5.可靠性

可靠性是某一种产品可以使用到某一特定时间而不发生故障失效的概率量度。消费者一般愿意为可靠性支付更高的价格,因为人们一般都希望能够避免故障所引发的成本及修理时间。

6.可修理性

可修理性是当一种产品发生故障或者失效时,修理的简易程度。若产品很方便修理的话,会比较容易吸引消费者。

7.产品造型

产品造型是指产品看起来如何,以及购买者的感觉如何。在小型的消费性用品上,产品包装是吸引购买者注意到产品的最有效的方式,且能够让消费者决定是否立即购买。

营销高手经典语录

随着消费多元化和个性化的发展,细分市场会有越来越多的产品,这样不可能用一个产品覆盖好几个细分市场,所以今后必须要有不同的产品进入不同的细分市场里面去。

——孙晓东(上海通用汽车公司营销总监)

(二)可供利用的服务差异化

除了实体商品可差异化外,企业也可以将其提供的服务加以差异化。特别是当实体产品差异化较小时,则竞争成功的关键往往在于服务的差异化及其品质。

（1）交货服务。交货服务是指产品或者服务如何很好地交付给消费者，包括交货速度、准确性以及交运过程中负责的态度。

（2）安装服务。安装服务是指一项产品能够在其预定的位置运行而需要进行的工作。大型设备的购买者都期望供应商能够提供良好的安装服务，如今家用电器中的空调也越来越强调安装。

（3）修理服务。修理服务的差异化可以包括保修的期限、修理的便利性、修理服务的速度等。对顾客来说，保修期限越长越好，修理越便利越好，速度越快越好。

（4）咨询服务。咨询服务是指销售者免费或收费提供一些资料给顾客，开展建议服务或者建立信息系统等。实践证明，正确使用咨询服务的差异化，能够获得更高的顾客忠诚度。

（5）顾客训练。顾客训练是指训练顾客或者是顾客的员工，使之能够正确地使用本企业所销售的产品，顾客训练特别有利于吸引第一次使用该类产品的用户。

（6）其他特色服务。企业还可以通过提供各种不同于其他企业的特色服务，来形成本企业的差异化。

（三）可供利用的人员差异化

企业可以聘用训练比竞争者更好的人员，以取得更强的竞争优势。一个训练良好的工作人员必须表现出以下良好的特征：具备所必需的知识与技能；有友善、礼貌及体贴的态度；被人感到值得信赖；能提供标准职业服务；对顾客的问题能够快速反应；能努力了解顾客，并能够及时与他们沟通等。在特定的情况下，人员之间不同的社会关系等，也会形成一种特殊的差异化。

（四）可供利用的形象差异化

即使竞争性的产品及其所附带给购买者的服务可能都相同，但是购买者对企业或者该企业的形象仍然存在认知上的差异，只有通过富有创造性的工作，才能为企业树立一个有特色的强势形象。企业可以用来增强形象的媒体有：

（1）符号。符号可以激发顾客对企业或者产品的认识。一个特有的强势形象包含着一个或者多个符号，企业可以选择其中某些具有代表性的符号，使消费者将其与某种特定的形象联系起来。

（2）书写字体与影视媒体。企业所选定的符号必须能够制作成广告，借以传达企业或者产品的个性。这些信息应该在各种场合重复地展露，如年度报告、商业目录等；企业的旗帜与名片，也需要反映出企业所传达的相同的形象。

（3）气氛。企业生产或者运送其产品与服务的实体空间，也是塑造企业形象的另一个重要来源。

（4）事件。企业也可以通过赞助某些典型事件，如体育竞赛、文化活动等来塑造自己的形象。

（五）差异化的选择

企业应该注意到，不是每一种差异化都有创造成本与顾客利益的潜力，对于一个具体的企业来说，并非所有的差异性都具有意义或者值得重视，因此，企业必须谨慎地选择差异化，使本企业与竞争对手有实质性的区别。一项差异是否值得进一步的差异化，一般可

营销战略与管理

用以下的准则来判断:(1)重要性:此项差异能够给足够的顾客带来较多的利益;(2)获利性:此项差异能够给本企业带来多大的利润;(3)优越性:在获得相同利益的情况下,该项差异明显优于其他方式;(4)独特性:此项差异别人无法获得或者不易模仿,或者企业可用更独特的方式提供;(5)可负担性:顾客有能力并且愿意支付该项差异的附加价值;(6)可宣传性:该项差异可以介绍给顾客并使之明白了解。

小故事,学营销

医驼背

有个自称专治驼背的医生,招牌上写着"即使驼得像弓一样,像虾一样,像饭锅一样,经我医治,着手便好"。

有个驼背信以为真,就请他医治。他拿了两块木板,不给驼背开药方,也不给他吃药,把一块木板放在身上,叫驼背趴在上面,用另一块木板压在驼背的身上,然后用绳子绑紧。接着,便自己跳上板去,拼命乱踩一番。驼背连声呼叫求救他也不理会,结果,驼背算是给弄直了,人也"呜呼哀哉"了。

驼背的儿子和这个医生评理,这医生却说:"我只管把他的驼背弄直,哪管他的死活!"

营销启示:顾客的需求是多样的,顾客的偏好也是多样的,企业营销的问题是找出解决顾客需求的产品和方法,并且这种产品和方法能够满足顾客的需求,这才是成功的营销。许多企业在广告中吹嘘自己的产品可以解决什么什么问题,当顾客购买使用后却不见效果、想评理却找不到人诉说了。

第三节 目标市场选择战略

一、评估市场区划

在评估不同的市场区划时,企业必须考虑以下几个因素:

(一)目标市场区划的规模和发展潜力

企业首先必须讨论的是,一个潜在的目标市场是否有适当的规模与发展潜力。所谓"适当的规模"是一个相对的概念。一般而言,大企业偏爱有较大销售量的市场区划,且经常忽视或者避免进入中小市场区划中;相反的,小企业却避免进入大市场区划,主要是因为大市场区划需要大量的资源来支持。

区划成长的可能性通常是一个相当吸引人的特征,因为任何一个企业都希望销售与利润能够持续地增长,然而,成长机会大的市场区划,往往会吸引更多的竞争者加入,结果反而降低了市场区划的获利率。

1.市场容量评估

市场规模和发展潜力首先可以通过对市场容量的估计来分析,一般来讲,对市场容量的估计可以分为直接估计和间接估计。市场容量的直接估计是借助于实际销售资料和消费量等情况进行估计。用数学公式表示为：

$$S_i = f(X_1, X_2, X_3, \cdots, X_n)$$

其中，S_i 表示既定目标区划市场的销售潜力，X_n 表示决定 S_i 的各种经济和社会因素。

市场容量的间接估计是指由于缺乏有关的产品销售资料，只好以社会统计资料作为评价市场潜力的指标。

2.市场潜力评估

如果要对市场潜力进行深入的评估，还必须通过对产品在该区划内的最大销售量来进行判断。市场销售量的预测应该考虑现有市场的绝对容量和年适销量的增长率两个指标，因为这两个因素的不同组合将影响某种产品的总体销售。

估算某种产品的市场潜力有两种基本的方法。

第一种是自上而下法。即将与某种产品销售有确定关系的相关变量，运用历史资料进行回归分析，以预测某种产品的销售量，其公式可以表示为：

$$Y = f(X_1, X_2, X_3, \cdots, X_n)$$

其中，Y 表示某种产品的销量，X_n 表示一组与某种产品销量有确定关系的相关子变量。

第二种是自下而上法。即根据某产品市场中各细分市场的最终用户数量和细分市场用户购买某种候选产品的平均数量进行预测的方法。其公式可以表述为：

$$Y = S_1 Q_1 + S_2 Q_2 + \cdots + S_n Q_n$$

其中，S_n 表示某产品各细分市场的最终用户数量，Q_n 表示每一细分市场用户购买某种产品的平均数量。

市场潜力区划还可以运用容量—增长率方格图来分析，如图 10.1 所示。图中的横坐标是现有的市场容量，纵坐标是市场年销售增长率。在很多情况下，这两方面的发展内容是不一致的，它有很多种可能性。利用方格图可以发现有 9 个市场可供选择。如第 3 市场属于双高区域，相反，第 7 市场是双低区域。企业可以权衡市场容量和年销售增长率两个因素，选择适合本企业发展的区划。

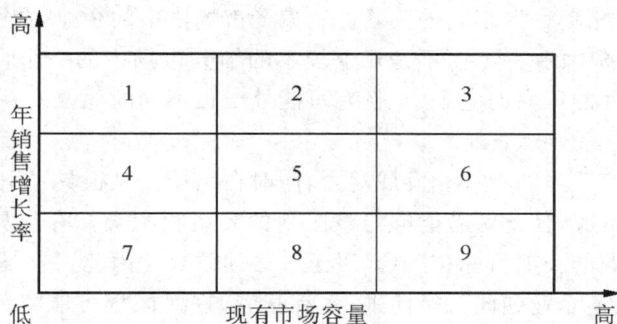

图 10.1　容量—增长率方格图

(二)目标市场区划的吸引力

一个规模和发展潜力都很好的市场区划,若从获利的观点来看,则未必具有吸引力。目标市场区划的吸引力可以从以下几个方面来考虑:

1.长期目标区划产品动向的实际情况

长期的目标区划产品动向中,产品的生命周期、集中程度、与外国企业竞争三者都有关系,但是发生关系的形式各不一样。

区划内的竞争状态随着产品所处生命周期的变化而变化。当然,也因各种类型的产品的特点而异,不能一概而论。新产品出现初期,如果该产品是用受专利保护的新技术生产的,则可以保持独家垄断。一些区划在初期就有许多小公司竞相开发新产品。在增长期,许多企业采取低成本、改进产品、改进生产技术、改善市场战略等措施,激烈地争夺市场份额。取得较高市场占有率的企业,发挥产量规模经济效益迅速降低售价,取得在低成本方面的主导地位。进入成熟期后,竞争更加激烈,许多不能彻底执行低成本战略和产品差异战略的企业就失去了市场。在衰退期,有的企业依靠几种重点攻关战略,得以生存下来。

区划内的集中程度与生命周期的移动有关。无论初期是垄断还是小企业的一哄而上,一进入增长期就都要转向寡头垄断结构。在寡头垄断阶段,在区划里存在一个市场占有率特别高的、居于领导地位的企业,也有的区划内有规模实力相同的企业并肩共存。这两种类型的竞争方式不同。如果有领导企业存在,就不允许有企图改变区划内地位关系的企业出现,一旦有这样的企业出现,领导者就会发动攻击,于是激烈的竞争得到缓和。但是其结果是,国内企业在国际上与国外企业竞争时显得软弱无力。如果与国外企业竞争会促进产业向成熟与衰退的阶段进展,竞争就会进一步激化。

2.比较直接影响区划的长期吸引力的力量

比较直接影响区划的长期吸引力的力量可以引入波特的五种力量模型来分析,即新企业加入竞争、出现代用品、供货者的谈判能力、买主的谈判能力、区划内企业间的对抗关系。这些因素的强度都会影响市场区划的吸引力。

3.区划的关联性与超级区划

超级区划是指若干个单一区划在某种协同性因素,如在使用相同的原材料、制造设备或者分配渠道的基础上组成区划群。企业在选择目标市场区划时,不应该只注意单一区划的情况,还必须分析单一区划间的关联性。偏爱市场集中的企业,会明智地把全部精力集中在5个超级市场中的一个,而不是几个较小的细分市场中的一个,否则,它在同那些利用细分市场协同性的厂商的竞争中,将有可能处于很不利的地位。

(三)企业目标和资源状况

即使一个区划有适当的规模和发展潜力,同时在结构上又很具吸引力,但是企业仍需考虑自己的目标与资源,使此两者能够与该区划的关系相配合。有些具有吸引力的区划可能因为无法与企业的长期目标相配合,以至于必须放弃。因此,一些区划本身可能很具吸引力,但是却无法使企业朝向目标前进;尤有甚者,这些区划可能将公司的资源转离企业的主要目标。

即使市场区划已经配合企业目标,但是企业仍需考虑要获得成功,是否具备必要的技能与资源。每个区划都有其成功的要件,如果企业缺乏一个或者一个以上的必要能力,且无法从他处获得必要的能力,那么企业就必须放弃该区划。但是,即使企业拥有必要的能力,可能也还是不够。如果想真正赢得市场区划,就必须发展出一些比竞争者更为卓越的优势。企业切不可贸然进入其无法产生某些形态的优越价值的市场或者市场区划。

二、选择目标市场

根据评估不同的市场区划后的结果,企业可能会发现不止一个可行的市场区划。因此,企业必须决定选择哪一个或者多少个市场区划以准备进入,这就是目标市场选择(所谓目标市场是指由一组有共同需要或者特征的购买者所组成的市场)。一般而言,企业可以考虑下列五种目标市场选择战略:

(一)单一区域集中化

在最简单的情况下,企业只选择一个区划。此区划成功的条件与企业的现状十分合拍,企业的资金有限,只能在一个区划内经营,此区划内没有任何的竞争者,可以作为企业以后扩展事业的基地和跳板。

采用这种策略的企业,它的市场经营重点不是去追求和扩大市场面,而是集中力量在单一市场中,不断提高企业的市场占有率。也就是说,与其在总体市场中处于劣势地位,不如在个别市场中争取优势地位。采用这种策略的主要优点在于:由于用户相对集中,企业可以在这些特定的分市场或小市场中,深入地开展调查研究,迅速及时地掌握用户的反应和要求,而且能够集中力量去解决设计、生产、销售方面的问题,以利于企业充分利用有限的资源,以尽可能少的劳动消耗取得较好的经济效益。但是,实行这一策略,对企业有较大的风险性。由于企业的目标市场比较狭小,一旦市场的情况发生变化,企业不能随机应变,就有可能陷入困境,造成严重的经济损失,甚至影响到企业的生存与发展。因此,绝不能把这种策略绝对化,为了尽量减少市场风险,要根据企业可能的条件,寻找适当的机会扩大目标市场,以利于提高企业的应变能力和经济效益。

(二)选择性专业化

选择性专业化是指企业选择许多市场区划,而这些区划每一个都具有吸引力,并且适合企业的目标与资源。虽然这些区划之间很少有,甚至没有很强的内在联系,但是却仍然可预测到为企业获取利益。这种多重区划的选择战略比单一区划选择战略具有更大的优越性,如上面所述,它可以分散企业风险。因为即使某个区划变得缺乏吸引力,企业仍然可以在其他市场区划内获利。

(三)产品专业化

产品专业化是指企业集中于制造一种产品,不生产其他的产品。此种策略能使企业在特殊的产品上创造专业化的商誉。然而,一旦商品被某种新科技产品所取代,则企业所面临的经营风险将是巨大的。

(四)市场专业化

市场专业化是指企业专注在服务某一特定的顾客群体的各种需要。这种专业化策略的优点是,可以在该市场建立起专业服务的形象,并且成为其他产品打入市场的总代理。然而,如果顾客群体的采购量下降,销售量大量下降的风险将会发生。

营销战略与管理

(五)整个市场覆盖

整个市场覆盖是指企业要以所有的产品来服务所有的顾客群体的需要,即不分产品、不分市场,大小通吃。这种策略仅有大公司才能办得到。通常采取该策略时,可以运用无差别的市场策略和有差别的市场策略。

1.无差别的市场策略

无差别的市场策略就是企业可能不考虑市场区划的差异性,而只对整个市场提供一种产品。这种策略是立足于企业的产品对所有的用户都有共同的需要,企业可以大规模地生产单一品种的产品,采取广泛的销售渠道和统一的广告内容,以吸引尽可能多的用户。但是,这一策略一般只适用于市场供应紧张或者市场供应很少的产品。

运用无差别的市场策略的最大的优点是,企业可以大批量地进行生产,使生产成本和销售成本大幅度下降,管理工作也比较方便。但是,这种策略对于大多数企业的产品已经是不适用了,可是类似水、电一类的基本生活用品,仍然可以采用这种无差别的市场策略。

2.有差别的市场策略

有差别的市场策略就是企业针对不同用户的需要,把总体市场分为若干区划,从而提供与同行企业不同的产品和服务的一种策略。采用这种策略,可以使企业针对不同的细分市场,设计不同的产品,运用不同的广告宣传和销售渠道,以满足不同用户的要求。由于企业生产的产品具有品种多、规格多、灵活性较强的特点,因此,有利于企业提高经济效益和竞争能力,有利于企业扩大销售和占领市场,而且,还有利于提高企业在社会上的声誉。

但是,采用有差别的市场策略也有较大的局限性和制约性。一方面由于企业的生产品种日益增多,广告宣传、销售渠道和推销方法都要实行多元化,这样,势必会提高生产成本和销售费用,从而影响企业的经济效益;另一方面,如果无限地扩大生产品种,必然会受到企业资源和技术的限制,使企业难以应付,特别是大量大中小型企业,更不能盲目地采用这种策略。因此,对于大多数企业来说,选择目标市场应该有适当的控制,绝不能无限扩大。

基本概念

市场细分　发掘战略　跻身战略　选择性专业化

复习思考题

1.如何进行消费品市场细分?

2.市场定位的方法主要有哪些?

3.如何进行目标市场选择?

阅读延伸

[1]陈添源.移动图书馆用户市场细分实证研究[J].图书情报工作,2016,01:37-44.

[2]陈海波,汤腊梅,许春晓.海岛度假旅游地重游者动机及其市场细分研究——以海南国际旅游岛为例[J].旅游科学,2015,06:68-80.

[3]张辉,夏丹,马丽丽.基于利益的中国电影市场细分实证研究[J].现代传播(中国传

媒大学学报),2015,02:154-155.

[4]冯曰欣,刘砚平.新形势下城市商业银行市场定位研究[J].理论学刊,2015,04:40-45.

[5]祖明,李仲轶,周晔.我国自主品牌汽车企业海外目标市场选择研究[J].经济理论与经济管理,2013,01:51-59.

[6]董富华.城市商业银行市场定位的经验及启示——以浙江稠州商业银行为例[J].甘肃社会科学,2011,01:230-233.

[7]唐峰陵.广西红色旅游市场定位与营销策略[J].广西社会科学,2010,12:33-36.
[8]特劳特.重新定位:定位之父杰克　特劳特封笔之作[M].北京:机械工业出版社,2011.

[9]胡利.营销战略与竞争定位(第5版)[M].北京:中国人民出版社,2014.

第 **11** 章

其他营销战略

学习目标：从演化的视角来看,企业的产品必将经历导入、成长、成熟、衰退的循环过程。相应地,企业必须在产品的不同生命周期阶段进行恰当的战略选择;从发展的角度来看,企业的发展必须建立在增长之上,基于发展的营销战略的实质是增长型战略及其选择过程。在学习本章时,要重点学习基于生命周期的相关战略选择理论与方法及基于增长的战略选择理论与方法。

知识目标：理解产品生命周期战略、基于增长的战略理论与方法。

能力目标：给定某一具体企业,能够在分析产品生命周期的基础上,制定科学的营销战略。

导入案例

两面针牙膏的多元化战略

两面针公布的 2016 年一季报显示,企业亏损 4 686 万,作为曾经的国产牙膏第一品牌,两面针现在的市场份额已经不足 1%。

从市场营业额上看,2007 年是两面针的拐点,然而冰冻三尺非一日之寒,两面针的隐患早在 2004 年就埋下了。或许有"花无百日红"的忧患意识,又或许跟当时期望"主业不败,新业昌盛"的思想一样,两面针集团开始启动多元化战略。

从众多经典的多元化战略案例中可以看出,企业多元化成功的关键因素是,追求多元化领域与已有核心能力的关联性。两面针集团第一个多元化布局产业选择了植物药业,在一定程度上与主打中草药的两面针牙膏的主打业务在产业链上形成一定的互补,也算是一步妥当的棋。

2007 年起,两面针加大多元化步伐,对盐城捷康三氯蔗糖制造有限公司增资,成为盐城捷康的第一大股东;同时,两面针注资两面针(扬州)酒店用品有限公司,进一步拓展了两面针在日化方面的产品链;还投资组建了两面针房地产开发有限公司。

两面针的管理团队,并没把工作重心放到如何提高两面针的产品质量上,没有把重心放到如何改进两面针的服务与快速提升企业的综合竞争力上,反而开出了反其道而行的"大方",开拓香皂、化妆品、药品、纸浆、房地产等产业。

这一错误的"战略转弯",让两面针这辆战斗力十足的隆隆战车彻底丧失了"保江山"的良机,深陷到了"多元化"的泥沼里。作为曾经的核心业务,2014 年两面针牙膏实现营收 1.06 亿元,不到总营收的 10%,远不及其他品牌牙膏的业务收入。

（案例来源:佚名:《"中国第一牙膏"两面针连亏 9 年,市场份额不足 1%,为何?》,新营销,2016-5-19）

第一节　基于产品生命周期的战略选择

一、产品生命周期理论概述

产品生命周期是指为交换而生产的商品(简称产品),从投入市场到被市场淘汰的全过程,亦即指产品的市场寿命或经济寿命,它是相对于产品的物质寿命或使用寿命而言的。物质寿命反映商品物质形态消耗的变化过程,市场寿命则反映商品的经济价值在市场上的变化过程。

1957 年,美国的波兹(Booz)、阿隆(Allen)和汉密尔顿(Hamilton)管理咨询公司出版的《新产品管理》一书,提出产品依其进入市场后不同时期销售的变化,可分为投入期、成长期、成熟期和衰退期,并作了图解。之后,英国的冈珀茨等人,参考某类产品的原型或国内外类似产品的销售统计记录,用数学的方法或类比的方法,把研究产品生命周期与研究生物老化现象的规律(成长曲线)结合起来,提出了冈珀茨曲线和其他曲线的数学模型。这样,从定性研究发展到定量研究,逐步形成了描述产品市场销售规律与竞争力的产品生命周期理论,并在市场营销策略选择中得到了广泛应用。产品生命周期各阶段及其特点如下:

导入期:产品技术尚不完全成熟、性能还不尽完善,消费者对该产品还不了解,因此需求较为隐蔽、产品批量小、单位成本高,尚未建立起稳固的销售渠道,促销费用大,因而此阶段利润较少,甚至可能亏损。

成长期:产品技术已成熟、工艺稳定,消费者对此产品已较为熟悉,因而销量大增使大批量生产形成,单位成本迅速降低,已建立起了较稳固的销售渠道。在增长率进一步增加的情况下,销售量亦大增,从而利润迅速增长。

成熟期:市场需求趋于饱和,销售增长率开始下降,利润增长率也开始下降,全行业出现过剩,市场竞争更趋激烈,部分竞争者开始退出,此时企业的销量很大,利润多,现金收入多。

衰退期:产品已逐渐被新产品所替代,产品销售增长率由开始下降转为迅速下降,甚至出现负增长率,从而销量也开始下降,消费者的兴趣已转向其他产品或持币待购。竞争使价格下降至最低水平,多数企业因无利可图而被迫退出。

二、产品生命阶段的战略选择

（一）导入期的营销策略

商品的导入期,一般是指新产品试制成功到进入市场试销的阶段。在商品导入期,一

营销战略与管理

方面,由于消费者对商品十分陌生,企业必须通过各种促销手段把商品引入市场,力争提高商品的市场知名度;另一方面,由于导入期的生产成本和销售成本相对较高,企业在给新产品定价时不得不考虑这个因素,因此导入期企业营销的重点主要集中在促销和价格方面。一般有四种可供选择的市场策略。如图11.1所示。

图 11.1 价格—促销策略组合

1.高价快速策略

这种策略的形式是:在采取高价格的同时,配合大量的宣传推销活动,把新产品推入市场。其目的在于先声夺人,抢先占领市场,并希望在竞争还没有大量出现之前就收回成本、获得利润。适合采用这种策略的市场环境为:(1)必须有很大的潜在市场需求量。(2)这种商品的品质特别高,功效又比较特殊,很少有其他商品可以替代。消费者一旦了解这种商品,常常愿意出高价购买。(3)企业面临着潜在的竞争对手,想快速地建立良好的形象。

2.选择渗透策略

这种策略的特点是:在采用高价的同时,只用很少的促销努力。高价格的目的在于及时收回投资,获取利润;低促销的方法可以减少销售成本。这种策略主要适用于以下情况:(1)商品的市场比较固定、明确;(2)大部分潜在的消费者已经熟悉该产品,他们愿意出高价购买;(3)商品的生产和经营必须有相当的难度和要求,普通企业无法参加竞争,或由于其他原因使潜在的竞争不迫切。

3.低价快速策略

这种策略的方法是:在采用低价格的同时作出巨大的促销努力。其特点是可以使商品迅速进入市场,有效地限制竞争对手的出现,为企业带来巨大的市场份额。该策略的适应性很广泛。适合该策略的市场环境是:(1)商品有很大的市场容量,企业可望在大量销售的同时逐步降低成本;(2)消费者对这种产品不太了解,对价格又十分敏感;(3)潜在的竞争比较激烈。

4.缓慢渗透策略

这种策略的方法是:在新产品进入市场时采取低价格,同时不做大的促销努力。低价格有助于市场快速地接受商品;低促销又能使企业减少费用开支,降低成本,以弥补低价格造成的低利润或者是亏损。适合这种策略的市场环境是:(1)商品的市场容量大;(2)消费者对商品有所了解,同时对价格又十分敏感;(3)存在某种程度的潜在竞争。

(二)成长期的营销策略

商品的成长期是指新产品试销取得成功以后,转入成批生产和扩大市场销售额的阶段。商品进入成长期以后,被越来越多的消费者接受并使用,企业的销售额直线上升,利润增加。在此情况下,竞争对手也会纷至沓来,威胁企业的市场地位。因此,在成长期,企业的营销重点应该放在保持并且扩大自己的市场份额、加速销售额的上升方面。另外,企业还必须注意成长速度的变化,一旦发现成长的速度由递增变为递减时,必须适时调整策略。适用于这一阶段的具体策略有以下几种:

(1)积极筹措和集中必要的人力、物力和财力,进行基本建设或者技术改造,以利于迅速增加或者扩大生产批量。

(2)改进商品的质量,增加商品的新特色,在商标、包装、款式、规格和定价方面作出改进。

(3)进一步开展市场细分,积极开拓新的市场,创造新的用户,以利于扩大销售。

(4)努力疏通并增加新的流通渠道,扩大产品的销售面。

(5)改变企业的促销重点。例如,在广告宣传上,从介绍产品转为树立形象,以利于进一步提高企业产品在社会上的声誉。

(6)充分利用价格手段。在成长期,虽然市场需求量较大,但在适当时企业可以降低价格,以增加竞争力。当然,降价可能暂时减少企业的利润,但是随着市场份额的扩大,长期利润还可望增加。

(三)成熟期的营销策略

商品的成熟期是指商品进入大批量生产,而在市场上处于竞争最激烈的阶段。通常这一阶段比前两个阶段持续的时间更长,大多数商品均处在该阶段,因此管理层也大多数是在处理成熟产品的问题。

在成熟期中,有的弱势产品应该放弃,以节省费用开发新产品;但是同时也要注意到原来的产品可能还有其发展潜力,有的产品就是由于开发了新用途或者新的功能而重新进入新的生命周期的。因此,企业不应该忽略或者仅仅是消极地防卫产品的衰退。优越的攻击往往是最佳的防卫,企业应该有系统地考虑市场、产品及营销组合的修正策略。

1.市场修正策略

市场修正策略即通过努力开发新的市场,来保持和扩大自己商品的市场份额。(1)通过努力寻找市场中未被开发的部分,例如,使非使用者转变为使用者;(2)通过宣传推广,促使顾客更频繁地使用或每一次使用更多的量,以增加现有顾客的购买量;(3)通过市场细分化,努力打入新的市场区划,例如地理、人口、用途的细分;(4)赢得竞争者的顾客。

2.产品改良策略

企业可以通过产品特征的改良来提高销售量。(1)品质改良,即增加产品的功能性效果,如耐用性、可靠性、速度及口味等;(2)特性改良,即增加产品的新特性,如规格大小、重量、材料质量、添加物以及附属品等;(3)式样改良,即增加产品美感上的需求。

3.营销组合调整策略

营销组合调整策略即企业通过调整营销组合中的某一因素或者多个因素,以刺激销售,例如:(1)通过降低售价来增强竞争力;(2)改变广告方式以引起消费者的兴趣;(3)采用多种促销方式,如大型展销、附赠礼品等;(4)扩展销售渠道,改进服务方式或者货款结算方式等。

(四)衰退期的营销策略

衰退期是指商品逐渐老化,转入商品更新换代的时期。当商品进入衰退期时,企业不能简单地一弃了之,也不应该恋恋不舍,一味维持原有的生产和销售规模。企业必须研究商品在市场的真实地位,然后决定是继续经营,还是放弃经营。

1.维持策略

维持策略即企业在目标市场、价格、销售渠道、促销等方面维持现状。由于这一阶段很多企业会自行退出市场,因此,对一些有条件的企业来说,并不一定会减少销售量和利润。使用这一策略的企业可搭配商品延长寿命的策略,企业延长产品寿命周期的途径有多种,最主要的有以下几种:(1)通过价值分析,降低产品成本,以利于进一步降低产品价格;(2)通过科学研究增加产品功能,开辟新的用途;(3)加强市场调查研究,开拓新的市场,创造新的内容;(4)改进产品设计,以提高产品性能、质量、包装、外观等,从而使产品寿命周期不断实现再循环。

2.缩减策略

缩减策略即企业仍然留在原来的目标上继续经营,但是根据市场变动的情况和行业退出障碍水平在规模上作出适当的收缩。如果把所有的营销力量集中到一个或者少数几个细分市场上,以加强这几个细分市场的营销力量,也可以大幅度地降低市场营销的费用,以增加当前的利润。

3.撤退策略

撤退策略即企业决定放弃经营某种商品以撤出该目标市场。在撤出目标市场时,企业应该主动考虑以下几个问题:(1)将进入哪一个新区划,经营哪一种新产品,可以利用以前的哪些资源;(2)生产设备等残余资源如何转让或者出卖;(3)保留多少零件存货和服务以便在今后为过去的顾客服务。

第二节　基于增长的战略选择

从企业发展的角度来看,任何成功的企业都应当经历长短不一的增长型战略实施期,因为从本质上说只有增长型战略才能不断地扩大企业规模,使企业从竞争力弱小的小企业发展成为实力雄厚的大企业。

与其他类型的战略态势相比,增长型战略具有以下特征:

(1)实施增长型战略的企业不一定比整个经济增长速度快,但它们往往比其产品所在的市场增长得快。市场占有率的增长可以说是衡量增长的一个重要指标,增长型战略的体现不仅应当有绝对市场份额的增加,更应有在市场总容量增长的基础上相对份额的增加。

(2)实施增长型战略的企业往往能够取得大大超过社会平均利润率的利润水平。由于发展速度较快,这些企业更容易获得较好的规模经济效益,从而降低生产成本,获得超额的利润率。

（3）采用增长型战略态势的企业倾向于采用非价格的手段同竞争对手抗衡。由于采用了增长型战略的企业不仅仅在开发市场上下工夫，而且在新产品开发、管理模式上都力求具有竞争优势，因而其赖以作为竞争优势的并不是损伤自己的价格战，而总是以相对更为创新的产品和劳务以及管理上的高效率作为竞争手段。

（4）增长型战略鼓励企业的发展立足于创新。这些企业常常开发新产品、新市场、新工艺和旧产品的新用途，以把握更多的发展机会，谋求更大的风险回报。

（5）与简单的适应外部条件不同，采用增长型战略的企业倾向于通过创造以前本身并不存在的某物或对某物的需求来改变外部环境并使之适合自身。这种主动去引导或创造合适环境的行为是由其发展的特性决定的：要真正实现既定的发展目标，势必要有特定的合适的外部环境，被动适应环境显然不一定有帮助。

增长型战略主要有多元化战略和一体化战略。

一、多元化战略

（一）多元化战略的模式

1.相关多元化战略

相关多元化战略是指进入与公司现有业务在价值链上具有竞争性的、有价值的"战略匹配关系"的新业务。战略匹配存在于价值链非常相似以至于能够为公司的以下方面带来不同机会的经营业务之间，这些方面包括：分享技术，对共同的供应商形成更强的讨价还价力量，联合生产零件和配件，分享共同的销售力量，使用共同的销售机构和同样的批发商或者零售商，售后服务的联合，共同使用一个知名商标，将竞争性的、有价值的技术秘诀或生产能力从一种业务转移到另一种业务，合并相似的价值链活动以获得更低的成本。战略匹配关系可以存在于各业务价值链的任何地方，如供应商的联系中，研发活动中，生产、销售、营销或者分销活动中。

相关多元化是一种有吸引力的战略，在于它代表了将存在于不同的经营业务价值链之间的战略匹配关系转变成竞争优势的机会。当一个公司多元化进入存在如下机会的经营领域时，它就相对于尚未进行多元化经营或者多元化的方式未能给公司带来这些战略匹配利益的对手们获得了竞争优势。这些机会包括：将专有技能、生产能力或者技术由一种经营转到另一种经营中去；将不同经营业务的相关活动合并在一起，降低成本；在新的经营业务中借用公司的信誉；以能够创建有价值的竞争能力的协作方式实施相关的价值链活动。一家多元化经营公司各业务之间的相关性越大，技术转移和合并价值链活动以降低成本的机会、协作创造新的资源能力和生产能力的机会，以及使用共同的名称的机会就越大，同时创立竞争优势的窗口就越大。

寻求这些价值链配对点并获取战略匹配利益的多元化经营公司，其所获得的业绩，比各业务采用独立的战略所获得的业绩总和还要大。竞争性的、有价值的战略匹配关系（假定公司管理层可以有效地获取价值链的配对点利益）可以使相关多元化获得最大的协同效果。沿着相关业务的价值链，来自战略匹配的竞争优势使得这些业务一起运作比作为单独的公司进行运作效果更好。战略匹配的利益越大，相关多元化就越可能获得协同的业绩，多元化战略实施成功的可能性就越大。

营销战略与管理

在实际经营中,相关多元化最常用的一些方式是:(1)进入能够共享销售队伍、广告和销售机构的经营领域;(2)探求密切相关的技术和专有技能;(3)将技术秘诀和专有技能,从一种经营转移到另一种;(4)将组织的名称和在顾客中建立的信誉转移到一种新的产品和服务;(5)购并非常有助于公司发展的新业务。

相关的多元化战略在几个角度很有吸引力,它使一家公司在其业务活动中保持一定程度上的统一性,获得由于技术转移、更低的成本、共同使用名称和更强的竞争能力所带来的利益,并可以将投资者风险分散于更宽广的业务基础上。公司在进行相关多元化时,要注意以下几个方面的匹配:

(1)战略匹配。多元化进入技术、机构、职能活动或者销售渠道能够共享的经营领域,会因为范围经济而使成本降低。当两种或更多的经营业务在集中管理下运作比作为独立的业务进行运作花费更少的时间时,就存在范围的经济性。这种经济性来源于因分享资源、合并业务价值链活动的某些部分以及共享已经创立的名称而带来的节约成本的机会。范围经济性越大,基于更低成本基础上创立竞争优势的潜力就越大。

技术转移和合并密切相关的价值链活动,都可以使公司获得比各业务分别作为一个独立公司时更多的利润。技术转移机会以及通过范围经济而节约成本的关键在于让多元化进入存在战略匹配关系的业务中。尽管战略匹配关系可以发生于整个价值链,但多数情况下是发生于下面四点中的某一点。

(2)技术匹配。当存在共享的技术、探求与某种特殊技术相关的最大经营机遇或者可以将技术秘诀从一种业务转移到另一种业务潜力的时候,在不同的业务经营间存在技术匹配。有着技术共享利益的业务在一起运作比分开运作的效果更好,因为这时在技术开发和新产品的研发方面存在潜在的成本节约,并且新产品进入市场的时间更短,可以使两种业务的销售都得到增长,产品间重要的互补或内在以及相关业务间的技术转移的潜力可以使技术相关活动取得更高的绩效。

(3)运作匹配。当不同的业务间有机会在获得原材料、研发活动、改善生产过程、元件的生产、成品装配或实行行政支持功能方面有合并活动,或转移技术和生产能力的机会时,就存在运作匹配关系。与共享相关的运作匹配关系通常代表了节约成本的机会:有些来自将活动合并成大规模的运营(规模的经济性),有些来自将各种经营合在一起而带来的节约成本的能力(范围的经济性)。被共享的活动所占的比例越大,共享的成本节约就越有意义,而由此导致的成本优势就越大。由于运作匹配关系的存在,最重要的技术转移机会通常可能存在于某种业务的供应链管理或专门生产技能可以在另一业务中得到有利应用的情况中。

(4)与销售和顾客相关的匹配。当不同业务经营的价值链活动高度重叠,以至于它们的产品有着相同的顾客,通过共同的中间商和零售商销售,或者以相似的方式进行营销和促销的时候,这些业务中间就存在着与市场相关的战略匹配。多种节约成本的机会(或范围的经济性)发源于与市场相关的战略匹配:对所有相关产品使用一支单独的销售队伍,而不是为每项业务组建自己的销售力量;用同样的广告和宣传材料为相关的产品做广告;使用共同的名称、协调交货和运输方式、合并售后服务和维修组织;协调订货程序和记账;使用共同的促销手段,如免零优惠券、提供免费样品和试用品、季节性特价等类似的方法;

合并特约经销商网络。这样的价值链调配通常会使一个公司的营销、销售和分销成本更具有经济性。

除了范围经济性，市场相关的战略匹配会带来将销售技巧、促销技巧、广告技巧或产品差异化技巧从一种业务转移到另一种业务的机会。而且，一个公司的名称和信誉也可以由一种产品转移到其他产品。

(5)管理匹配。当不同的业务单元在公司行政管理或运作问题的类型方面具有可比性，因此可将在一种业务经营中的管理方法转移到另一业务经营中去时，就存在这种匹配关系。管理的技能转移可以发生在价值链的任何地方。

多元化进入有着战略匹配关系的行业与得到的利益是两回事。为获取范围的经济性，相关的活动必须合并成一个运作单位并使之相互协调，然后才会得到成本节约的效果。而职能的合并和协调活动需要支付重组成本，管理层必须确定某些集中的战略控制所带来的利益足以保证弥补业务单元丧失所带来的损失。同样，技能或技术转移是战略匹配的基础，管理者必须在不过多抽调经营熟练人才的前提下，寻求使转移有效率的方法。一个公司的多元化战略越是紧密依靠技能或技术的转移，就越必须建立足够大的、水平足够高的专门人才队伍，这些人才不仅要能够运用技能或者技术支持新业务的经营，而且还要掌握足够的技能以建立竞争优势。

熟练把握业务战略匹配的公司，还会得到另一方面的利益：扩张公司资源和战略资产的潜力，并且能够比未进行相关业务多元化的对手们以更快的速度、更少的支出创建新的资源和资产。寻求相关业务多元化的公司从长期来看比其竞争对手运作得更好的一个原因是，它们能够更好地探求其相关业务间的联系，这方面的秘诀经过一段时间就会转变为一种能力，这种能力能够加速创建有价值的、新的核心能力和竞争能力。在一个竞争性的动态变化的世界，能够比竞争对手更快地积累战略性资产的能力是实施多元化经营的公司长期获得丰厚回报的一种有力的、可靠的工具。

2.不相关多元化战略

尽管相关多元化会带来战略匹配利益，很多公司却选择了不相关的多元化战略，多元化进入有着丰厚利润的任何行业。在不相关的多元化中，不需要寻求与公司其他业务有战略匹配关系的经营领域。寻求不相关多元化的公司努力使其多元化目标确切符合行业吸引力和进入成本检验，而符合状况改善检验的条件或者不被考虑，或者被放置在次要地位。之所以作出多元化进入某一行业的决策，是因为这一行业有可以购并的公司，不相关多元化的基本前提是：任何可以购并的、具有有利财务条件和令人满意的利润前景的公司都是多元化进入领域的很好的选择。公司要投入很多时间和努力按下述原则挑选和审查购并的候选公司：(1)这项业务是否可以达到公司获利能力和投资回报率的目标；(2)新业务是否需要注入资金以更新固定资产、扩充资金和提供流动资金；(3)这项经营是否处于有重大增长潜力的行业；(4)这项业务是否能够达到为母公司的底线(利润)作出重大的贡献；(5)是否可能出现业务统一困难或者违反政府有关产品安全或环境的规定；(6)这一行业对萧条、通货膨胀、高利率或政府政策的变动是否敏感。

有时，采取不相关多元化战略的公司，会因为它们的"特殊情况"而将注意力集中在挑选为公司提供快速获得财务收益机会的购并候选公司，有三类公司具有这样的吸引力：

营销战略与管理

(1)资产被低估的公司——以小于全部市值的价格购并这样的公司,并以高于买价的价格将其资产和业务再次出售从而为公司带来实际的资本利润。(2)财务困难的公司——经常可以廉价买到这种公司,借助母公司的财力和管理方法可以使其经营摆脱困境,然后将之作为一项长期投资(因为它们的高盈利或现金流的潜力)或以一个有利的价格出售,这取决于哪种方式更具有吸引力。(3)有着光明的增长前景但缺少投资资本的公司——缺少资本、富有机会的公司对于财力强大、正寻求机会的公司通常是很好的多元化的候选公司。

寻求不相关多元化的公司几乎总是通过购并一家已经建立的公司来进入新的领域,而很少采用在自己的公司结构内组建新的子公司的形式,这样做的前提是通过购并实现的增长可以转化成股东的价值。只要不相关多元化能为公司带来年收入和利润的持续增长,并且被购并的公司不会因为经营不善而倒闭,暂不使用状况改善检验就被视为是合理的。

不相关的或联合大公司式的多元化在以下几个财务角度富有吸引力:(1)经营风险在一系列不同的行业得到分散——与相关多元化相比,这是更好地分散财务风险的方法,因为公司的投资可以分开在有着完全不同的技术、竞争力量、市场特征和顾客群的业务之中。(2)通过投资于任何有着最佳利润前景的行业可以使公司的财力资源发挥最大的作用。尤其是来自低增长和低利润前景业务的现金流量可以转向购并或者扩大具有高增长和高利润潜力的业务。(3)公司的获利能力可以更加稳定。因为一个行业的艰难阶段可以被其他行业的昌盛阶段部分抵消——理想的情况是,公司的某些业务的周期性下降可以与多元化进入的其他业务的周期性上浮取得平衡。(4)当公司的经理们能够非常聪明地发现具有利润上升潜力的廉价公司时,股东财富就能增加。

尽管进入不相关业务领域时常常能够通过吸引力和进入成本检验(有时甚至能够通过状况改善检验),但不相关多元化战略仍然存在缺陷。

首先,联合大公司的多元化经营的致命弱点是,它强烈要求公司的管理人员要充分考虑到不同行业中完全不同的经营特点和经营环境,以作出合理的决策。一个公司所涉足的经营项目越多,多元化程度越高,公司的管理者越是难以对每个子公司进行监察和尽早发现问题,也越难以形成评价每个经营行业吸引力和竞争环境的真正技能,而判断各业务层次的经理们提出的计划和其战略行动的质量也更加困难。进行宽范围的多元化,公司的经理们必须有足够的机敏和聪慧:分清好的购并和坏的购并;挑选有能力的经理们主管某一种业务;辨别业务单元经理们提出的主要战略计划是否合理;知道如果一个业务单元的经营出现什么失误,应当做些什么。因为每项业务都可能碰到困境,测度多元化进入不相关领域的风险大小的方法是询问"如果新的业务陷入困境,我们是否知道如何摆脱",如果回答是不知道,不相关多元化就会带来很大的财务风险,这项经营的利润前景也极不稳定。

其次,由于没有战略匹配关系所带来的竞争优势潜力,不相关的多种经营组合的合并业绩并不比各业务独立经营所获业绩的总和多,并且如果公司的经理们不明智地干预业务单元的运作或者因为不适当的公司政策使之无法经营,结果更是糟糕。也许除了由一家资金雄厚的母公司提供的财力后盾,不相关多元化战略对于单个业务单元的竞争力量没有什么帮助。每项经营都是在靠自己努力建立某种竞争优势,因为兄弟业务的不相关性使得成本削减、技术转移或技术分享方面不存在相通性。在一家高度多元化的公司中，公司的经理们所增加的价值主要取决于他们在决定增加何种新业务、提高哪种业务方面的水平、将可利用的财力资源调度到营建高效运作的业务组合能力，以及他们给予业务子公司经理们的指导的质量。

再次，虽然在理论上，不相关多元化提供了在经营周期的过程中销售和利润会更加稳定的潜力，但实际上这种反周期多元化的尝试却难以取得预期的效果。没有几种富有吸引力的业务经营有着相反的上下波动周期，绝大多数的经营大都相似地受到经济的繁荣时期和困难时期的影响，没有足够有说服力的证据表明高度多元化经营公司的合并利润在萧条时期或经济困难阶段比多元化程度较低的公司的利润更加稳定或者更少地受到衰退的影响。

尽管存在以上的种种缺陷，不相关多元化有时也是一种合乎要求的公司战略。当一个公司需要多元化以远离一个被危及的或者没有吸引力的行业，并且没有可以转移到临近行业的明显的能力时，这一战略当然值得考虑。另外如果公司的所有者对于投资几项相关业务有着更强的偏好，进行这样的多元化也有道理。

不相关多元化的一个关键问题是在营建业务组合时应该撒多大的网，换言之，一个公司应该投入于少数几种不相关经营还是多种不相关经营？公司的总经理能够对多高的多元化程度进行成功的管理？解决后续问题的一种合理的方法是询问"获得可接受的增长和获利能力的最小多元化程度是多少？"和"考虑到多元化为公司管理增加的复杂性，能够管理的最大的多元化程度是多少？"令人满意的多元化战略常常会位于这两极之间。

（二）多元化战略的成本收益分析

1.多元化战略的成本分析

（1）管理冲突。由于企业在不同的业务领域经营，因而企业的管理与协调工作就大大复杂化了，因为不同的企业在管理方式、经营文化上都有很大的差别，而在不同的领域内同时经营就又可能造成经营理念上的冲突，使管理效率大大降低。多元化经营企业内部管理的复杂化还表现在对不同业务单位的业绩评价、集权与分权的界定、不同业务单位间的协作等。

（2）新业务领域的进入壁垒。多元化战略同纵向一体化战略同样需要克服产业进入壁垒，这就必须付出成本，如额外的促销费用等。同时，在一个完全陌生的新的产业环境中经营，企业往往会冒较大的风险。企业在刚刚进入一个产业时，由于不具备在此产业中的经营经验，缺乏必要的人才、技术等资源，因此很难在此产业中立足并取得竞争优势。

（3）分散企业资源。企业的资源是有限的，这些资源包括资金、人才、设备、土地等有形资源和商誉、技术、管理能力、销售渠道等无形资源。实行多元化经营必然要分散企业的资源，从而对企业原有业务产生不利影响。如果企业在原有业务领域并未真正获得竞争优势就迫不及待地进入新的业务领域，就很容易使企业在新旧产业内同时陷入困境，造成经营上的失败。

2.多元化战略的利益分析

（1）协同效应。协同效应是两个事物有机地结合在一起，发挥出超过两个事物简单总和的联合效果。企业采用多元化战略后，新老产品、新旧业务、生产管理与市场营销的各

个领域,如具有内在联系,存在着资源共享性,互相就能起促进作用。企业的协同效果表现在以下几个方面:

①管理的协同效应。即生产的产品或经营的业务,在经营决策的基准上大致相同,对管理的方法或手段的安排比较一致。企业经营的产品在管理上是否具有共享性是决定企业多元化战略成功与否的重要因素。如果企业新的业务领域与原有业务领域在经营管理上有很大区别,则一方面企业管理人员要花费大量的时间和精力去熟悉新产品、新业务;另一方面企业决策者和管理人员往往习惯于将原有的一套经营经验和方法,不自觉地运用到新产品、新业务上,往往造成决策失误的可能性增加。因此,企业要实施多元化战略,必须充分注意管理上的协同效应。

②营销的协同效应。当不同的产品有共同的渠道和顾客时,往往会产生协同效应。老产品带动新产品的销售,新产品反过来又能为老产品开拓市场,从而增加销售总额。同时,由于面对共同的市场,企业不需要为新产品增加额外的销售费用,从而使企业的单位营销成本降低。

③生产的协同效应。如果新老产品在生产技术、生产设备、原材料以及零部件的利用上具有类似性,那么,在产品再生产上就会获得协同作用。

④技术的协同效应。这里的技术主要指设计与开发技术。企业在实行多元化经营时,可以充分利用贯穿于这些产品之间的核心技术,大大减少新产品的研究开发费用,并提高新产品成功的概率。

(2)分散风险。企业经营的好坏不仅取决于企业管理者,还受宏观经济的影响。因此,多元化经营的一个非常重要的战略利益就是通过减少企业利润的波动来达到分散经营风险的目的。以此目的而实行的多元化战略,应确立使企业风险最小、收益最大的产品组合。一般来说,企业应选择在价格波动上是负相关的产品组合,这将最有利于分散风险;而高度相关的产品组合,不利于分散经营风险。这种高度相关包括:所有产品都属于产品生命周期的统一阶段,所有产品都是风险产品或滞销产品,所有产品都存在对某种资源的严重依赖等。

(3)增强市场力量。实施多元化经营战略的企业拥有更多的市场力量,多元化的企业可以通过三个机制来实施市场力量。这三个机制分别是:

①掠夺性价格。多元化的企业可以凭借其在规模及不同业务领域经营的优势,在单一业务领域实行低价竞争,从而取得竞争优势。企业可以将价格定在竞争对手的成本以下,而通过其他业务领域来弥补这一定价行动的损失,从而在这一时期挤垮竞争对手或迫使其退出此行业,为企业在此行业的长期发展创造一个良好的环境。

②互利销售。企业通过多元化经营可以实现互利销售,从而扩大企业市场份额。互利销售是指企业可以与其主要客户签订长期合同,互相提供所需的产品,以实现相互利益的最大化。

③相互制约。当一个多元化经营的企业与另一个多元化经营的企业竞争时,这两个企业可能会在多个市场上进行竞争,而这众多市场接触会减弱相互竞争的强度。如果一个企业在一个市场上采取进攻行动(如降价行动),很可能会招致另一个企业在其他市场上的报复行动。因此,通过这种制约,企业可以在一个竞争相对缓和的环境中生存。

（4）形成内部资本与人力资源市场的收益。企业在外部资本市场上筹集资金是要花费较高的成本的，而且还涉及资格审定等问题。因此，实行多元化战略的企业可以在其企业内部建立资本市场，通过资金在不同业务领域之间的流动来实现各业务领域的资金需求。在实施多元化战略的企业中，一个非常重要的进步就是建立内部银行，内部银行的建立对内部资本市场的形成起着决定性的作用。多元化经营的企业同样可以通过内部人力资源市场来促进人才的流动并节省费用。企业在外部市场上的招聘费用包括广告费、付给猎头公司的费用、为选择和面试应聘者所花费的时间成本等。而在内部人才市场上选择不仅可以节省费用，还可以更充分地掌握应聘者的信息，以作出其是否胜任的正确决策。

（5）有利于企业的继续成长。当企业面临一个已经成熟的甚至是衰退的行业，急需在此产业中投入以获取增长是不明智的，为寻求企业的进一步成长，企业必须进入一个新的产业。

（三）多元化战略的制定步骤

公司经营的多元化战略的制定分为如下 8 个步骤：

1.清楚了解公司现在的战略

考察公司的重点是相关的还是不相关的多元化，公司的经营地域是以国内为主还是逐渐多国化，对于增加新业务和在新行业中建立地位最近采取了什么行动，最近的剥离行动的依据是什么，在捕捉战略匹配关系、创建基于范围经济或者资源转移的竞争优势，以及对于各个业务单元进行资源配置的模式等方面努力的本质是什么。这一步骤为全面评估战略变动的必要性奠定了基础。

2.评估公司所在的每一行业的长期吸引力

行业吸引力需要从三个方面进行评估：每一个行业自己的吸引力、每一个行业相对于其他行业的吸引力、所有行业作为一个集团的吸引力。行业吸引力的数量测度方法是对多元化经营公司所涉足的行业进行由最具吸引力到最不具有吸引力进行排名的合理、可靠的方法——这一排名表明了公司多元化进入的某些行业如何，以及该行业为什么比其他的行业更有吸引力。计算行业吸引力分数最困难的是，为各行业的吸引力的测度标准选定合适的权数，以便能够很好地了解每一个行业，以对它们进行精确的、客观的评估。

3.评估公司中每一业务单元的相对竞争地位和竞争力量

此时对于竞争力的数量性评估再次优于主观判断。对于每一业务单元的竞争力量进行评估的目的是弄清哪些竞争者在它们所处的行业中力量强大、哪些竞争者力量比较小，以及它们之所以强大和弱小的原因。将行业竞争力和吸引力考察的结论联合在一起的最有效的方法是通用矩阵。

4.测度现存业务单元之间任何价值链的关系和战略匹配关系的竞争优势潜力

当一项业务与其他业务单元有着转移技术或者技能、降低整体成本、分享机构设施或者分享一个共同的名称这类机会的价值链相联系时——每种机会代表了产生各业务独立运作无法获得的竞争优势的一条重要途径——这项业务在战略意义上就更具有吸引力。一家多元化经营的公司拥有越多的有竞争性的、有价值的战略匹配关系业务，其获得范围

营销战略与管理

经济、加强某些特别业务单元的竞争能力、加强其产品和业务集合的竞争力的潜力就越大,因此可以利用其资源获得比各单元独立运作时更大的联合业绩。

5.测度公司的资源力量是否与其现在业务组合的资源需求相匹配

多元化经营公司业务集合中的各项业务需要有很好的资源匹配关系和战略匹配关系。资源匹配关系存在于以下情况:(1)各业务从财务或者战略方面增加了公司资源的力量;(2)公司的资源能够充分支持其业务集合的资源需求,且不会过于稀少地分散在各个业务中。资源配置的一个重要方面是公司的业务集合与其财务资源是否能够很好地匹配。对一家多元化经营公司业务组合中各项业务的现金需求进行评估,并区分哪些是金牛,哪些是"金猪",展示了在业务单元间转移财务资源以使公司的整个业务组合业绩最大化的机会,也解释了为什么各业务的公司资源配置的优先权各不相同,并为投资和扩张战略以及剥离某些业务提供了依据。

6.按从最好的到最差的顺序对不同业务单元的过去业绩和将来的业绩前景分别进行排名

判断业务单元业绩时,最重要的考虑因素是销售增长状况、利润增长状况、对公司盈利的贡献以及对该业务的资本投资的回报,有时,现金流量的增值也是很重要的考虑因素。通常,处于有吸引力行业的强大的业务单元比处于较差吸引力行业的业务或者弱小无力的业务有着更好的业绩前景。

7.按资源配置优先权对业务单元进行排名

按资源配置优先权对业务单元进行排名,并决定每一业务单元是否应该采取侵略性扩张、设防和保卫、彻底修整和重新定位或者收获/剥离战略的姿态。在进行排名时,应该特别注意公司的资源和能力是否能够和怎样用于加强某些业务单元的竞争力。配置多元化经营公司财务资源的选择有:(1)投资于加强和扩张现存业务;(2)进行购并以在新行业中建立地位;(3)回购公司股票。理想的情况是,一个公司能有足够的财务力量完成从战略和财务角度都需要做的事情,如果不能,则应该优先考虑公司资源的战略。

8.使用上面分析制定提高公司整体业绩的一系列行动决策

典型的行动包括:(1)进行购并,从内部开创新业务,剥离勉强维持的业务或者不再符合公司的长期方向的战略业务;(2)修正某些决策能力以加强公司业务的长期竞争地位;(3)利用战略匹配和资源匹配的机会,并将之转化为长期的竞争优势;(4)将公司资源从缺少机会的领域转到有很多机会的领域。

(四)制定多元化战略应考虑的因素

为多元化经营的公司制定公司战略时有如下几个因素需要考虑:

1.制定进入新的经营领域的步骤

多元化经营需要考虑的第一个问题是进入哪个新的行业,是采用从头起步开始一项新业务的方式,还是采用购并目标行业中的某一家公司的方式。选择什么行业进行多元化经营决定了公司的多元化努力是基于狭窄的几个行业,还是宽范围的多个行业。进入每一目标行业的方式选择(从头建立一项新的经营,或者购并一家现成的公司、一家正在进取的公司、一家有着起死回生的潜力的困难公司)形成了公司进入每一个所选择的行业时开始所处的地位。

2.采取行动,提高公司进入的经营领域的联合业绩

当在所选择的行业中占据一席之地后,公司的战略制定集中于加强长期的竞争地位和增加公司投资业务的经营利润。公司的母公司可以向子公司提供财力资源、缺少的经营技巧或者技术诀窍,或者提供能够使关键的价值链活动运作更加良好的管理技能以帮助子公司更加成功;母公司当然还可以采用向子公司提供降低成本的办法、购并同一行业中的其他公司并将这两家公司合并成一个更加强大的公司,以及并购一家新公司以补充现存公司的力量等办法来帮助子公司。典型的,一家多元化经营的公司要采用快速增长的战略,经营不好但有前途的业务要努力使之摆脱困境,而不再有吸引力的或者不符合公司管理从长期战略展望的业务则要进行剥离。

3.设法实现相关业务单位的协同并将之转化为竞争优势

当一个公司在具有相关技术、相似的价值链活动、同样的销售渠道、共同的顾客,或者存在一些其他协同联系的业务中进行了多元化经营时,与在不相关业务中进行多元化经营的公司相比,它就具备了获得竞争优势的潜力。相关的多元化经营代表了可以转移技术、分享专有技能或设施,因此可以削减总体成本,加强公司某些产品的竞争力或增强业务单元的生产能力等诸多机会——所有这些都是竞争优势的源泉。

4.建立投资优先次序,将公司资源投入最有吸引力的业务单元

从增加投资的角度来看,多元化经营公司中的不同业务,其吸引力通常也不同,管理层不得不采取如下措施:(1)决定在公司的不同业务中进行资本投入的优先次序;(2)将资源投入盈利潜力较高的领域,而远离盈利潜力较低的业务领域;(3)剥离运营逐渐恶化的或者日益缺乏吸引力行业的业务单元。剥离运营不善或者处于缺乏吸引力行业的业务可以抽出未发挥效用的投资,用到有前途的业务单元中,或者用以资助新的有吸引力的购并。

以上这四项任务是十分烦琐和费时的,因此公司的决策者一定要将业务单元的负责人吸收到战略决策中去。

(五)多元化战略的效果检验

只有形成了股东的价值,在新的经营领域进行多元化才是可行的,为了增加股东价值,需完成更多的事情,而不仅仅是通过跨行业实现公司经营风险分散。有关多元化经营是否增加了股东价值的评判标准存在一个问题,即需要推测一家多元化经营的公司的各种业务由自己独立运作将会表现如何,将实际业绩与假设在其他的情况下将会得到的业绩进行比较并不是一种十分有效的方法,而且,这只是一种事后评价。战略学家们不得不将多元化的经营决策建立在未来期望的基础上,但这并不意味着放弃多元化经营决策对股东价值的影响的尝试。公司可以采取以下三种检验方式对一项特别的多元化经营决策是否会增加股东价值作出事前评价:

1.吸引力检验

选择进行多元化经营的行业必须有足够的吸引力,使投资连续得到良好的回报。一个行业是否有吸引力主要取决于是否存在有利的竞争条件和利于长期获利能力的市场环境,像是否快速增长这样的标准并不能代表吸引力的大小。

营销战略与管理

2.进入成本检验

进入目标行业的成本必须不能够高到侵害获利能力的地步。行业的吸引力越大,则进入该行业的成本就会越高,新创公司的进入壁垒几乎总是很高——如果壁垒太低,大群的新进入者会很快侵蚀高的获利潜力。而购买一家已经在这一领域经营的公司经常要承担一笔很高的购并成本,因为这一行业具有强大的吸引力。

3.状况改善检验

多元化经营的公司必须为它进入的新的经营业务带来一些竞争优势的潜力,或者新的经营业务必须增加公司目前的竞争优势。在以前不存在竞争优势的领域创建持久的竞争优势的机会也意味着是提高获利能力和增加股东价值的机会。状况改善检验需要检查有潜力的新的经营业务,以决定它们是否拥有与公司现存业务互补的价值链。这种互补可以提供削减成本、将技能和技术从一种经营转化到另一种经营的机会,或者提供创造有价值的新的生产能力、有效利用现存资源的机会。如果没有这种互补的作用,人们将会怀疑将两种经营放在一起优于单独运作的能力。

能够满足所有三种检验的多元化经营决策对于在长期内营建股东价值有最大的潜力,只能通过一种或两种检验的多元化决策则令人怀疑。

二、一体化战略

(一)一体化战略的模式

一体化战略可分为纵向一体化战略与横向一体化战略,纵向一体化战略又可分为后向一体化与前向一体化。

1.纵向一体化

纵向一体化是指企业向供方、买方扩张,既控制原材料,又控制市场的发展战略。具体可分为后向一体化战略与前向一体化战略。

(1)后向一体化。它是指企业产品在市场上拥有明显的优势,可以继续扩大生产,打开销售,但是由于协作供应商的材料供应跟不上或成本过高,影响企业的进一步发展。在这种情况下,企业可以依靠自己的力量,扩大经营规模,自行生产材料或配套零部件;也可以向后兼并供应商或与供应商合资兴办企业,组建联合体,统一规划和发展。

(2)前向一体化。从物资的移动角度看,就是朝与后向一体化相反的方向发展。一般是指生产原材料或半成品的企业,根据市场需要和生产技术可能的条件,充分利用自己在原材料、半成品的优势和潜力,决定由企业自己制造成品或与成品企业合并,组建经济联合体,以促进企业的不断成长和发展。

2.横向一体化

横向一体化是指企业以兼并处于同一生产经营阶段的企业为其长期活动方向,以促进企业实现更高程度的规模经济和迅速发展的一种战略。

(二)纵向一体化战略的成本收益分析

1.纵向一体化的利益分析

(1)一体化的经济利益。如果产量足以达到有效的规模经济,则最通常的纵向一体化战略利益是联合生产、销售、采购、控制和其他经济领域实现经济性。①联合经营的经济。

通过将技术上相区别的生产运作放在一起,企业有可能实现高效率。②内部控制和协调经济。如果企业是纵向一体化的,则安排、协调交货时间以及对紧急事件的反应的成本都可能降低。对生产进度表、交货时间表与维修活动的更好控制,能使原材料的供应更稳定,交货能力也更有保证,这一切都会提高企业的生产效率。③信息经济。一体化经营可以减少收集某些类型的市场信息的总成本。监控市场以及预测供给、需求与价格的固定成本可以由一体化企业的各个部分分摊,而在非一体化企业中将由各个实体承担。④节约交易成本的经济。通过纵向一体化,企业可以节约市场交易的销售、谈判和交易成本。尽管内部交易过程中也常常要进行某些讨价还价,但其成本绝不会接近市场交易成本。这主要是因为内部交易不需要任何销售力量和市场营销或采购部门,也不需要支出广告促销费用。⑤稳定经济关系。由于上游与下游环节都知道它们的采购和销售关系是稳定的,因而能够建立起彼此交往的、更有效的专业化程序,而这在供应商或顾客是独立实体的情况下是行不通的。同时,关系的稳定性将使上游企业可以微调自己的产品(质量、规格方面),以使其满足下游企业的特殊要求;或者使下游企业对自身进行调节以更好地适应上游企业的特点。这种调节可以使上下游企业的配合更为紧密,从而大大提高企业的整体效率。

(2)有助于开拓技术。纵向一体化的另一个潜在利益是开拓技术,在某些情况下,它提供了进一步熟悉上游或下游企业相关技术的机会。这种信息技术的获得对基础事业的开拓与发展非常重要。

(3)确保供给和需求。纵向一体化确保企业在产品供应紧缺时得到充足的供应,或在总需求很低时能有一个产品输出渠道。但是,一体化能保证的需求量以下游需求企业所能吸收上游企业的产量为限。很明显,下游企业这样做的能力依赖于竞争条件对下游企业的影响。如果下游企业的需求不旺,下游企业的销量也会很低,它对相应的内部供应商的产量需求也很低。因此,一体化战略只能减少企业随意终止交易的不确定性。虽然纵向整合能力能够减少供应和需求的不确定性,并且能够规避产品价格的浮动,但这并不意味着内部转移价格不反映市场变动。在一个整合公司中,产品以转移价格从一个企业到另一个企业,而转移价格应反映市场价格,这样可以保证每一个企业都可以正常管理它的业务。

(4)削弱供应商或顾客的议价能力与投入成本扭曲。如果一个企业在与它的供应商或顾客做生意时,供应商或顾客有较强的议价能力,且企业的投资收益超过了资本的机会成本,那么,即使整合不会带来其他益处,企业也应该考虑一体化。一体化不仅可以降低供应成本(后向整合)或者提高价格(前向整合),而且可以消除与具有很强实力的供应商或者顾客所做的无价值的活动,使企业经营效率更高。此外,企业还可以通过改变下游企业的生产过程中所需的各类投入的组合来提高企业效率。

(5)提高差异化能力。纵向一体化可以通过在管理层控制的范围内提供一系列额外的价值来改进本企业区别于其他企业的能力。

(6)提高进入和移动壁垒。与没有纵向一体化的企业相比,整合企业通过纵向一体化可以得到某些战略优势,如较高的价格、较低的成本或较小的风险,从而提高产业的进入壁垒。因此,没有实施纵向一体化的企业必须实施,否则就会处于劣势。如果纵

营销战略与管理

向一体化产生很大的规模经济或资本需求壁垒,强迫纵向一体化就会增加产业中的移动壁垒。

(7)进入高回报产业。有时,通过纵向一体化,企业可以提高其总投资回报率。如果通过实施一体化可以为企业提供大于资本机会成本的投资回报结构,那么,即使一体化没有经济性,它也是有利的。

(8)防止被排斥。如果竞争者们是纵向一体化的企业,那么一体化就具有防御意义。竞争者的广泛一体化会占用许多供应资源或者拥有许多称心的顾客和零售机会。在这种情况下,没有纵向一体化的企业面临着必须抢占剩余供应商和顾客的残酷局面。因此,为了防御竞争者,企业必须实施纵向一体化,否则,就会面临被排斥的处境。

2.纵向一体化战略的成本分析

(1)克服移动壁垒的成本。纵向一体化要求企业克服移动壁垒,这就需要付出成本,比如需克服规模经济、资本需求,以及由专有技术或合适的原材料而具有的成本优势引起的壁垒等。

(2)增加经营杠杆。纵向一体化增加了企业的固定成本部分。如果企业在某一市场上购买某一种产品,那么所有成本都是变动的。如果在整合企业生产产品,即使有些原因降低了产品需求,企业也必须承担生产过程中的固定成本。由于两个业务中的任何一个引起波动的因素也在整个整合链中引起波动,经营周期、竞争或市场开发都可能引起波动。因此,纵向一体化增加了企业的经营杠杆,使企业在收入上面临较大的周期变化,这就增加了企业的经营风险。

(3)降低改换或变化的灵活性。纵向一体化意味着企业的命运至少部分地由其内部供应者及顾客的竞争能力决定。技术上的变化、产品设计(包括零部件设计)的变化、战略上的失败或者管理问题都会使内部供应者提供高成本、低质量或者不合适的产品和服务,或者使内部顾客、销售渠道失去它们应有的市场地位。与和某些独立实体签约相比,纵向一体化提高了改换其他供应商及顾客的成本。

(4)较高的全面退出壁垒。进一步增加资产的专门化,战略上的内部关系或者对某一企业的感情联络的整合,可以提高总体退出壁垒。

(5)资本投资需求。纵向一体化要耗费资本资源,即在企业内部它有一个机会成本,而与一个独立实体打交道则应用外部的资本投资。纵向一体化还降低了企业分配其投资资金的灵活性。由于纵向链中每一经营环节的表现是相互依赖的,因此,企业可能被迫在边际部分投资以维护整体,而不能向其他地方分配资本。

(6)封阻获得供应商及顾客的研究技能的通道。纵向一体化可能切断来自供应商或顾客的技术流动。通常纵向一体化意味着一个企业必须承担发展自己技术实力的任务,而如果企业不实施一体化,供应商经常愿意在研究、工程等方面积极支持企业。

(7)保持平衡。整合体中上游企业与下游企业的生产能力必须保持平衡,否则就会出现问题。纵向链中任何一个有剩余生产能力(或剩余需求量)的环节,必须在市场上销售一部分产品(或生产能力较弱的环节购买一部分投入),否则将不利于保持企业的市场地位。在这种条件下,保持上下游企业的生产能力平衡是困难的,因为纵向整合经常迫使企业从它的竞争者处购买原材料或向它的竞争者销售产品,所以,考虑到市场竞争的激烈性,或者为了避免加强竞争者的地位,竞争者可能不情愿与该企业开展业务合作。

(8)弱化激励。纵向一体化意味着通过固定的关系来进行购买与销售。上游企业的经营激励可能会因为在内部销售而不是为生意进行竞争而有所减弱。反过来,在向整合体内部的另一个单位购买产品时,企业不会像与外部供应商做生意时那样激烈地讨价还价,因此,内部交易会减弱激励。

(9)不同的管理要求。尽管存在一个纵向关系,企业也能在结构、技术和管理上有所不同。弄懂如何管理这样一个具有不同特点的企业是纵向一体化的主要任务。能够很好地管理一部分纵向链的管理者不一定能够有效地管理其他部分。因此,一系列普通的管理方式和一系列普通假设不一定适合于纵向相关业务。

(三)横向一体化的成本利益分析

1.横向一体化的战略利益分析

(1)规模经济。横向一体化通过收购同类企业达到规模扩张,这在规模经济性明显的产业中,可以使企业获取充分的规模经济,从而大大降低成本,取得竞争优势。同时,通过收购往往可以获取被收购企业的技术专利、名称等无形资产。

(2)减少竞争对手。横向一体化是一种收购企业的竞争对手的增长战略。通过实施横向一体化,可以减少竞争对手的数量,降低产业内相互竞争的程度,为企业的进一步发展创造一个良好的产业环境。

(3)较容易的生产能力扩张。横向一体化是企业生产能力扩张的一种形式,这种扩张相对较为简单和迅速。横向一体化的战略成本主要包括管理问题和政府法规限制。

2.横向一体化的战略成本分析

(1)管理问题。收购一家企业往往涉及收购后母子公司的管理协调上的问题。由于母子公司在历史背景、人员组成、业务风格、企业文化、管理体制等方面存在着较大的差异,因此母子公司的各方面的协调都非常困难,这是横向一体化的一大成本。

(2)政府法规限制。横向一体化容易造成产业内的垄断结构,因此,各国法律都对此作出了限制。在确定一项企业合并是否合法时要考虑以下因素:①防止产业内的集中度;②这一合并是否给予合并企业对其他企业的竞争优势;③进入该行业是否困难;④该行业内是否已经存在一种合并的倾向;⑤被合并企业的经济实力;⑥对该行业产品的需求是否增长。

基本概念

产品生命周期　选择渗透策略　相关多元化战略　一体化战略　后向一体化　前向一体化

复习思考题

1.产品导入期有哪些营销战略可供选择?

2.多样化战略应考虑哪些因素?

3.一体化战略有哪些模式?

营销战略与管理

阅读延伸

[1]李子叶,沈灏,董维明.新产品如何打动市场——营销策略、组织关注与新产品采用间关系的实证研究[J].当代经济科学,2015,03:99-106,128.

[2]陈岩,蒋亦伟,王锐.产品多元化战略、企业资源异质性与国际化绩效:对中国2008—2011年制造业上市公司的经验检验[J].管理评论,2014,12:131-141.

执行与控制篇

第 **12** 章

市场营销战略实施

学习目标：作为一个完整的过程，在进行内外环境条件分析、作出相应的市场营销战略选择后，还要实现关键的一跳，即营销战略的实施。因此，市场营销战略实施是营销战略过程不可或缺的一环。在学习本章时，要重点学习市场营销战略实施的内部与外部影响因素，了解市场营销战略实施的原则，应用市场营销战略实施的模式，尤其是经典的麦肯锡 7S 模式，掌握市场营销战略的实施途径。

知识目标：理解市场营销战略实施影响因素、市场营销战略实施的原则、市场营销战略实施的模式、麦肯锡 7S 模式、市场营销战略实施的途径。

能力目标：给定某一具体企业的战略方案，能够按着市场营销战略实施的原则、模式、途径进行各项工作。

导入案例

坚定实施营销战略调整

日前，攀钢国贸公司召开第三次党代会，贯彻落实攀钢第八次党代会和三届一次职代会精神，以改革创新精神引领市场营销实践，坚定实施营销战略调整，全力以赴完成各项营销工作任务，为攀钢打胜控亏强基攻坚战提供强力支撑。

五年来，国贸公司经历钢材市场急速恶化，遭遇市场"冰冻期"以及西昌钢钒产能快速释放的叠加挑战，该公司大力弘扬攀钢精神，全面落实攀钢各项工作部署，内抓管理，外抓销售，积极应对钢铁市场变化，勇挑营销重担，不断推进营销改革，各项工作取得了显著成绩。

未来几年是攀钢坚定实施"分两步走"战略部署、坚决实现扭亏脱困和转型发展战略目标、全面推动新攀钢建设的关键阶段，国贸公司肩负着攀钢钢铁板块的主要营销任务，责任更加重大，使命更加光荣。为此，国贸公司提出了未来工作目标和任务：立足"做精钢铁"营销工作主战场，大力改革创新，激发营销活力，追求卓越营销，精准服务市场，引领品牌发展，持续推进区域结构、用户结构、品种结构调整，努力建设职业化营销队伍，全力打造最具竞争力的营销服务平台，确保实现攀钢钢铁产品价值最大化。

围绕以上目标和任务，国贸公司重点部署了以下工作：一是坚定实施营销战略调整，增强营销核心竞争能力;二是强化市场营销研究,增强营销效益保障能力;三是不断创新营销模式,增强营销竞争优势;四是建设卓越营销管理体系,增强营销组织管理能力;五是以落实党建工作责任制为主线,促进党建工作水平迈上新台阶;六是以建设职业化营销队伍为目标,全面提升营销团队竞争力;七是以全面落实"两个责任"为抓手,着力抓好党风廉政建设;八是以夯实团结奋进的思想根基为使命,全力做好职工思想政治工作,以凝聚全体干部职工智慧和力量为宗旨,全面推进和谐国贸建设。

(案例来源:宋玉玲,《坚定实施营销战略调整》,《中国钢铁新闻网—攀钢日报》,2016-2-16)

第一节　营销战略实施的影响因素

任何企业的经营活动都是在一定的因素中进行的,企业不可能脱离因素而单独存在,市场营销战略也是一样的。市场营销战略的顺利实施当然要受某些因素的影响,这些因素包括外部因素与内部因素两个部分,内外因素的相互匹配是任何市场营销战略制定的重要基础。面对更为复杂多变的严峻竞争形势,企业越来越重视营销战略,希望通过制定明确清晰的营销战略增强自身的核心竞争力和国际竞争力,但却又因为不能快速有效地实施发展战略,而丧失持续发展动力。

一、影响营销战略实施的外部因素

分析市场营销战略的外部因素,有利于企业抓住营销机会尽可能避免外部因素的威胁。反之,则可能导致营销活动较为被动,甚至令企业陷入困境。外部因素存在于组织外部,包括两个主要组成部分——一般因素和任务因素。一般因素由政治因素、经济因素、社会文化因素、科学技术因素等构成。

(一)一般因素

对市场营销战略制定者来说,一般因素主要包括企业所处的政治、经济、文化、技术、自然因素等。这些因素对市场营销战略的影响是普遍的,而市场营销作为企业经济活动的重要组成,其行为对这些因素的改变几乎不产生影响。因而我们可以将这些因素视为市场营销战略的外生变量,具体可用 PEST 模型来表示,如图 12.1 所示。

1.政治因素

政治因素主要是指一个国家和地区的政治局势、法律、外交政策及经济政策等。局势稳定说明该国在国际上的地位和声誉都是良好的,这可给企业带来一种安全感,也为企业市场营销战略的顺利实施提供了一种外在条件。

2.经济因素

随着经济的发展,人民生活水平不断提高,如今的消费结构已日趋多样化,人们对产品的需求可能会呈上升趋势,且档次要求也将相应提高,对企业产品的需求也会明显增加。例如,我国进入 20 世纪 80 年代以后,经济发展状况良好,对产品的影响也就表现为由较低档次向中高档次推进,许多高档次产品就在这样的经济因素下应运而生。因此,经济发展趋势,如就业水平、可支配收入的增长等可能对市场营销战略的实施产生影响。

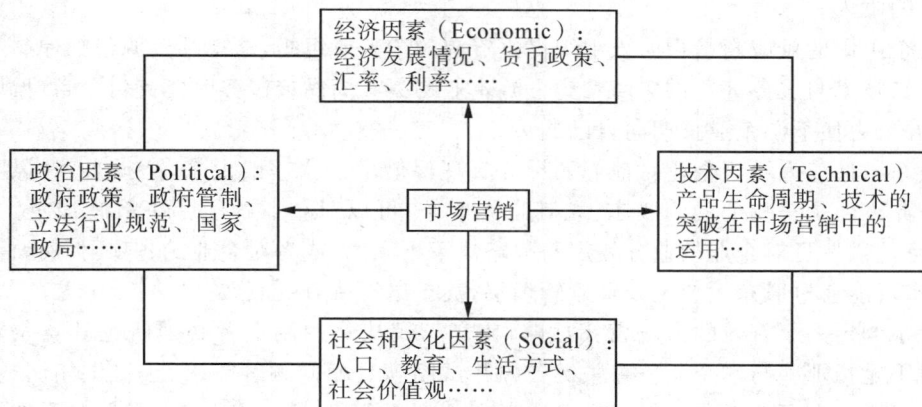

图 12.1　营销战略实施影响因素分析的 PEST 模型

3.社会文化因素

市场营销战略的实施必须结合当地社会主流的生活方式、价值观念和行为标准等。如生活习惯、教育水平、宗教信仰与价值观念等才能取得成功。市场营销只有结合其文化背景,推出迎合当地文化氛围的产品,才能长期占领市场。若与当地的社会文化因素格格不入,必然会被淘汰。如炒得沸沸扬扬的"美女宴"、"跪式服务"等就说明服务产品的营销策略没有与当地的文化等相一致。

当前对营销发展有重大意义的社会变化包括:居民闲暇时间增多、三口之家增多、晚婚晚育倾向、无子女家庭增多、人口老龄化趋势等。这些因素都将推动传统营销方式的转变。

4.科学技术因素

近年来,通信技术、网络技术迅猛发展,其更新速度之快使经营者们感到措手不及。21 世纪的市场营销竞争将不仅仅是质量、服务的竞争,能否率先采用新科技也将是一个竞争重点。当前面对提高效率与降低经营成本的要求,产品的销售正逐步迈向自动化,许多计算机系统被设计成专门用于满足市场营销的特殊要求,而且,相关的硬件与软件成本在大幅度下降,这给产品的营销带来了机遇,也给市场营销战略的制定者带来了挑战。

(二)任务因素

任务因素是指能够直接影响企业营销活动的外部因素,主要包括顾客、供应商、股东、竞争者、政府、地方社团、公众等相关利益者。与一般因素相比,任务因素对市场营销的影响更为具体与直接,因此绝大多数企业的市场营销也更重视任务因素的分析。

一般来说,作为利益相关者的顾客希望获得其认为具有价值的产品和服务。伴随着经济的发展,我国市场基本上已从卖方市场转变为买方市场,同时消费者的行为也发生了很大变化,顾客也越来越成熟,从关注价格和服务,到关注企业产品和服务的速度和新颖性,再到产品或服务满足顾客个性化需求的程度。现在,顾客对产品和服务的关注体现在质量、价格、服务、品牌、创新等方面的广泛选择。市场营销必须根据顾客的行为特征和市场变化特点,采取有效的顾客管理,灵活有效地为顾客提供服务,使顾客满意与忠诚,并带来更多的收入。

一个组织的供应商是指向该组织提供资源的个人或组织,这里的资源包括原材料、资金、人力、技术与服务等。供应商希望下游企业购买其商品或服务时能支付令自己满意的价格,并努力使下游企业长期向自己购买。

股东与债权人希望企业对他们的投资实现保值增值。一般说来,高投入、高风险、高收益彼此之间是正相关的。股东,尤其是大股东,可以对企业的经营决策施加重大的影响,而且他们一旦对企业的业务发展与战略决策不满意,或者对企业的各项财务指标不满意,就有可能通过股东大会更换经营管理层,甚至出售持有的股票。

为了制定一个有效的市场营销战略,市场营销战略的制定者必须研究其竞争对手。竞争对手是指那些与本企业争夺关键资源并试图满足相同顾客需求,且提供相同或类似的产品或服务的所有企业。任何企业或者产品都不可避免地遭遇许多竞争对手的挑战。企业在营销过程中还必须关注潜在的竞争者,它们或许通过新途径、新产品或新服务满足顾客类似的欲望与需求。有些企业营销就因为忽视竞争对手的影响,而导致业绩的下滑与经营上的被动。

总之,市场营销战略必须巧妙地处理各相关利益者之间的关系,同时,还必须处理好企业利益与社会福利之间的潜在冲突,综合平衡企业利益、顾客利益与社会利益。这就要求实施市场营销战略时,要关注社会公众的利益与特殊群体的影响,在为当地经济发展作出贡献的同时,重视特殊利益群体(工会、消费者协会、环保组织)等的影响。

二、影响市场营销战略实施的内部因素

市场营销的内部条件也称内部因素,是指评价企业营销活动中已经具备的和可获取的资源的数量和质量。根据内部条件的特点以及企业要素的特点,市场营销战略内部条件不仅包括人、财、物等有形的要素因素,也包括市场营销的组织结构、信息、时间、企业文化等无形的能力因素。市场营销战略的内部因素是可控因素,可以经过努力,创造和提高市场营销能力;但也可能由于管理不善而使市场营销能力失控和被削弱。明确市场营销战略的内部优势和劣势,可以为企业营销战略的顺利实施指明方向。

(一)要素因素

市场营销战略的要素因素是指直接影响市场营销战略效果的一些至关重要的要素条件,主要是人、财、物和信息四种。

1.人力因素

人力因素主要是指市场营销战略的人力资源状况,是市场营销内部因素中最基本、最重要和最具活力的因素。市场营销是服务性行业,其生存主要靠顾客的满意度带来的忠诚度,而顾客满意度则是靠顾客和员工之间的互动沟通来完成的,因此员工满意度是市场营销生存的决定性因素。

2.资金因素

资金因素反映了市场营销战略的财务状况,包括市场营销部门所拥有的资金、固定资产和流动资金状况,市场营销部门的信贷能力和筹措资金的能力等。市场营销部门的资金因素是市场营销战略顺利实施的基础,决定了市场营销的成长能力。

3.物的因素

物的因素主要是指市场营销的基础设施以及市场营销的技术设备状况,它是营销活动的物质基础和技术基础,包括营销部门装备的数量、燃料和动力物资的来源和供应等。这些资源状况是市场营销开展经营活动的必要条件,其质量高低直接影响着市场营销的工作效率、管理水平和经济效益。特别是顾客需求多样化和个性化的今天,客人对营销物的因素的要求越来越高,这就促使市场营销必须加快物的因素的更新和改善,以期获得最大的效果。

4.信息因素

信息因素是市场营销对所拥有的情报资料、用户资料、市场信息及信息网络的构成状况,以及对这些信息因素的驾驭能力,这是市场营销战略制定者了解顾客需求变化、了解市场最为有效的手段。处理信息能力的强弱关系着市场营销战略的定位,关系着市场营销战略的制定和实施,对企业的发展起着至关重要的作用。

(二)能力因素

市场营销的能力因素是指市场营销部门所拥有的经营管理能力、应变能力、竞争能力、创新能力、销售能力、获利能力和财务能力等七个方面,这些能力因素的强弱直接决定了企业营销战略能否顺利实施。

1.经营管理能力

经营管理能力包括营销部门的领导能力、协同能力与内部的组织管理能力等,它能反映营销部门的整个经营机制是否充满生机和活力。

2.应变能力

应变能力是企业的市场营销适应市场需求变化的能力,包括营销部门的营销方式、产品数量和质量、价格、信誉等。

3.竞争能力

竞争能力是指同竞争对手相比,企业或者营销部门所处的优势或劣势,如市场占有率、产品、成本、服务、销售渠道是否比竞争对手更为优越等。

4.创新能力

创新能力包括科学合理地组织企业或者营销部门的业务经营活动,不断开拓新市场、创新产品,适应消费者的需求,实现管理现代化,谋求营销创新突破和自我发展的能力。

5.销售能力

销售能力包括销售网络、销售人员的数量和质量、储运能力、信息反馈以及所应用的促销策略等,它反映了营销部门是否具有较强大的营销能力。

6.获利能力

获利能力是指不断降低物质消耗,加强成本费用管理,力求以较少的投入取得较大的效果,使营销部门不断增加盈利能力。

7.财务能力

财务能力包括营销部门的实有资本、资产负债的比例、流动资金的变动状况等。

第二节　市场营销战略实施的原则和模式

一、市场营销战略实施的原则

企业在市场营销战略的实施过程中,常常会遇到许多在制定战略时未估计到或者不可能完全估计到的问题,在营销战略实施中有三个基本原则,可以作为企业实施营销战略的基本依据。

(一)创新性与适度合理性原则

在营销战略目标的制定过程中,由于受到资讯、决策时限以及认识能力等因素的限制,对未来的预测不可能很准确,所制定的企业营销战略也不是最优的,而且在营销战略实施的过程中由于营销外部因素及内部条件的变化较大,情况比较复杂,因此只要在主要的营销战略目标上基本达到了战略预定的目标,就应当认为这一战略的制定及实施是成功的。在客观生活中不可能完全按照原先制订的战略计划行事,因此营销战略的实施过程不是一个简单机械的执行过程,而是需要营销人员大胆创造、大量革新的。因为新战略本身就是对旧战略以及旧战略相关的文化、价值观念的否定,没有创新精神,新战略就得不到贯彻实施。因此,营销战略实施过程也可以是对战略的创造过程。在营销战略实施中,战略的某些内容或许有可能改变,但只要不妨碍总体营销目标及战略的实现,就是合理的。

另外,企业的营销目标和战略总是要通过一定的组织机构分工实施的,也就是要把庞大而复杂的总体营销战略分解为具体的、较为简单的、能予以管理和控制的问题,由企业内部各部门以至部门各基层组织分工去贯彻和实施。组织机构是适应企业营销战略的需要而建立的,但一个组织机构一旦建立就不可避免地要形成自己所关注的问题及本位利益,这种本位利益在各组织之间以及和企业整体利益之间会发生一些矛盾和冲突,为此,企业的高层管理者要做的工作是对这些矛盾冲突进行协调一致的折中、妥协,以寻求各方面都能接受的解决办法,而不可能离开客观条件去寻求所谓绝对的合理性。只要不损害总体营销目标和战略的实现,还是可以容忍的,即在营销战略实施中要遵循适度的合理性原则。

(二)统一领导,统一指挥的原则

对企业营销战略了解最深刻的应当是企业的高层领导人员,一般来讲,他们掌握的资讯要比企业中下层管理人员以及一般员工多,对企业营销战略的各个方面的要求以及相互联系也了解得更全面,对营销战略的意图体会最深,因此营销战略的实施应当在高层领导人员的统一领导、统一指挥之下进行,只有这样,其资源的分配、组织机构的调整、企业文化的建设、信息的沟通及控制、激励制度的建立等各方面才能相互协调、平衡,才能使企业为实现营销战略目标而卓有成效地运行。

同时,要实现统一指挥的原则,要求企业的每个部门只能接受一个上级的命令,但在营销战略实施中所发生的问题,能在小范围、低层次解决的问题,不要放到更大范围、更高层次去解决,这样做的代价最小,因为越是在高层次的环节上去解决问题,其涉及的面就越大,交叉的关系也越复杂,当然其代价也就越大。统一指挥的原则看似简单,但在实际工作中,由于企业缺少自我控制和自我调节机制或机制不健全,经常背离这一原则。

(三)权变原则

企业营销战略的制定是基于一定的因素条件的假设的,在营销战略实施中,事情的发展与原先的假设有所偏离是不可避免的,营销战略实施过程本身就是解决问题的过程,但如果企业内外因素发生重大的变化,以致原定的营销战略不可能实现了,显然这时需要对原定的营销战略进行重大的调整,这就是营销战略实施的权变问题。其关键在于掌握因素变化的程度,若在因素发生并不重要的变化时修改原定的营销战略,容易造成人心浮动,带来消极的后果,严重的还会导致一事无成。而如果因素确实已经发生了很大的变化,但仍然坚持实施既定的营销战略,将最终导致营销战略的失败,甚至导致企业破产,因此关键在于如何衡量企业因素的变化。

权变的观念应当贯穿于营销战略实施的全过程,从战略的制定到战略的实施,权变的观念要求识别营销战略实施中的关键变数,并对它进行灵敏度分析。当这些关键变数的变化超出一定范围时,就应当对原定的营销战略进行调整,并准备相应的替代方案,即企业营销部门对可能发生的变化及其可能造成的后果,以及应变替代方案,都要有足够的了解和充分的准备,以使企业有充分的应变能力。当然,在实际工作中,对关键变数的识别是很不容易的。

二、营销战略实施模式

营销战略实施模式是指企业营销人员在营销战略实施过程中所采用的手段。一般有以下几种模式:

(一)指挥型

在这种模式里,企业营销人员运用严密的逻辑分析方法重点考虑战略制定问题。高层管理人员或者自己制定战略,或者指示战略计划人员去决定企业所要采取的战略行动。一旦企业制定出满意的战略,高层营销人员便让下层营销人员去执行战略,而自己并不介入营销战略实施。这种模式的优点是在原有战略或常规战略变化的条件下,企业实施战略时不需要有较大的变化,实施的结果也就比较明显;缺点是不利于调动企业职工的积极性,员工会因此感到自己在战略制定上没有发言权,处于一种被动执行的状态。

(二)变革型

与指挥型模式相反,在变革型模式中企业高层营销人员重点研究如何在企业内实施战略。他的角色是为有效地实施战略而设计适当的行政管理系统。为此,高层营销人员本人或在其他各方面的帮助下,进行一系列变革,如建立新的组织结构、新的信息系统,兼并或合并经营范围等,以增加战略成功的机会。该模式的优点是从企业行为角度出发考虑营销战略实施问题,可以实施较为困难的战略。但是,这种模式只能应用于稳定行业中的小型企业。如果企业因素变化过快,企业来不及改变自己内部的状况,这种模式便发挥不出作用;同时,这种模式也是自上而下地实施战略,同样也不利于调动员工的积极性。

184

营销战略与管理

（三）合作型

在这种模式里，负责制定战略的高层营销人员启发其他营销人员运用头脑风暴法去考虑战略制定与实施的问题。营销人员仍可以充分发表自己的意见，提出各种不同的方案。这时，高层营销人员的角色是一个协调员，确保其他营销人员所提出的所有好的想法都能够得到充分地讨论和调查研究。此模式的优点是可以克服指挥型和变革型两个模式的不足之处。这是因为高层营销人员在做决策时，可以直接听取基层营销人员的意见，并将他们的意见加以综合分析，保证了决策时所使用的信息的准确性。在这个基础上，企业可以提高营销战略实施的有效性。其缺陷在于：（1）在这种模式下决定的营销战略实施方案会过于平稳，缺乏由个人或计划人员提出的方案中所具有的那种创造性；（2）在营销战略实施方案的讨论过程中，可能会由于某些职能部门善于表述自己的意见，而导致营销战略实施方案带有一定的倾向性；（3）营销战略实施方案的讨论时间可能会过长，以致错过了企业面对的战略机会，不能对正在变化的因素迅速采取战略行动。

（四）文化型

文化型模式扩大了合作型的合作范围，将企业基层员工也包括进来。在这种模式里，负责战略制定与实施的高层营销人员首先提出自己对企业使命的看法，然后鼓励企业员工根据企业使命去设计自己的工作活动。在这里，高层营销人员的角色就是指引总方向，而在战略执行上则放手让每个人作出自己的决策。在这个模式里，营销战略实施的方法很多。有的企业采取类似日本企业的社训，有的利用厂歌，也有的通过规章制度和其他影响职工行为的方式来进行。所有这些方法最终要使营销人员和员工有共同的道德规范和价值观念。这种文化型模式打破了战略制定和实施中存在的只想不做与只做不想之间的障碍，这是前三个模式中所没有的特点。但是，这种模式也有其局限性。它要求企业员工有较高的素质，受过较好的教育，否则很难使企业战略获得成功；同时，企业文化一旦形成自己的特色，又很难接受外界的新生事物。

（五）增长型

在这种模式里，为了使企业获得更好的增长，企业高层营销人员鼓励中下层营销人员制定与实施自己的战略。这种模式与其他模式的区别之处在于它不是自上而下地灌输企业战略，而是自下而上地提出战略。这种战略集中了来自实践第一线的营销人员的经验与智能，而高层营销人员只是在这些战略中作出自己判断，并不将自己的意见强加在下级身上。在这些企业里，高层营销人员面对众多的部门，不可能真正了解每个部门所面临的战略问题和作业问题，不如放权给各部门，以保证成功地实施战略。这种模式的优点是给中层营销人员一定的自主权，鼓励他们制定有效的战略并使他们有机会按照自己的计划实施战略。同时，由于中下层营销人员和员工更直接面对战略的机会，可以及时地把握时机，自行调解并顺利执行战略。因此，这种模式适合于变化较大的行业中的大型联合企业。

三、市场营销战略实施的经典模式：麦肯锡7S模型

20世纪七八十年代，美国人饱受了经济不景气、失业的苦恼，同时对照日本企业成功经营的艺术等方法，努力寻找适合于本国企业发展振兴的法宝。彼德（Thomas J.Peters）

和沃特曼（Robert H.Waterman），这两位斯坦福大学的管理硕士、长期服务于美国著名的麦肯锡管理顾问公司的学者，访问了美国历史悠久、最优秀的 62 家大公司，又以获利能力和成长的速度为准则，挑出了 43 家杰出的模范公司，其中包括 IBM、德州仪器、惠普、麦当劳、柯达、杜邦等各行业中的翘楚。他们对这些企业进行了深入调查，并与商学院的教授进行讨论，以麦肯锡顾问公司研究中心设计的企业组织七要素（简称 7S 模型）为研究的框架，总结了这些成功企业的一些共同特点，写出了《追求卓越——美国企业成功的秘诀》一书，使众多的美国企业重新找回了失落的信心。

7S 模型指出，企业在发展过程中必须全面地考虑各方面的情况，包括结构、制度、风格、员工、技能、战略、共同的价值观。也就是说，企业仅具有明确的战略和深思熟虑的行动计划是远远不够的，因为企业还可能在战略执行过程中发生失误。因此，战略只是其中的一个要素。

在模型中，战略、结构和制度被认为是企业成功的"硬件"，风格、人员、技能和共同的价值观被认为是企业成功经营的"软件"。麦肯锡的 7S 模型提醒世界各国的经理们，软件和硬件同样重要，这两位学者指出，各公司长期以来忽略的人性，如非理性、固执、直觉、喜欢非正式的组织等，其实都可以加以管理，这与各公司的成败息息相关，绝不能忽视。

（一）硬件要素分析战略

1.战略

战略是企业根据内外环境及可取得资源的情况，为求得企业生存和长期稳定的发展，对企业发展目标、达到目标的途径和手段的总体谋划，它是企业经营思想的集中体现，是一系列战略决策的结果，同时又是制订企业规划和计划的基础。企业战略这一管理理论是 20 世纪 50—60 年代由发达国家的企业经营者在社会经济、技术、产品和市场竞争的推动下，在总结自己的经营管理实践经验的基础上建立起来的。1947 年美国企业制定发展战略的只有 20%，而 1970 年已经达到了 100% 了。日本经济新闻社在 1967 年曾进行过专门调查，在 63 家给予回答的日本大公司中，99% 有战略规划。在美国进行的一项调查，有 90% 以上的企业家认为企业经营过程中最占时间、最为重要、最为困难的就是制订战略规划。可见，战略已经成为企业取得成功的重要因素，企业的经营已经进入了"战略制胜"的时代。

2.组织结构

战略的实施需要健全的组织结构来保证。组织结构是企业组织的构成形式，即企业的目标、协同、人员、职位、相互关系、信息等组织要素的有效排列组合方式；是将企业的目标任务分解到职位，再把职位综合到部门，由众多的部门组成垂直的权利系统和水平分工协作系统的一个有机的整体。组织结构是为战略实施服务的，不同的战略需要不同的组织结构与之对应，组织结构必须与战略相协调。

如通用电气公司，在 20 世纪 50 年代末期执行的是简单的事业部制，但那时企业已经开始从事大规模经营的战略。到了 60 年代，该公司的销售额大幅度提高，而行政管理却跟不上，造成多种经营失控，影响了利润的增长。在 70 年代初，企业重新设计了组织结构，采用了战略经营单位结构，使行政管理滞后的问题得到了解决，妥善地控制了多种经营,利润也相应地得到了提高。由此可以看出,企业组织结构一定要适应企业战略实施的需要,它是企业战略贯彻实施的组织保证。另外,两位学者在研究中发现简单明了是美国成功企业的组织特点,这些企业中上层的管理人员尤其少,常常可以见到不到100个管理人员的公司在经营上百亿美元的事业。

3.制度

企业的发展和战略实施需要完善的制度作为保证,而实际上各项制度又是企业精神和战略思想的具体体现。所以,在战略实施过程中,应制定与战略思想相一致的制度体系,要防止制度的不配套、不协调,更要避免背离战略的制度出现。如具有创新精神的3M公司的创新制度,在3M,一个人只要参加新产品创新事业的开发工作,他在公司里的职位和薪酬自然会随着产品的成绩而改变,即使开始他只是一个生产一线的工程师,如果产品打入市场,就可以提升为产品工程师,如果产品的年销售额达到500万美元时,他就可以成为产品线经理。这种制度极大地激发了员工创新的积极性,促进了企业的发展。

(二)软件要素分析

1.风格

两位学者发现,杰出企业都呈现出既中央集权又地方分权的宽严并济的管理风格,它们一方面让生产部门和产品开发部门极端自主,另一方面又固执地遵守着几项流传久远的价值观。

2.共同的价值观

由于战略是企业发展的指导思想,只有企业的所有员工都领会了这种思想并用其指导实际行动,战略才能得到成功的实施。因此,战略研究不能只停留在企业高层管理者和战略研究人员这一个层次上,而应该让执行战略的所有人员都能够了解企业的整个战略意图。企业成员共同的价值观念具有导向、约束、凝聚、激励及辐射作用,可以激发全体员工的热情,统一企业成员的意志和欲望,齐心协力地为实现企业的战略目标而努力。这就需要企业在准备实施战略时,通过各种手段进行宣传,使企业的所有成员都能够理解、掌握战略内容,并用它来指导自己的行动。日本在经济管理方面的一个重要经验就是注重沟通领导层和执行层的思想,使得领导层制定的战略能够顺利地、迅速地付诸实施。

3.人员

战略实施还需要充分的人力准备,有时战略实施的成败确系于有无适合的人员去实施。实践证明,人力准备是战略实施的关键。IBM的一个重要原则就是尊重个人,并且花很多时间来执行这个原则。因为,它们坚信员工不论职位高低,都是产生效能的源泉。所以,企业在做好组织设计的同时,应注意配备符合战略思想需要的员工队伍,将他们培训好,分配给他们适当的工作,并加强宣传教育,使企业各层次人员都树立起与企业的战略相适应的思想观念和工作作风。如麦当劳的员工都十分有礼貌地提供微笑服务;IBM的销售工程师技术水平都很高,可以帮助顾客解决技术上的难题;迪斯尼的员工生活态度都十分乐观,他们为顾客带来了欢乐。人力配备和培训是一项庞大、复杂和艰巨的组织工作。

4.技能

在执行公司战略时,需要员工掌握一定的技能,这有赖于严格、系统的培训。松下幸之助认为,每个人都要经过严格的训练,才能成为优秀的人才。譬如在运动场上驰骋的健将们大显身手,但他们惊人的体质和技术,不是凭空而来的,而是长期在生理和精神上严格训练的结果。如果不接受训练，一个人即使有非常好的天赋资质，可能也无从发挥。

　　因此，在企业发展过程中，要全面考虑企业的整体情况，只有在软硬两方面七个要素能够很好地沟通和协调的情况下，企业才能获得成功。

　　(三)麦肯锡 7S 模型与市场营销战略实施

　　博拿马(T.V.Bonoma)阐明了战略制定与战略实施的关系，如表 12.1 所示，这给企业市场营销战略的制定与实施提供了思路。

表 12.1　营销战略制定与实施的关系

		战　略　制　定	
		适　宜　的	不　适　宜　的
战略实施	优异	成功 实施增长和市场占有率目标，并能获利	挽救或者毁灭 好的实施可以挽救一个不好的战略，也能加速失败
	很差	麻烦 很差的实施妨碍一个好的战略发挥作用，而管理者可能认为是战略不适宜	失败 尽管失败的原因很难分析，但一个糟糕的战略加之没有能力去实施，注定会失败

　　从上表可以看出，即使是一个合适的战略，如果不能很好地实施，也会导致制定的战略的失败。一个很好的实施方案，不仅可使一个合适的战略取得成功，而且还可以挽救一个不太适宜的战略。那么如何才能有效地实施一项市场营销战略？只有当企业的各种因素互相适应和互相匹配时，营销战略实施才更有可能取得成功。按照罗伯特·H.小沃特曼的观点，企业的营销战略匹配也包含七个因素即麦肯锡 7S 战略模型，只是在这个战略模型中，很多因素都是结合营销战略而言的。在这个模型中：

　　(1)战略(Strategy)——旨在获得超过竞争对手的持续优势的一组紧密联系的活动。

　　(2)结构(Structure)——组织结构图及其相应的部分，它表明报告的传递者及接受者、任务的分工及整合。

　　(3)体制(System)——使日常营销活动完成的过程及流程，包括信息系统、资本预算系统、质量控制系统、绩效质量系统等。

　　(4)风格(Style)——集体营销人员或者管理人员花费时间和精力的方式，及他们所采用的代表性的行为方式所表现出的特征。风格不是管理人员所说的重要性的东西，而是其行为活动的方式。

　　(5)人员(Staff)——企业中的所有人，更重要的是指企业中的营销人员分布状况。

　　(6)共享的价值(Shared Values)——不是指企业正式宣布的营销目的或营销目标，而是指使企业保持团结一致的那些具有指导性的营销观念、价值和愿望等，也即公司的哲学或文化。

　　(7)技能(Skills)——企业作为一个整体所具备的营销能力。有了这种营销能力，企业就可将事情做好。这种营销能力通常也是企业的名声所在，能够顺利地完成企业的营销战略。

7S 模型表明,当这些因素相互适应和匹配时,企业即可实施一项营销战略;反之,当这七个因素不互相适应和匹配时,营销战略实施将不可能成功。7S 模型为企业市场营销战略的制定和实施提供了一种思路,也为市场营销战略的顺利实施提供了保证。

第三节　市场营销战略实施的途径

企业制定好市场营销战略后,需要将战略转化为具体的行动。企业营销战略实施是一个通过提出具体实施措施、编制经费预算、建立运作程序,将战略方案转化为实际行动并取得成果的过程。在营销战略实施中,一个关键的问题是组织上下如何就战略方向及其实施达成共识,把组织的整体战略目标、职能部门目标与个人目标有效地统一起来。一般来说,营销战略实施需要考虑的主要问题包括以下六个方面:

一、确定营销战略实施主体

营销战略实施者涉及企业各个层级的人,大到一个市场营销集团的总裁,小到一个职能部门的一线员工,都以某种方式参与到市场营销总体战略、经营单位战略与职能战略的实施过程中。一般来说,战略制定者并不一定了解企业一线的运作情况,他们只是基于对公司的内外部环境的认识,然后寻找相关的理由证明他们提出的战略方案是合适的。但是,战略的实施者往往是另一个群体。组织中的大多数人对营销战略的成功实施都非常关键,但与市场营销总体战略、经营单位战略的制定却可能毫无关系,因此,他们可能对战略形成过程所运用的众多依据一无所知。除非使命、目标、经营范围与工作任务的变化及其重要性被清晰地传递到具体负责营销战略实施的各位负责人,否则战略就难以实施。甚至可能出现的情况是,负责营销战略实施的一线员工不具备营销战略实施的运作能力,或者基层的负责者过于依赖原先的工作流程,而希望通过拖延策略让高层放弃新战略。因此,营销战略实施的首要问题是要明晰"谁来做"以及激发他们实施现行战略的积极性与主动性。

二、进行必要的组织变革

作为实现战略目标而进行各种分工和协调的系统,组织结构可以平衡组织专业化与整合两个方面的要求,运用集权与分权的手段对战略经营活动进行组织和控制。为了实施既定的战略,组织结构需要作出变革,即要对现行组织进行相应的设计和调整,以实现组织结构与战略的相互匹配。在营销战略实施中究竟应该采取何种组织结构,关键取决于企业的具体条件和战略的类型等要素,需以权变、动态的观点看待战略与组织的匹配问题。

在组织结构与战略的关系上,存在战略前导性与结构滞后性的矛盾。战略前导性是指企业战略的变化快于组织结构的变化,结构滞后性则是指组织结构的变化常常慢于战略的变化速度。这主要源于原有结构的惯性以及管理人员的抵制。因此,要使组织适应战略,就必须打破这一体系惯性,并通过培训与激励相结合的方式,让管理人员改变观念并推行新的组织结构。

三、构建匹配型企业文化

在战略管理中,优秀的文化可以突出市场营销特色,促使员工形成共同信念,统一员工的行为,促进企业战略的有效实施。但是企业文化并不总是适应企业战略的,由于企业文化的刚性与连续性,往往很难针对新制定的战略作出及时变革。作为市场营销,满足的是顾客的生理与心理需求,能否创造"宾至如归"的文化氛围,并通过员工的态度和行为表现出来,是市场营销战略实施的关键。

分析战略与文化之间的匹配情况有两种比较有效的方法:一种侧重于分析战略与外部环境对组织文化的影响;另一种强调营销战略实施过程中,组织与制度要素的变化与原有企业文化的协调程度。这两种方法对市场营销企业构建与新战略相适应的战略构架,都具有指导意义。

战略与外部环境对企业文化具有重大影响,文化价值观、企业战略与经营环境之间的适当关系会提高组织的绩效。发现企业文化与战略之间有一种内在联系,要使企业文化体系适应企业战略的需要,就需要从战略出发,通过一系列实施方案,促进文化朝预期的方向变化。

四、优化人力资源配置

资源,尤其是稀缺资源,在不同的业务范围和职能领域如何进行分配是营销战略实施的一个关键问题。在任何组织内,第一流人才是最稀缺的资源。因此,企业必须把人才当做资产看待,用发展的眼光来确定如何分配人力资源,并详细评估人才的使用结果。

五、理顺营销战略实施制度

在营销战略实施过程中,还必须以企业的制度保证为基础。因为一方面也许所有员工都知道战略的重要性,但不知道如何去运作,这就需要具体的实施步骤和操作程序指导员工如何去做;另一个方面也不可能寄希望于所有员工都具有实施现行战略的主观能动性,从企业的角度看,必须通过制度优化来保证员工的积极性与战略的有效实施。

六、构建协同的各层次战略

市场营销战略分为三个层次,即总体战略、经营单位战略与职能战略。总体战略是市场营销中最高层次的战略,经营单位战略是战略业务单元、事业部或子公司的战略,职能战略是企业内各主要职能的战略。这三个层面战略的侧重点是不同的,拥有多业务的市场营销企业必须对其系统整合,使它们之间相互适应、相互匹配。

基本概念

任务因素　能力因素　麦肯锡 7S 模型

复习思考题

1.影响营销战略实施的因素有哪些?

营销战略与管理

2.营销战略实施应遵循哪些原则？

3.简述 7S 模型的分析框架。

4.如何进行有效的营销战略实施？

阅读延伸

[1]甯佐斌.社会化媒体情境下图书馆营销战略实施研究[J].图书馆学研究,2015,16：16-20.

[2]李敏毅.新余市城市营销战略实施的保障措施[J].才智,2015,11:315-316.

[3]甯佐斌.社会化媒体情境下图书馆营销战略实施研究[J].图书馆学研究,2015,16：16-20.

[4]宋楠,韩凤,曲晓娜.企业微营销战略实施和应用研究——以烟草行业为例[J].中国集体经济,2016,03:68-71.

第 **13** 章

市场营销战略评估

　　学习目标：随着企业营销活动的发展，越来越多的企业关注营销战略的效果和效益问题。企业营销战略的各个环节必须要考察其效益，而营销战略活动的整体既要有最优的效益，又要有最佳的营销效果，这才符合企业长远发展的需要，符合企业营销战略活动的最终目的。而企业营销战略效益的考核、评估是一项复杂的工作，不能只从某一个指标的高低来判断营销战略效益的高低。在学习本章时，要重点学习决策过程中选择标准的作用，了解财务标准和非财务标准，理解战略选择时使用单一标准的局限性和战略选择时多重标准的实用性，掌握市场营销战略评估的基本方法——模型法。

　　知识目标：理解财务标准、非财务标准、单一标准、多重标准、市场营销战略评估方法。

　　能力目标：给定某一具体企业，能够对其营销战略实施的效果和效益进行科学分析与评估。

导入案例

营销须有道　五步评估公司数字营销战略

　　每个公司都有自己的数字营销战略，虽然不一定在自己的全权掌握之中。因此，定期评估公司的战略实施情况是很重要的。下面就是如何做到这一点的五个步骤：

　　第一步：评估数字营销的目标

　　数字营销战略目标可以包括如下内容：博客帖子的分享次数；社交网站上的粉丝规模；社交媒体上提及品牌的次数；在 Google Reviews 和 Yelp 之类的网站上对产品正面评价的数量；从社交网站上流入的访问量；社交网络流量带来的总转移量。

　　第二步：重新审视目标客户档案

　　在了解目标客户的概况、喜好和网络活动之前，不应该急于开展新的营销活动，而应该不断用最新数据完善这个档案。

　　例如，如果你的目标客户是 Facebook 上的年轻男性，但你发现 Facebook Insight 报告显示，大多数点击"喜欢"的人是中年妇女时，你可能就要基于这个新的客户数据重新评

营销战略与管理

估营销活动的各个要素了。

第三步:注意网络参与度

当你重新审视目标客户的时候,也要时不时地评估你参与的社交网络是否正确。举个例子,假设你所在行业的目标客户为 18~26 岁的年轻女性。如果你在最受欢迎的社交网络 Pinterest 诞生之前就开展营销活动的话,很可能就错失了一大群潜在的客户流量。

第四步:评估信息策略

接下来,要关注营销信息的类型,特别要评估:

哪种类型的信息(如本文状态更新,发博文,视频,广播等)对受众最有效?

受众是否对你在不同信息中的用词有共鸣?

你的营销信息在网络用户间传播的频率有多大?

如果你的数字营销信息与客户的期望一致,客户对营销内容的参与度就高,人们无意间看到营销内容时的分享量也会更高。

第五步:检查数字营销的投资回报率

计算投资回报率需要记录两个变量:投入数字营销活动的投资总额(确保金融投资和时间支出都已包括在内)、记录到的任何网络转移带来的收益。

举个例子大致说明一下。假设你的公司数字营销材料费为 $500,推广的劳动时间成本为 $500。如果你现在确定,从社交网络访问吸引来的顾客带来了 10 单位的销量,每单位 $20(总毛利润 $200),那么你就应该减小营销活动规模或者重新规划数字营销工作了。

(案例来源:佚名:《营销须有道 五步评估公司数字营销战略》,网易汽车,2012-10-18)

第一节　市场营销战略评估标准

一、营销战略评估的基本原则

市场营销作为一种在满足消费者需求基础上实现企业盈利的经济活动,其效益的高低不仅取决于其给企业带来的盈利,还必须考虑其为消费者和社会带来的利益。所以,在市场营销战略评估时必须遵循以下基本原则:

(一)目标性原则

目标性原则是指进行市场营销战略效益的评估必须明确评价的具体目标,根据目标来选定科学的评价方法。如果目标是开展市场营销活动之后实现企业销售增长情况,就要以定量化分析为主;如果目标是开展市场营销活动之后企业或产品知名度的提高、顾客偏爱的产品及企业形象的树立,则评价指标体系就会完全不一样。

(二)统一性原则

统一性原则即满足消费需求与寻求合理的企业利润相统一。实现盈利是企业开展市场营销战略活动的最终目的,但是在现代市场营销观念的指导下,企业不应该单纯追求某次的利润水平,而应该在满足消费需求的基础上取得长期而稳定的利润。所以,在评估市场营销战略时必须将两者紧密结合起来,既考虑企业利益又考虑社会利益,只有这样才能实现企业长远的效益目标。

(三)整体性原则

整体性原则即将营销战略与企业整体效益相结合的原则。虽然一个企业的营销效益主要体现在销售额、费用水平等营销指标方面,但营销指标并未全面反映企业整体效益,如企业发展规模、投入产出情况(特别是资产的增值情况)、其他管理人员的工作效率无法通过营销效益来体现。所以,在评估企业市场营销战略效益时必须将其放到企业整体中去认识,其指标确定、考核方法、奖惩措施等必须与企业整体办法相一致。

(四)适应性原则

不同的企业,其营销战略的特点也有所不同,如制造业的营销效益主要表现在销售的多少及售后服务情况;而服务业则不同,除了接待顾客的多少外,顾客在消费过程中的满意水平是一个很重要的方面。所以,不同的企业在考核市场营销战略时应根据自己的营销特点制定相应的考核指标,找出各种因素之间的必要性和规律性,避免主观性和片面性,从而保证市场营销战略评估的准确有效。

(五)经常性原则

进行市场营销战略的评价并非一劳永逸的事,对企业而言,定期地、经常地进行市场营销效益的评价有利于促进企业整体效益的提高,也有利于企业整体营销战略的实现。经常性原则要求对市场营销效益的评价处在一个动态过程中,根据影响因素的变化随时调整考核指标及考核方法。

营销高手经典语录

中国企业过高估计了自己营销队伍的能力,这往往给我们企业带来隐患。

——董明珠(格力电器股份有限公司总经理)

二、市场营销战略评估的基本要求

市场营销战略评估是通过一系列经济指标和具体的考核标准来进行的。在考核过程中,指标的设置和考核的方法都必须合乎一定的要求,才能做到评价的科学和公开,真正实现通过评估营销效益而提高营销效益的目的。在坚持前面所述的市场营销战略考核的基本原则下,进行市场营销战略评价的具体要求有:

(一)评估指标的具体化

由于市场营销战略涉及企业市场营销工作的各个方面,每个方面的指标有不同的要求。人员推销、营业推广或广告促销等不同的营销形式体现不同的结果,人员推销以销售指标和访问次数为主,营销推广则主要通过销售额提高来反映,而广告则主要围绕知名度提高而进行,每一种形式都自己的主要考核指标和次要指标。所以,企业要能针对每一种具体的营销方式将评价考核指标具体化,如果只是一个笼统而抽象的指标,是很难全面反映企业市场营销战略效益的。

(二)评估工作的针对性

对市场营销战略的评估要求有一定的针对性,要根据不同行业、不同营销主体及不同

营销战略与管理

的营销内容确定有效而可行的市场营销考核指标;并且还要根据营销目标的不同、市场营销人员的个性特点及所面对市场的困难程度不同而分别制定考核标准。假若一个企业的营销目标是提高企业的产品知名度,而考核市场营销效益的指标却是以销售量的提高为主,则说明该评价指标没有针对性,也是不合理的。总之,在进行市场营销效益评价时,服务业有服务业的特点,制造业有制造业的特点,人员促销与广告促销之间的营销效益体现不同,上门推销与固定门面的营销员也存在较大的差异。所以,企业在进行营销战略评价时必须把握这些不同之处,保证营销效益评价有针对性地开展。

(三)评估指标的可行性

凡是开展市场营销活动的企业或其他非盈利性单位都存在市场营销战略的评价问题,每个企业或组织单位都会根据其不同特点制定相应的科学评价的指标体系。然而不管怎样,对企业而言,最主要的还是评价指标体系的可行性,如果一个指标体系在评价过程没有可行性,再科学也只是纸上谈兵而已。

(四)评估指标要有可比性

随着市场营销理论应用的不断扩大和发展,各行业各部门纷纷运用市场营销理论来指导自己的实际工作。由于经营性质不同、经营产品不一,各行业、各部门之间的市场营销效益是无法进行横向比较的。市场营销效益的高低必须在同类型企业或同一企业的不同时期进行比较,才能判断出某一时期内企业营销效益的好坏及发展情况。

三、营销战略评估标准

在选择市场营销方案或战略时,当然希望选择最好的,但是怎样辨别那个最好?短期看来是最好的,长期看来不一定是最好的。指定方案的选择标准对提高营销绩效至关重要。尽管最初的重点可能是非财务标准,但传统上最终决定选择过程的是财务标准。目前,战略考虑的近期变化表明财务标准已经不再占统治地位。表 13.4 选择列出了最重要的财务标准和非财务标准,有些将在本章中讨论。

表 13.4 财务标准和非财务标准

财务标准	非财务标准
流动性	销售量
现金增值	市场份额
增值	增长率
每股盈余	竞争能力
股东价值	消费者权益
股票价格	风险控制
利润	新产品
利润率	顾客满意度
成本	稳固的竞争优势

(一)财务标准

1.现金增值

对企业的生存来说,流动性差比低收益率更有威胁。因此,流动形式选择是营销战略的一个重要因素,需要认真考虑现有方案的资金流动情况。

2.收益率分析

收益率可以定义成利润产生的速率,则可以解释成单位输入的利润。收益率是决定经济效益的重要因素,企业应确立以高效益为中心的产品组合。收益率分析的主要内容是:(1)进行销售额的分析,以确定深入调查的 A 类重点产品;(2)进行边际利润分析,以确定各种产品的利润贡献度;(3)进行量本利分析,以查明经营安全率和确定目标销售额。

例如,某企业的三个产品系列营销战略的收益性分析,如表 13.5 所示。从表中可以发现,A 系列产品的收益最高,是产品组合的核心;B 系列产品的收益较低,应进一步分析以决定其取舍;C 系列产品收益最低,贡献为负,应予以淘汰。

表 13.5　产品营销战略的收益性

产品系列	销售收入	边际利润	固定费用	利润	利润率(%)
A	1 000	200	150	50	5
B	800	240	120	120	15
C	500	−20	80	−100	−20
合计	2 300	420	350	70	0

3.成本领先

如果一个特殊的战略能保证成本领先,它就比其他的战略更理想。这个概念可以用经验曲线解释。经验曲线的实质是累计经验每增加一倍,生产产品和提供服务的真实成本就降低 20%～30%。经验曲线上成本降低的原因为:(1)学习经验;(2)劳动专业化程度;(3)销售量增加产生的营销效果。

经验曲线不是源自会计成本的,而是通过划分累计资金输入和终端产品的累积输出得到的,随着时间的流逝,成本以这个速率降低。从这个变化速率上,管理人员可以知道他们的竞争成本正在发生怎样的变化以及为什么会发生这种变化。如果能估计竞争者的经验曲线效果,就可以知道哪个是低成本的竞争者、哪个不是,因此也就知道哪个有危险,危险来自何处。从经验曲线上得到的主要战略信息是,如果随着累积输出,单位成本降低,那么市场领导者就有可能达到最低成本和最高利润。关于营销效率标准的不同输入和输出如图 13.1 所示。

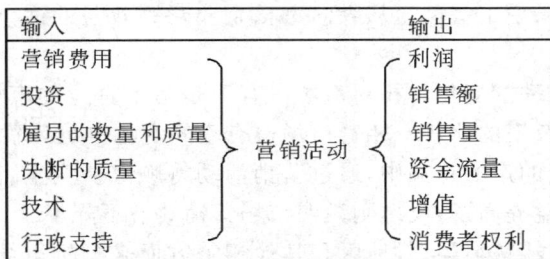

输入		输出
营销费用		利润
投资		销售额
雇员的数量和质量	营销活动	销售量
决断的质量		资金流量
技术		增值
行政支持		消费者权利

图 13.1　营销效率标准

(二)非财务标准

1.企业成长

企业成长作为选择的标准,其重要性来自:(1)获得市场份额的关系;(2)它提供的投资机会,产生的资金可以再投资,产生综合的回报。

成长对企业的相对竞争能力有重大意义,多数情况下用相对市场份额来衡量,相对市场份额即被最大的竞争者瓜分后的企业市场份额。因为相对竞争能力越严峻,边际收益越高(由于经验曲线的作用),所以这个标准就有战略重要性。

成长的条件如图13.2所示,图中辨别了企业现在的形势和将来的理想形势之间的差别。在相同规模上继续现在的活动,利润将会降低。通过扩大现有市场(也就是更大的市场份额),或通过现有的产品进入新的市场,或通过改进现有产品,将来有可能维持原有的利润水平。

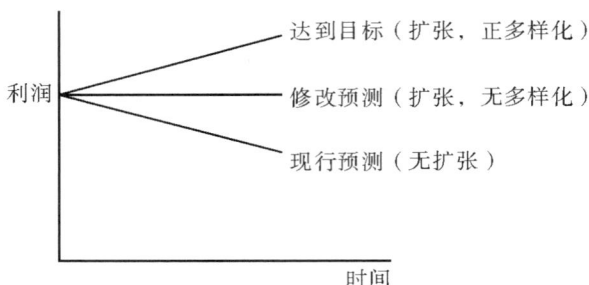

图 13.2　差距分析

通过扩大现存市场的活动规模、改进现有产品以及让新产品打入多样化市场,可以得到较高的利润,满足期望的利润目标。因此,战略选择可以通过缩小图13.2中的差距,取得这样的效果。

2.市场份额

企业的营销效益不仅仅表现在销售这一指标上,即使销售额有所下降,但如果占有较大的市场份额,也是营销效益的提高。市场营销份额作为衡量营销战略效益的指标主要从两个方面来体现:

(1)绝对市场占有率的增减。即企业开展有效的市场营销活动后,本企业产品的销售在同行总销售中比例的变化。如果比例提高,则说明营销效益较高;反之,则说明企业营销效益有待改进。如果说销售额是从纵向考核企业营销效益的话,则绝对市场占有率就是横向分析。

(2)相对市场占有率的变化。相对市场占有率是指本企业的市场占有率与同行业中最大竞争者的市场占有率的比较。相对市场占有率的变化也是考察市场营销效益的一个重要指标,因为在一定的市场总额中,通过营销活动将顾客从竞争者手中吸引过来,就表明企业的市场营销效益提高了,反之则说明市场营销效益下降了。

企业往往从产品线、顾客类型、地区和其他相关方面来分析市场份额的变动,考虑市场营销效益。用公式表示为:

总市场份额＝顾客渗透率×顾客选择性×价格选择性

其中,顾客渗透率是指购买该公司产品的顾客占所有顾客的百分比,顾客忠诚度是指顾客从该公司所购买的商品量占这些顾客购买的同类商品的总量的百分比,顾客选择性是指公司顾客的平均买量与某个一般公司顾客的平均买量之比,价格选择性是指该公司的平均价格与所有公司的平均价格之比。

当然,如果某公司的市场份额在一定时期内下降了,则说明除四种因素之外,市场份额的下降还可能受其他因素的影响,如企业所处的宏观环境、公司考核指标的合理性、公司是否面面临着更多的竞争对手、公司自己的战略目标及其他许多偶然的因素等。这些分析,为提高市场营销效益提供了较为详细的依据。

3.顾客满意度

顾客满意度是评价企业营销效益的一个定性化指标,它是顾客在购买与消费了相应的产品或服务后所获得的不同程度的满足状态。一般情况下,为了说明顾客的满意程度,用 CSM(Customer Satisfaction Measurement)来表示满足状态。在顾客满意级度数轴上可以把顾客满意的状态等分为七个级度:十分满意、满意、较满意、基本可以、较不满意、不满意、十分不满意,并分别赋予它们 90、60、30、0、−30、−60、−90 等满意状态的数值。如图 13.3 所示。

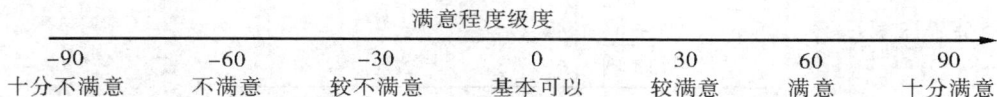

满意程度级度

−90	−60	−30	0	30	60	90
十分不满意	不满意	较不满意	基本可以	较满意	满意	十分满意

图 13.3　顾客满意级度

用公式表示为:$\text{GSM} = \dfrac{\sum X_n}{N}$

其中,CSM 表示顾客满意度,$\sum X_n$ 表示调查项目的满意级度分值之和,N 表示调查项目的数量。

顾客满意七个级度的内在规定性主要是通过感觉报告法和事实陈述法进行界定。感觉报告法是指顾客根据自己购买和消费某种产品或服务后所获得的主观感觉来判定满意的级度。感觉报告法反映顾客个人的价值取向,同样的事实因人而异就会有不同的判定级度。而事实陈述法则是根据客观标准来判断,如产品的价格合理、质量合格、功能正常、设计合理、包装新颖、品位不俗、服务周到等,顾客满意度就可以定为十分满意,这种方法基本上可以做到客观公正。但事实陈述法的不足之处是否定了顾客的个人主观价值取向。顾客满意指标包括:

(1)产品满意指标,包括产品的品质、价格、服务、数量、时尚等因素。

(2)服务满意指标,包括服务的效用、保证、整体性、便利性、情绪与环境等因素。

(3)企业内部顾客满意指标,包括:①一般员工的顾客满意指标。一般员工的满意指标十分复杂,可以根据马斯洛的需求层次理论、麦克利兰的成就需要理论、佛隆的期望理论等进行分析,但必须包括物质、安全保障、尊重和发展等主要满意指标。②管理人员的顾客满意指标。管理人员的顾客满意指标除一般员工的之外,还包括企业文化、个人晋升机会、公司及个人的发展前景、个人才能充分发挥、充分授权、自我价值实现感等因素。③

股东的顾客满意指标。包括企业经营业绩、年度盈余和分红、企业的发展前景、劳资关系、企业社会责任等。

除此之外,贷款的回收、新客户的开发、老客户关系的维持等,也是市场营销战略效益考核的一些重要指标。

(三)多重标准

1.佩尔图定律

使用单一标准是不充分的,因为如果采用单一标准,从某些角度来说,企业的行为无效;企业履行多种职能,有多个目标,其中一些可能互相冲突。这样以任何一种标准评价战略都是不恰当的。显然,难点是确定必须的、充分的多重标准,保证公司的健康运转。一种方法是佩尔图定律。佩尔图定律(或80/20定律)广泛应用于这样的场合:一种因素的行为或价值大部分取决于另一种因素的小部分。例如,通常认为企业中80%的存货取决于20%的存货条目,或80%的利润来自20%的生产线。当然,这里的重点是如果你能注意到关键的20%的起作用的条目,你就能有效控制存货;或者如果主要顾客得到很好的服务,你就能控制销售水平。掌握该定律对于企业节省成本和改善企业的效率都有巨大的利益。佩尔图有许多不同的名字,可能最经常看到的有:主要变量、关键成功因素和关键结果区域。

活动范围	关键因素
环境	经济状况 政治稳定性
营销	销售量 市场份额 总收益
产品	生产能力利用 质量标准
物流	生产能力利用 服务水平
资产管理	投资回报 应收账款平衡

图 13.4　关键变量的一个一般的例子

关键变量是那些与可预测的结果相关的变量,其例子如图13.4所示。在寻求测量变量的价值方面,一定要非常注意:不要只关注那些必须测量的,而忽略那些不是必须测量但是非常重要的变量,例如,数量比质量更容易测量,但是它不表示质量不如数量重要。

2.平衡记分卡框架

平衡记分卡框架是 Kaplan 和 Norton 在 1992 年提出的,它"为综合框架提供执行方案,把公司的战略目标转化成一套连贯的绩效标准,为制定战略决策提供有力的工具"。在该框架中,Kaplan 和 Norton 详细说明了四套目标和相关绩效标准,注重以下几个基本问题：顾客怎样看待我们——顾客角度；我们必须在哪些方面超过别人——业务角度；我们是否能继续增加和创造价值——学习角度；我们怎样看待股东——财务角度。记分卡的各要素表示在图 13.5 中，从图中我们可以看出，这种方法有克服最普遍深入的两个问题的潜力，这两个问题一方面与单方面绩效标准相联系，另一方面与目标和绩效标准相联系。

	目标	标准
财务视角	生存 成功 繁荣	资金流动 部门的销售增长和营业收入 ROE，市场份额
顾客视角	新产品 响应 偏好 合作关系	新产品营销 交货 主要赊购 联合项目的编号
业务视角	技术能力 操作卓越 R&D生产率 NPD活动	应用转型 产量 最快的输出 产品测试管理
学习视角	技术领先 工艺改进 营销创新	新一代技术处于领先地位 停工率 创意价值

图 13.5　平衡记分卡

（资料改编自：R.S.Kaplan 和 D.P.Norton：《驱动绩效的平衡记分卡措施》，哈佛商业评论，2001，01/02。）

平衡记分卡框架对传统的方法进行了许多有益的改进：

（1）它基于公司的战略目标和竞争要求，根据要求，管理者选择少量的关键指数，筹划更集中的战略体系；

（2）通过包含的财务和非财务标准，为管理眼前和未来的成功打下基础；

（3）平衡了外部和内部的目标及标准，揭示了哪些是管理者应该做的决断，哪些不是；

（4）通过提供有关目标的情况和综合衡量标准，便于保证各种战略的原创性和特殊项目的连贯性。

第二节　营销战略评估模型

一、模型的建立及含义

管理科学模型在本质上是典型的数学模型，用等式和其他方式表达，这些表达方式详细说明了在特殊情况下的重要变量，以及它们之间的关系。一个变量可以被定义成任何

因素,这些因素在不同情况下可以赋予不同的值,例如:

$$y = a + bx$$

其中,y 代表销售额,x 代表消费者收入,a 和 b 是常数。

这表明管理科学模型是带符号的,以数学原理为基础的。而且,大多数数学模型以少量的高度密集的因素为基础,这些因素在解释一个系统的工作方法和决定不同行动的结果方面最为重要。

在市场营销中,已经建立了许多模型,并被广泛应用到许多领域,例如品牌市场占有率、忠诚度测试、媒体选择、信息效力测量法、竞争战略、运输和仓库定位、定价和竞标决定等。这些模型在营销规划和控制方面起着重要作用。市场营销战略评估模型的应用能在一定程度上帮助我们更好地预测和规划营销活动,更好地反映营销效率的变化,在客观上有助于决策者更好地作出科学、理性的决策。

二、量本利分析模型

量本利分析模型也称盈亏平衡分析法,是企业经营决策常用的有效工具。它根据产品销售、成本、利润的关系,建立参数模型,分析决策方案对企业盈亏的影响。决策者可借助它对方案进行设计和选优。

(一)量本利分析的原理

量本利分析的基本原理是边际分析理论。企业的生产总成本分为固定成本和变动成本,观察产品销售单价与单位变动成本的差额,若前者大于后者,便存在"边际贡献"。当总的边际贡献与固定成本相等时,恰好盈亏平衡。这时每增加一个单位产品,就会增加一个单位的边际贡献利润。

固定成本与变动成本的划分主要依据与产品产量(或工作量)的关系。总固定成本是指在一定产量范围内,不随产量变动而变动的成本之和,是即使产量为零也要照常支出的总费用。如厂房、机器设备的成本和租金、折旧费、水电费等。但是,从每单位产品的分摊额来看,则产量增加,单位固定成本降低;产量减少,单位固定成本增加。这种关系如图13.6所示。

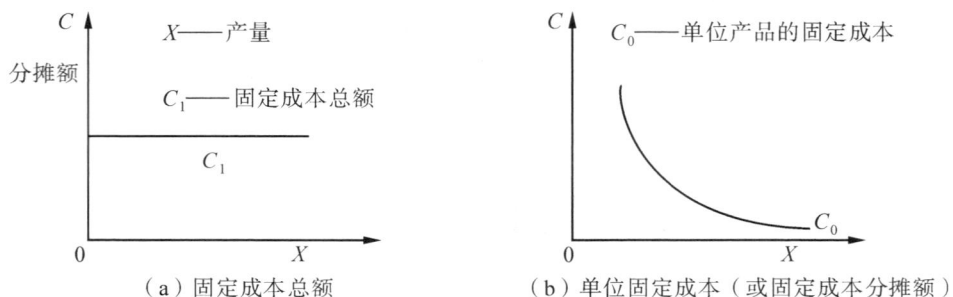

（a）固定成本总额　　　　　　（b）单位固定成本（或固定成本分摊额）

图 13.6　固定成本总额和单位固定成本

总变动成本是指随产量变动而变动的成本之和,如原料、燃料、直接人工费等。但是,从单位产品来看,这类成本却是基本不变的。其关系如图13.7所示。

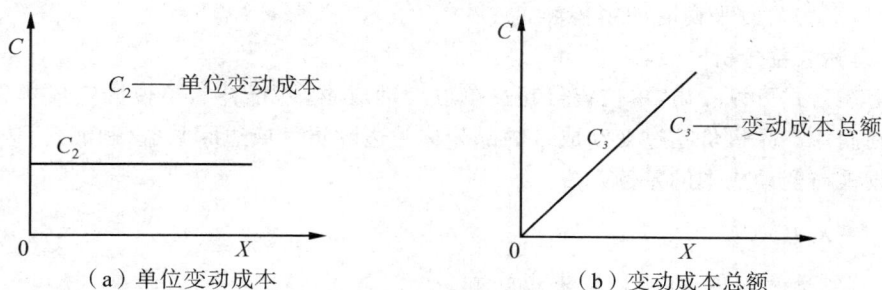

（a）单位变动成本　　　　（b）变动成本总额

图 13.7　单位变动成本和变动成本总额

进行量本利成本分析的主要问题是找出盈亏平衡点，寻找的方法有图解法和公式法。

1.图解法

以 Y 轴表示收入或费用，以 X 轴表示产量，绘成直角坐标图。将销售收入线、固定成本线、变动成本线标到坐标图上，只要单位产品售价大于单位变动成本，则销售收入线与总成本线必能相交于某一点，这就是盈亏平衡点，如图 13.8 所示。

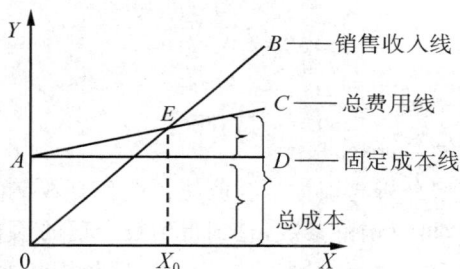

图 13.8　盈亏平衡图

其中，OB 为销售收入线，AD 为固定成本线，AC 为总费用线，E 为盈亏平衡点。

由图 13.8 可知，当销售量（或产量）低于 X_0 时，企业处于亏损状态；当销售量大于 X_0 时，企业才有盈利。

2.公式法

公式法可分为销售量计算法和销售额计算法。

销售量计算法的公式为：

$$X_0 = \frac{C_1}{P - C_2}$$

其中，C_1 为固定成本总额，C_2 为单位变动成本，P 为销售价格，X_0 为盈亏平衡时的销售量。

销售额计算法适用于企业固定费用和变动费用难以按产品种类划分的多品种生产企业。其计算公式为：

$$S_0 = \frac{C_1}{1 - \dfrac{C_2}{P}}$$

其中,S_0 为盈亏平衡时的销售额。

(2)边际收益分析

由上述公式可以看出,单位售价超过单位变动成本,并抵补了单位固定成本以后,才能获得利润。产品售价超过变动成本的部分称为边际贡献或边际收益(利润)。边际收益是销售收入与变动成本的差额:

$$D = X(P - C_2)$$

其中,X 为销售量,D 为边际收益总额。

在决策分析过程中,进行边际收益分析是非常重要的,只要有边际收益,就能抵消固定成本。判别是否盈利可用下式:

$$D = C_1 + P_r$$

其中,P_r 为利润;C_1 为固定成本总额;$D - C_1 = 0$ 表示不盈不亏,$D - C_1 > 0$ 表示盈利,$D - C_1 < 0$ 表示亏损。

边际收益率是边际收益与销售收入的比值。如果已知边际收益率,就可直接用来计算盈亏平衡点和销售额。

$$D_i = \frac{D}{XP}$$

其中,D_i 为边际收益率。

成本—销量—利润模型分析与预算结合能使备选预算数字作为利润图的基础。如果对计算的特定预算不满意,可以调整参数,直到得到较合适的预算结果。在能够显示不同的销售水平的成本和利润形式方面,成本—销量—利润分析已被比做弹性预算,但是弹性预算实际上与成本控制有关,而成本—销量—利润分析却与利润预计有关。

像其他技术一样,成本—销量—利润分析有其优点也有其缺点。其优点在于可作为重要决策的背景信息,例如,选择营销渠道、制造或购买和定价决策,在这方面,提供了关于利润要求的成本和销量的整体情况。其缺点在于它的假设:利润变化不只与销量变化有关,还与生产方式、营销技术和其他因素有关,成本—销量—利润分析不能考虑这些因素,最多只能指出在关于外部因素以及管理方针的单一假设条件下的预期利润。因此,它是要说明环境的静态表示,不同的环境会产生不同的成本—销量—利润关系。

三、营销绩效评估模型(MPA)

伯纳马和克拉克(1988)致力于开发一种评估营销规划绩效的手段,他们的做法是把规划的结果同企业管理者的抱负联系起来,从而通过满意的措施来集中精力与效率。效率通过达到一种令人满意的结果所需付出的努力来评估。这种努力包括营销规划管理者具备的技能及其为规划提供的支持结构。总之,通过这种方法可以评估:

(1)一个营销规划满足战略需求的程度;

(2)创造一项预期的满意程度需要付出的努力;

(3)不可控制变量对规划的影响。

该模型在评估营销绩效时,把效率和效用的因素联系在一起。通过企业的营销战略,可以发现企业和它所处的环境的关系。图 13.9 描述了这些关系,它提供了实施市场营销的基本模型。

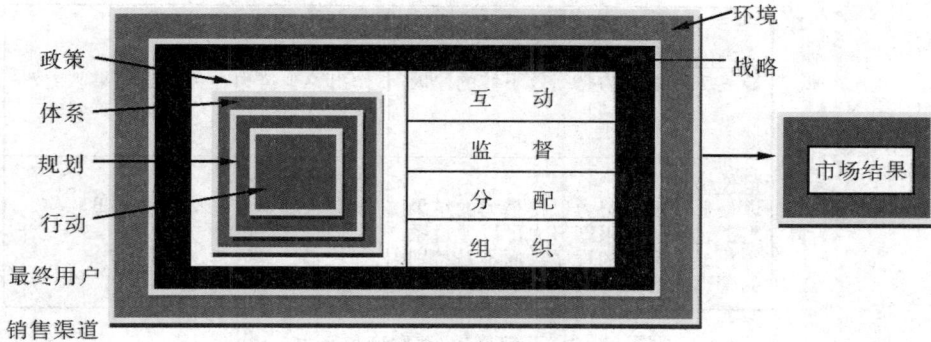

图 13.9　实施市场营销的基本模型

质量营销实践＝f(市场结果)

市场结果＝f(环境、战略、结构、技巧)

质量实践＝f(市场结果)＝f(环境、战略、结构、技巧)

结构与技巧的结合使得战略可以在企业的环境内得到贯彻而且获得成效,结构变量与技巧的注释如表 13.6 所示。

表 13.6　结构变量与技巧注释

结　构　变　量	技　巧
行动关系到底层执行的问题 (如:销售、分销管理等)	互动技巧,重点是经理与经理之间及经理与员工之间如何相处,来对事件产生影响
规划应付的是一系列有关联的行为 (如:按照特定的部分设计的特殊营销计划)	分配技巧是一种以高效的方式把资源分配到任务中去的技巧
体系的重点在于正式的控制和决策 (如:决策辅助体系、订单处理体系)	监督技巧涉及对反馈机制的设计和使用,来衡量和控制营销行为
政策是指最高管理层公布的广泛的行为准则,用来指导营销活动 (如:细分市场的开发技术应用)	组织技巧涉及"网络"行为,通过这种行为,经理可以在以前的组织不相关时拿出办法

结果反映在营销绩效的程度取决于经理层的期望。这一模型阐明了经理对努力结果的满意程度以及外部事件营销努力的影响,这些因素通过下述方式体现出来:

$$MP = \frac{SAT}{EFF} \times EXT$$

其中,MP 为营销绩效,SAT 为经理对营销规划展开的满意度,EFF 为为取得结果而展开的努力，EXT 为外部事件对营销努力的影响。

一系列有关满意度和努力的关系的含义来自上述讨论，在图 13.10 里对此进行了总结，并表明当满意度高而付出的努力不够时，MPA 模型是这样预测最佳营销绩效的。

管理层感觉到的努力

	低	高
低	适当的绩效 缺乏努力被认为是绩效不佳的原因	差劲的绩效 作出不少努力，可是从结果来看没什么收获，这是最糟糕的状况
高	最佳绩效 以最低限度的努力取得最大的结果。根据定义，低限度努力可以通过系统化或日常化的程序，而不是特别的管理来实现	适当的绩效 高满意度是高度努力的结果

（左侧标注：管理层感觉到满意的结果）

图 13.10　营销绩效：满意度和努力

一般认为，满意的决定性因素是一种期待和结果，期待是否被结果满足可以产生高的满意度或高度失望。图 13.11 显示了当恶劣的结果同高的期望值连在一起时，所发生的最低的满意度，以及当低的期望遇到良好结果时，最高满意度的产生。

营销努力的结果

	差	好
低	比较不满意 差的结果符合对规划的期望，因为期望值低	极为满意 结果大大好于所希望或计划的
高	极度失望 获得的结果没有满足期望。鉴于以前的期望和许诺，管理层对绩效不满意	比较满意 结果与目标相符

（左侧标注：管理层对结果的期待）

图 13.11　满意度的决定因素：结果和期望

在任何企业中，营销的技术质量取决于训练有素、自我激励的员工。营销技巧的应用是通过企业的营销结构进行的（如：规划、体制、政策），而营销技巧的应用将决定为取得结果而将要展开的努力。技巧有强有弱，结构可能灵活，也可能死板。如图 13.12 所示，技巧和结构之间的各种组合将决定能够获得多少努力，以及运用努力的方式。

四、多因素组合矩阵

多因素组合矩阵是由 GE 和麦金逊咨询公司联合发明的，是为了克服 BCG 矩阵的缺点所开发出来的。相比 BCG 矩阵，GE 矩阵也提供了产业吸引力和业务实力之间的类似比较，如图 13.13 所示。表 13.7 列举了多因素组合矩阵的各种因素。

营销结构

<table>
<tr><td></td><td>灵活</td><td>死板</td></tr>
<tr><td rowspan="2">管理层的
营销技巧</td><td>强</td><td><u>最大的努力</u>
当软弱的结构不能帮助作出日常
化的重复性决定时，非常有经验
的经理会对所有问题采取例行的
解决办法</td><td><u>适度的努力</u>
强有力的结构使决定日常化，
但是训练有素的经理经常同结
构限制发生冲突</td></tr>
<tr><td>弱</td><td><u>低付出的努力</u>
软弱的结构不能日常化运作</td><td><u>最少的努力</u>
强有力的结构使营销的决定
日常化</td></tr>
</table>

图 13.12　努力的决定因素：管理技巧和营销结构

行业吸引力

<table>
<tr><td></td><td>高</td><td>中</td><td>低</td></tr>
<tr><td rowspan="3">竞
争
能
力</td><td>强</td><td>扩大投资，
谋求主导地位</td><td>择优重点发展</td><td>维持地位</td></tr>
<tr><td>中</td><td>择优重点发展</td><td>选择细分市场，
专门化</td><td>减少投资</td></tr>
<tr><td>弱</td><td>专门化，
采取并购策略</td><td>专门化，
谋求小块市场份额</td><td>整合/退出</td></tr>
</table>

图 13.13　多因素组合矩阵

表 13.7　多因素组合矩阵的各种因素

行　业　吸　引　力	业　务　实　力
市场份额	市场份额
主要细分市场的规模	企业的增长率
市场增长率	产品范围的广度
市场多样性	分配的效率
需求季节性	销售的效率
需求周期性	价格的竞争力
机会	推广效率
竞争结构	投资的利用
准入或退出的障碍	原料的价格
整合的程度	经验曲线效应
集中的程度	相关产品质量
讨价还价的能力	研发能力
资本利用	个人能力
环境问题	相关市场定位
利润率	相关利润率
附加值	附加值

在评估计划时，一个企业可以选择任何一种最适合自己情况的行业吸引力或者业务

营销战略与管理

实力的评价指标,及每一个指标所占的权重。其步骤如下(科恩,1998):

(1)找出可行的行业吸引力的主要评价指标,假设它们是:市场规模、市场成长、轻松进入、有利位置。

(2)对所选出的评价指标确定权重,表明它们的相对重要性。如表13.8中的权重分别为0.30、0.30、0.25、0.15。

(3)对所提出的销售计划的行业吸引力进行打分,并加权求和,得到每一项指标的加权分数。打分的标准如图13.14所示。

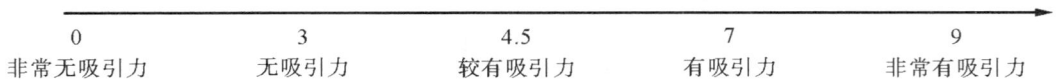

0	3	4.5	7	9
非常无吸引力	无吸引力	较有吸引力	有吸引力	非常有吸引力

图13.14 打分标准

表13.8 行业吸引力的加权分数

行业吸引力指标	权重	分数等值	加权分数
市场规模	0.30	9	2.70
市场成长	0.30	4.5	1.35
轻松进入	0.25	9	2.25
有利位置	0.15	0	0
总加权分数			6.30

(4)关于每个销售计划,在评估业务实力时,可反复使用步骤1~3。假设业务实力使用标准形象、生产力、产品协同和价格竞争力这四个评价指标,其权重分别为0.40、0.30、0.15和0.15。通过评估打分和计算得到了表13.9的结果。

图13.9 业务实力的加权分数

业务能力标准	权重	分数等值	加权分数
形象	0.40	9	3.60
生产力	0.30	7	2.10
产品协同	0.15	3	0.45
价格竞争力	0.15	4.5	0.675
总加权分数			6.825

(5)最后,可以为不同的销售计划或根据战略重点作出合适的选择。

基本概念

收益率 顾客渗透率 顾客满意度 平衡记分卡框架 量本利分析模型

复习思考题

1.市场营销战略评估的基本原则有哪些?

2.市场营销战略评估的基本要求有哪些?

3.市场营销战略评估的标准有哪些?

4.简要分析量本利模型的基本原理。

5.简要描述营销绩效评估模型的内容。

阅读延伸

[1]杨延娇,王吉恒.基于 DEA 和 Malmquist 指数的乳制品企业营销绩效评价——以7家乳制品上市公司为例[J].农业技术经济,2014,09:122-128.

[2]许广永,李冠艺,张昊.社会企业与商业企业市场营销的比较分析及建议[J].华东经济管理,2012,02:115-119.

第 14 章

市场营销战略控制

　　学习目标：营销战略在实施的过程中，可能会因外部环境变化或相关部门执行不到位而发生现实与目标偏离的现象。因此，企业必须对营销战略的实施进行检查、评价，密切关注内外环境条件的变动趋势，迅速而准确地反馈相关信息，根据事实进行判断，并及时采取相应的措施进行调整，以保证最终营销目标的实现，保证营销战略实施方向正确、运作高效。在学习本章时，要重点学习市场营销战略控制的含义及常用方法，包括年度计划控制、盈利能力控制、效率控制及战略控制与市场营销审计等。

　　知识目标：理解市场营销战略控制的含义、年度计划控制、盈利能力控制、效率控制、战略控制、市场营销审计。

　　能力目标：针对某一具体企业的市场营销战略情况，能够根据市场营销战略评估反馈的信息，对营销战略进行控制与审计。

导入案例

华润雪花啤酒：市场营销策略的实施与控制

　　市场营销策略是商品品牌价值的决定性因素。对于我国的啤酒行业来讲，可以说，这个是消费者的关注度较低的领域，虽然与人们的生活息息相关，但是不少消费者只是在需要的时候会去购买，而日常生活当中却很少去注意相关企业的新闻。因此，啤酒品牌的价值就非常重要了，例如华润雪花啤酒，利用市场的营销策略，在实施与控制中进一步把握品牌价值，从而提高市场竞争力。

　　雪花啤酒的市场营销策略是紧紧围绕华润集团三年规划的总体营销战略来制定的，市场营销策略实施的效果如何直接关系到企业战略能否实现。再好的市场营销策略，如果不能很好地实施，也无法取得预期的效果。为了保证营销策略的有效实施，在实践中必须做好几方面的工作。

　　首先，加强市场调研。协同专业的调研机构与企业内部市场调研员开展市场调研工作，根据不同市场类型进行不同角度的需求调研。对消费者的满意度进行调研也是非常重要的，这能更清楚地反映出雪花在群众心里的地位。

　　其次，通过管理方式整合。过去一般公司的管理方式都比较粗放，各销售队伍的权利相对比较大,策略性比较弱。整合就是采用雪花啤酒的管理方式,因为雪花啤酒的管理相对来说细得多,有完整的体系。

而文化实际上就是企业做事的风格,以前的区域销售队伍一般"人"的因素比较重,非常关注一个销售人员的权威性,某个人便可决定一个市场,在销售的过程中,"人"的关系占据着重要的地位。而华润啤酒比较讲究制度和体系。

(案例来源:佚名,《华润雪花啤酒:市场营销策略的实施与控制》,中网资讯,2013-6-26)

第一节　市场营销战略控制的含义及方法

企业的市场营销战略是企业根据自己的市场营销目标,在特定的环境中,按照总体的策划过程所拟定的可能采用的一连串行动方案。但是市场营销环境变化很快,往往会使企业制定的目标、策略、方案失去作用。市场营销战略管理中的一个基本矛盾是既定的战略与变化着的市场营销环境之间的矛盾。要使市场营销战略能不断适应变化着的市场营销环境,除了使营销战略本身具有应变性之外,还要加强对市场营销战略实施与管理过程中的控制。因此,在企业市场营销战略实施过程中必然会出现战略控制问题。市场营销战略的控制是企业经营管理的主要内容之一。

营销战略控制是指市场营销经理采取一系列行动,使实际市场营销工作与原规划尽可能一致,在控制中通过不断评审和信息反馈,对战略不断修正。从广义上讲,市场营销战略控制的功能主要有两个:(1)保证选择的使命、方向是正确的;(2)保证这个正确的使命、方向能够有效地贯彻执行下去。市场营销战略的控制既重要又难以准确,因为企业战略的成功是总体的和全局性的,战略控制注意的是控制未来,是还没有发生的事件。战略控制必须根据最新的情况重新调整计划,因而难度也就比较大。

一般来说,营销战略控制有四种方法,分别为年度计划控制、盈利能力控制、效率控制和战略控制,其目的在于连续不断地监督和控制各项营销活动,确保各项目标的实现。表14.1归纳出了一些各个过程可以采用的控制工具和方法。

表 14.1　常用的营销战略控制方法

步　　骤	常用方法	分析工具	参与人员
目标建立	年度计划会议,年度营销计划	PEST/SWOT 等战略分析工具	中高管理层
执行监督	季度/月度营销分析会议,每日订单/库存/收款报告,费用/销售分析报告,个人访谈/市场走访	销售差异分析,微观销售分析,市场份额分析,营销费用—销售额分析,财务分析,盈利性分析,广告效率分析,促销效率分析	中高管理层运营人员
效果诊断	个人访谈营销控制会议	营销审计	中高管理层营销审计人员
改正行动	文件/备忘录/会议人员调整/人员激励/计划调整		中高管理层运营人员

第二节　年度计划控制

任何企业都要制订年度计划,然而,年度市场营销计划的执行能否取得理想的成效,还需要看控制工作进行得如何。

(一)年度计划控制的含义及目的

所谓年度计划控制,是指企业在本年度内采取控制的步骤,检查实际绩效与计划是否有偏差,并采取改进措施,以确保市场营销计划的完成。许多企业每年都会制订相当严密的计划,但执行的结果往往与之有一定的差距。事实上,计划的结果不仅取决于计划制订得是否正确,还有赖于计划执行与控制的效率如何。可见,制订年度计划并付诸实施之后,搞好控制工作也是一项极其重要的任务。年度计划控制的主要目的在于:(1)促使年度计划产生连续不断的推动力;(2)控制的结果可以作为年终绩效评估的依据;(3)发现企业潜在问题并及时予以妥善解决;(4)高层管理人员可借此有效地监督各部门的工作。

(二)年度计划控制系统的步骤

年度计划控制系统包括四个主要步骤:(1)制定标准,即确定本年度各个季度(或月)的目标,如销售目标、利润目标等;(2)绩效测量,即将实际成果与预期成果相比较;(3)因果分析,即研究发生偏差的原因;(4)改正行动,即采取最佳的改正措施,努力使成果与计划相一致。

(三)年度计划控制工具

企业经理人员可以运用五种绩效工具以校对年度计划目标的实现程度,即销售分析、市场占有率分析、市场营销费用对销售额比率分析、财务分析、顾客态度追踪。

1.销售分析

销售分析主要用于衡量和评估经理人员所制订的计划销售目标与实际销售之间的关系。这种关系的衡量和评估又有两种主要的方法。

(1)销售差异分析。销售差异分析决定各个不同的因素对销售绩效的不同作用程度。例如,假设年度计划要求第一季度销售4 000件产品,每件1元,即销售额4 000元。在该季度结束时,只销售了3 000件,每件0.8元,实际销售额为2 400元。那么,这个绩效差异为-1 600元,或者与其销售额的-40%。问题是,绩效的降低有多少要归因于价格的下降,有多少要归因于销售数量的减少?我们可以计算如下:因价格下降的差异=(1-0.8)×3 000=600,占计划销售额的37.5%;因数量下降的差异=1×(4 000-3 000)=1 000,占计划销售额的62.5%。可见,约有2/3的销售差异归因于未能实现预期的销售数量。由于销售数量通常较价格容易控制,企业应该仔细检查为什么不能达到预期的销售量。

(2)微观销售分析。微观销售分析可以决定未能达到预期销售额的特定产品、地区等。例如,假设企业在三个地区销售,其预期销售额分别为1 500元、500元和2 000元,总额4 000元。实际销售额分别为1 400元、525元和1 075元。就其销售额而言,第一个地区有7%的未完成额,第二个地区有5%的超出额,第三个地区有46%的未完成额。主要问题显然在第三个地区,造成第三个地区不良业绩的原因有如下可能:一是该地区的销售代表不努力或者有个人问题,二是主要竞争者进入该地区,三是地区居民收入下降。

2.市场占有率分析

企业的销售绩效并未反映出企业相对于其竞争对手的经营状况如何。如果企业的销售额增加了,可能得益于企业所处的整体经济环境的改善与发展,也可能是由于其市场营销工作较之竞争对手更有效率。市场占有率分析正式剔除了一半的环境影响来考察企业本身的经营工作状况。如果企业的市场占有率上升,表明它较之竞争度对手的情况更好;如果下降,则说明其相对于竞争对手的绩效较差。市场占有率分析的具体方法有四种:

(1)全部市场占有率分析法。即用企业的销售额占全行业的销售额的百分比来表示。使用这种方法必须作出两项决策,第一是要以企业的销售量来作为市场占有率的分子;第二是正确认定行业的范围,即明确行业所应包括的产品、市场等。

(2)服务市场占有率分析法。即用企业销售额占企业所服务的市场总销售额的百分比来表示。企业所服务的市场是指所有能够并愿意购买本企业产品的购买者的集合。企业的服务市场占有率往往要小于它的全部市场占有率;一个企业能够获得 100% 的服务市场,但是只能在全部市场中占有较小的比例。一个企业首先要获得它所服务的市场的最大市场占有率,再考虑增加新的产品和地区,从而扩大它所服务的市场。

(3)相对三个最大竞争者的市场占有率分析法。即用企业销售额占最大的三个竞争者的销售额之和的百分比来表示。如某企业有 30% 的市场占有率,其最大的三个竞争对手的市场占有率分别为 20%、10% 和 10%,则该企业的相对市场占有率是 30%/(20%+10%+10%)=75%。在一般情况下,相对市场占有率达 33% 以上,就被认为是强势的。

(4)相对于市场领导竞争者的市场占有率分析法。即用企业的销售额占市场领导者的销售额的百分比来表示。相对市场占有率超过 100%,表明企业是市场的领导者;相对市场占有率等于 100%,表明企业与市场领导者同为市场领导者;相对市场占有率的增加表明企业正在接近市场领导者。

3.市场营销费用对销售额比率分析

年度计划控制也需要检查与销售有关的市场营销费用,已确定企业在达到销售目标时的费用支出。市场营销费用对销售额比率分析是结合营销费用和销售额指标分析问题的主要方法。营销管理人员的工作就是密切注意这些比例,以发现是否有任何比例失去控制。当一项费用对销售额比例失去控制时,必须认真查找原因。

4.财务分析

市场营销管理人员应就不同的费用对销售额的比率和其他的比率进行全面的财务分析,以解决企业如何及在何处开展活动,并获得盈利。尤其是利用财务来分析判断影响企业资本净值收益率的各种因素。

5.顾客态度追踪

企业一般用以下主要的系统来追踪顾客的态度:

(1)抱怨和检疫系统。企业对顾客书面的或者口头的抱怨应进行记录、分析,并作出适当的反应。对于不同的抱怨应该进行归类分析,并做成卡片;较严重和经常发生的抱怨必须引起高度重视。企业应该鼓励顾客提出批评和建议,使顾客经常有机会发表自己的意见,这样才能收集到顾客对企业产品、服务所作反馈的完整资料。

(2)固定顾客样本。固定顾客样本是指从企业的顾客群体中选取具有代表性的顾客组成经常的、比较固定的样本,并定期通过电话、邮寄问卷等方式来了解其态度。这种做法有时比抱怨和建议系统更能反映顾客态度的变化特点及其分布范围。

(3)顾客调查系统。企业得定期让一些随机的顾客回答一组标准化的调查问卷,其中包括员工态度、服务质量等。通过这些问卷的分析,企业可以及时发现问题,并加以纠正。

第三节　盈利能力控制

取得利润是任何企业的重要目标之一。企业的盈利能力历来为营销管理人员所高度重视,因而盈利能力控制在市场营销管理中占有十分重要的地位。企业可以运用盈利能力控制来测定不同产品、不同销售区域、不同顾客群体、不同渠道及不同订货规模的盈利能力。由盈利能力控制所获取的信息,有助于管理人员决定各种产品或市场营销活动是扩展、减少还是取消。盈利能力控制主要通过市场营销成本和战略利润模型来反映。

一、市场营销成本

在考虑企业盈利能力时,应该从市场营销成本分析入手,因为营销成本直接决定了企业利润的多少。企业的营销成本一般来说由以下项目构成:直接推销费用,包括直销人员的工资、奖金、差旅费、培训费、交际费等;促销费用,包括广告媒体成本、产品说明书印刷费用、赠奖费用、展览费用、促销人员工资等;仓储费用,包括租金、维护费、折旧、保险、包装费、存货成本等;运输费用,包括托运费用等,如果是自由运输工具的运输,还要考虑折旧、维护费、燃料费、牌照费、保险费、司机工资等;其他市场营销费用,包括营销管理人员工资、办公费用等。

上述成本连同企业的生产成本构成了企业的总成本,直接影响到企业的经济效益。其中有些与销售直接有关,称为直接费用;有些与销售并无直接关系,称为间接费用。当然,有时两者很难区分开来。营销管理人员必须认真分析市场营销中的成本支出,并把有关成本数据与计划数据及历史数据进行比较,如有不正常现象,必须查找原因,并采取适当措施进行控制,以确保盈利能力的持续增长。

二、战略利润模型

企业的财务状况不是由单一指标来衡量的,而是由财务指标组合来衡量的。财务指标组合主要包括以下四个方面:流动性比率、资产效率比率、获利能力比率和杠杆比率。战略利润模型能很好地将四者结合起来。其中,

$$总资产周转率 = \frac{销售收入}{总资产}$$

$$资产收益率 = \frac{净收益}{总资产}$$

$$净利率=\frac{净收益}{销售收入}$$

$$杠杆比率=\frac{资产总额}{资产净值}$$

$$投资收益率=\frac{净利润}{资产净值}$$

战略利润模型有四个重要的管理用途:第一,该模型强调公司的主要财务目标是实现高的和目标既定的投资收益率。第二,该模型定义了企业可以采取的三种"利润途径",即加快资产周转率、提高净利润,或者深化杠杆经营程度。其假设前提是:未来的资金流动足以覆盖新增的借贷资本。第三,该模型理想地阐述了公司主要领域的决策制定方针,即资本管理、利润管理和财务管理,而且,公司中相互联系的资本计划、利润计划、财务计划被认为有效地促进了管理业务的高效率。第四,该模型提供了评价财务策略的有用观点,不同的组织可以采取这些财务策略来实现其目标投资收益率。

为了更好地理解战略利润模型,有必要了解一下以下财务指标。

1.流动性比率

流动性比率是用来衡量企业资产的流动性,即企业资产的变现能力。其目的是评价企业按时履行财务义务的能力。流动性比率低表明企业债务沉重,有可能无力清偿债务或者由于其信用级别低而无法充分利用可能出现的增长机会。供应商可以向偿债能力低的成员继续提供商品和服务,但应该限制其信用(赊账)总额或妥善安排其偿债方案。广泛应用的四个流动性比率指标有流动比率、速动比率、营运资本比率和现金比率。

$$流动比率=\frac{流动资产}{流动负债}$$

流动资产包括现金、应收账款、坏账准备、制造业存货、可变现证券等。流动比率越大,在短期债务到期时企业的偿还能力越强。一个广泛认可的规则是 2.0 的流动比率是大多数企业的适当目标。

$$速动比率=\frac{流动资产-存货}{流动负债}$$

在流动比率中,存货也被当做是流动资产。但是存货比债券和应收账款的流动性要差。从短期看,通常存货更加难以变成现金。所以,把存货从流动比率的分子中剔除,就成了速动比率。一般认为,1.0 左右的速动比率是比较合适的。

$$营运资本比率=\frac{流动资产-流动负债}{销售收入}$$

营运资本是净营运资本的简称,是流动资产与流动负债的差额。这一比率表明了流动性数字与销售收入的关系。

$$现金比率=\frac{现金及现金等价物}{总资产}$$

现金及现金等价物(如有价证券等)是流动性最强的资产。现金比率表明以流动性最强的形式持有资产的比率。

2.资产效率比率

资产效率比率用来衡量企业怎样有效经营其资产的问题。针对单项资产和总资产的管理有以下几项指标:应收账款周转率、存货周转率和总资产周转率。使用这些指标,渠道成员可以促使债务人加快偿付、加速存货周转,或减少经营欠佳的分店等非高效资产。

$$应收账款周转率 = \frac{年赊销收入}{应收账款}$$

应收账款周转率是用来衡量年度应收账款余额"周转"次数的。如果得不到年赊销收入的数据,就用企业销货净额代替,即相当于假设所有的销货都是赊销。与之紧密联系的一个指标是应收账款周转天数。

$$应收账款周转天数 = \frac{365}{应收账款周转率}$$

应收账款周转天数也叫平均收账期,是衡量企业应收账款质量的综合指标。企业的收账期应该与企业提供给顾客的信用条件相对应。例如,全行业的信用条件通常为 30 天,那么 40 天的收账期基本核实,而收账周期高达 60 天表明企业的应收账款整体质量较差。企业应该考虑移交某些款项到催债部门,或加紧收账日期,或将某些有问题的应收账款划入坏账中。

$$存货周转率 = \frac{销货成本}{平均存货}$$

存货周转率是对存货在实物上每年周转次数的估计。以往,有分析者用净销货除以存货来计算存货周转率,但这样的计算高估了实物存货的周转率。一方面,低存货周转率表明企业存货中有相当部分周转缓慢或者呆滞。存货周转率可以通过即时库存管理、最低商品储备及 ABC 分析法等的运用而提高。另一方面,如果比率太高也可能意味着企业放弃了很多销售机会。衡量存货周转率的另一种方法是存货周转天数,它等于 365 除以存货周转率,表明存货出售前在企业存留的平均时间。

$$总资产周转率 = \frac{销售收入}{总资产}$$

它用来表示企业使用其资产的效率。

3.获利能力比率

获利能力比率着眼于企业产生利润的行为。这种比率衡量企业产生利润的效率。在此,主要考察两种获利能力比率,即毛利率(衡量与销货有关的行为)和收益率(衡量与投资规模指标有关的行为)。其中,

$$毛利率 = \frac{毛利额}{销售收入}$$

$$净利率 = \frac{非常项目净收益}{销售收入}$$

$$资产收益率 = \frac{净收益}{总资产}$$

上述指标对于资产基础较为庞大的分销渠道成员尤为重要,对于许多批发商和零售商而言,资产的相当比例是由存货构成的。当然,必须指出的是,收益率是以账面价值为基础,存在一定的局限性。

4.杠杆比率

杠杆比率可以用常用的三个指标来表述,即资产负债比率、资产—权益比率和权益倍数。其中,

$$资产负债比率 = \frac{负债总额}{资产总额}$$

$$资产—权益比率 = \frac{负债总额}{股东权益}$$

$$权益倍数 = \frac{总资产}{股东权益}$$

公式中的股东权益相当于资产净值。

第四节 效率控制

企业运用盈利能力控制来测定不同产品、不同销售区域、不同顾客群体、不同渠道及不同订货规模的盈利能力。假设盈利能力分析表明企业关于某一产品、地区市场的利润状况糟糕,企业有必要采取措施来提高销售人员、广告、促销、渠道等的效率,以便确保企业的盈利能力,这就是所谓的营销战略运行中的效率控制问题。

(一)销售人员的效率控制

企业进行销售人员的效率控制,各地区的销售经理需要记录本地区的销售人员效率的几项主要指标。这些指标是:销售人员平均每天的销售访问次数,每次销售访问的时间,每次销售访问的平均收益,每次销售访问的平均成本,每次销售访问的招待成本,每次销售访问订购的百分比,每期间的新增顾客数,每期间的流失顾客数,销售成本对总销售额的百分比等。

(二)广告效率控制

企业进行广告效率控制,至少应该进行如下统计:媒体的类型,不同类型媒体接触千名顾客所需的广告成本,顾客对于不同媒体的注意、接触、阅读的百分比,顾客对于广告内容和效果的意见,顾客在广告前后对于产品的态度,受广告刺激而引起询问的次数等等。

(三)促销效率控制

企业管理层应该对每项促销成本及其对销售的影响作记录,如:促销前的销售百分比、每一销售额的陈列成本、赠券回收的百分比、因促销而引起的询问次数等等。

(四)渠道效率控制

渠道效率控制主要是对企业的存货水平、仓库位置及运输方式进行分析和改进,以求得最佳配置并寻找最佳运输方式的途径。

第五节　市场营销审计

在实施营销战略控制的过程中,营销审计(Marketing Audit)是十分重要的工具。所谓营销审计是指对一个企业的市场营销环境、目标、战略、组织、方法、程序和业务等进行综合的、系统的、独立的和定期的核查,以便了解企业的困难所在及各项机会,并提出行动计划的建议,改进市场营销管理效果。市场营销审计实际上是在一定的时期内对企业的全部市场营销业务进行总体效果评价,其主要特点是不限于评价某些问题,而是对全部活动进行评价。目前,越来越多的国内外企业运用市场营销审计进行战略控制。

一、营销审计的基本要求

营销审计是作为评估一个企业或者企业中的一个业务单位营销状况的工具而被广泛应用于各类企业的。充分发挥营销审计在营销战略控制中的作用,必须做到:

(一)全面性

一般来说,营销审计是一项全面的活动,审计的范围可能涉及一个企业几乎所有的营销活动,表现出的是一个"水平"的"审计"。如果仅仅涉及某些部门的活动,则称为"职能性"的审计,如销售管理审计、广告审计、价格审计等等。对于那些进行审计的职能部门来说,职能性审计是"垂直的"、深入进行的审计;而对于整个企业来说,职能性审计是对关键营销职能的深入研究。

(二)系统性

营销审计不是一般的工作检查和民意测验,而是包含一系列完整有序的步骤和科学方法的分析诊断工作。营销审计包括对企业的营销环境、营销制度和各种营销策略和方法进行诊断,并根据诊断结果和企业的具体情况,提出短期的和长期的改进措施。

(三)独立性

营销审计不是单纯的由企业或组织所进行的自我审计,它往往是一项独立于接受营销审计的企业之外的工作。营销审计可以具体分为两种类型:(1)企业内部营销审计,即由企业内部被评估部门之外的人或组织进行审计;(2)企业外部营销审计,即聘请专业的管理咨询公司对企业营销活动进行审计。保持企业营销审计的相对独立性,可以使企业营销审计的结果更具有客观性。

(四)定期性

不能仅仅将营销审计视为一剂帮助处于困境之中的企业摆脱困难的"特效药",而应当将其视为一项定期的常规管理工作。无论企业是处于顺利的局面还是处于困难的局面,对企业定期进行营销审计都是十分必要的。通过审计,既可以帮助处于困难中的企业摆脱困难,又可以帮助优势企业保持和发展良好的态势,避免企业走"下坡路"。

二、营销审计的基本程序

（一）了解企业目标，确定审计范围

在这一阶段，担负营销审计的人员应该就企业的营销审计目标，营销审计设定的范围，工作的广度、深度，审计数据的来源，报告的形式和审计的时间要求等有关方面的问题与企业的管理层认真切磋，以达成一致看法。这是营销审计得以顺利进行的基础。

（二）搜集数据资料，进行全面评价

在第二阶段，为了提高工作效率、节约审计时间和降低审计成本，必须制订出详细的工作计划。如访问者和访问对象、所需了解的问题、访问的时间和地点等，并要求在每天工作结束后都要写出工作报告。在搜集资料过程中要坚持第一手资料与第二手资料相结合的原则，不能仅仅依赖于接受营销审计部门所提供的现成资料。这是因为，在大多数情况下，许多接受营销审计的企业并不真正掌握有关本企业营销活动的真实情况。常见的一种倾向是企业对自己的营销态势和市场地位的估计过于乐观。因此，在资料的搜集过程中，应有一定比重的资料来自消费者、贸易伙伴、后续经销企业以及供应商的评价。因为这样的资料往往是能够客观地反映出他们对该企业看法的第一手资料，从而帮助营销审计发现以前可能被企业忽略的问题。

（三）归纳整理资料，准备提交报告

在对营销审计范围所规定的方面进行系统的资料搜集之后，营销审计人员可以开始为提出正式的营销审计报告做准备工作。在结束了资料的搜集之后，营销审计人员首先在形成最终报告以前向企业的最高管理层进行一个客观的汇报，向其介绍营销审计人员的发现，提出营销审计人员的建议，并观察企业管理层的反应。在营销审计人员与领导层的交流沟通结束后，营销审计人员应向企业最高领导层提交一份直观的、反映企业现实状况的书面审计报告。这份报告包括的主要内容应当有营销审计目标的重申、营销审计过程中发现的主要问题，以及营销审计人员的建议等。

三、营销审计的主要内容

一般而言，市场营销审计的基本内容分以下六个部分：

（一）营销环境审计

营销环境审计包括对企业所处的营销总体环境（也称宏观环境或者间接环境）和个体环境（也称作业环境、任务环境或者直接环境）两大方面的营销审计。有关总体环境的营销审计，主要是弄清楚来自企业外部的不可控制因素的变化及其对企业可能造成的影响。这些环境因素主要有政治因素、经济因素、科技因素、社会文化因素和法律因素。总体环境审计的主要任务是了解和分析这些因素的形成以及变化趋势，以使企业趋利避害，充分利用环境变化所形成的新机会，避免由于环境的变化所造成的对企业的威胁。但在不同的企业中，这部分营销审计工作的工作量的大小是不同的。在那些设有专门和长期的且工作效率高的营销环境监测部门的企业中，对总体营销环境的营销审计就显得驾轻就熟了。对个体营销环境的营销审计重点是目标顾客、竞争者、供应商、分销商、代理商以及相关公众对本企业的观念、态度和信任程度。为确保营销审计的有效性，往往需要访问上述这些不同的群体,以获取比较客观的第一手资料。

(二)营销战略审计

在发达国家,营销战略的概念得以广泛应用是在进入20世纪70年代以后。在20世纪80年代后期,我国一些具有市场观念的企业也接受了营销战略的思想。企业的营销战略具体体现在企业的战略性营销规划的制订和贯彻上。战略性营销规划是企业为实现总体战略目标设计的一定时期内市场营销发展的总体设想和方案。它从企业的经营结构、资源优势、营销目标出发,分析市场营销环境状况和可接受的风险限度,使企业的内部、外部条件达到动态的平衡。企业营销战略的内容涉及企业的营销费用、营销组合和预期的环境变化对企业的影响,以及竞争条件下企业营销资源的分派和使用等许多方面。

营销战略审计主要是对企业战略性营销规划的审计。除此之外,还包括对营销规划与企业战略协调的审计、营销目标的审计。营销战略审计要求重点评价企业的各种营销目标和战略性营销规划对当前的和未来的营销环境的适应程度。

(三)营销组织审计

营销组织审计包括对企业正式组织结构的审计、对营销部门功能的审计、对企业中各部门之间联系效率的审计,以及对营销组织在特定环境中实施预期战略方面所应具备的能力的审计。在实施营销组织审计的过程中,要求首先评价企业营销组织机构的有效性。考察营销组织机构有效性的一般衡量标准是观察其是否具有灵活性、适应性和系统性。所谓灵活性和适应性,是指企业的组织机构能够对营销环境的变化和对企业目标市场的调整及时作出反应,并迅速地调整企业行为。所谓系统性,是指企业组织机构中的各个职能部门,如营销、研究与开发、制造、财务、人事管理及其所属有关部门,在满足消费者需要的目标下,能充分发挥整体协同作用,成为一个具有适应、调节功能的系统。除此之外,对企业营销部门(或组织)的审计也是必需的,其中包括营销组织所具有的市场观念、组织设置的模式、自身规模与企业规模的适应性、管理层次的多少、工作绩效,以及拥有营销专门技术人才的状况等。

(四)营销系统审计

营销系统的审计包括对企业的营销信息系统、营销计划系统、营销控制系统和新产品开发系统的审计。此项营销审计重在检查企业的分析、计划、控制制度的质量。

在营销制度审计过程中,要求评价企业的营销信息系统是否能准确地、有效地和及时地提供关于企业现有市场的扩展情况的信息,有关目标市场消费者的需要情况,分销渠道与零售商、原材料供应者、企业的竞争者和有关内外部各类公众的必要的信息资料,企业的决策者在决策中是否进行充分的市场调研以及利用市场调研的结果等。

对营销计划系统的评价,主要是看企业的营销计划系统是否有较高的置信度,并且是否有效地利用了企业的营销计划系统,有没有适合的决策支持系统帮助企业的决策者进行营销决策,以及企业决策支持系统的运作状况。

对营销控制系统的评价,主要是看有没有一个适合的控制程序以确保企业年度目标的实现。关于企业管理的动态报告是否对有关产品的获利能力、目标市场、销售区域及本企业的占有率等进行了充分的分析,有没有对企业的营销费用及其所产生的绩效进行考察。

对企业新产品开发系统的评价,主要是看企业是否能很好地对新产品创意的产生进行有效的刺激、搜集和筛选;在新产品实体开发之前,企业是否作适当的新产品概念测试和经营分析;在新产品商品化之前,对新产品进行有效的产品测试和小范围的市场测试。

(五)营销盈利能力审计

营销盈利能力审计又叫营销生产率审计,要求检查各个营销实体的盈利率和不同营销支出的成本效益,包括企业的盈利率分析、成本效益分析审计等。对营销生产率的评价,主要是分析检查和报告企业经营范围内不同的产品、不同的市场、不同的销售区域以及不同的销售渠道的具体的获利情况;针对企业面临的现实市场,提出关于企业是否应当进入、扩展,或者退出哪一个或几个细分后的子市场的意见和建议。此项审计的内容要求分类清楚、明确,每项审计内容都要有具体的计算分析结果和要求。对成本效益分析的审计,主要是对企业发生的各项营销费用的"合理性"进行审计,进而提出降低成本费用的具体建议。

(六)营销职能审计

营销职能审计要求对企业市场营销组合的主要构成要素(即产品、价格、渠道、促销及其人员)的效率作深入的评价,其中包括产品审计、价格审计、分销渠道审计、销售促进审计以及人员销售审计。

对产品的审计主要有:产品线的建立与目标的合理,现实的产品线能否满足目标消费者的需求,采用高档产品策略、低档产品策略或者是中间产品策略的利弊分析,关于应当分阶段削减的产品项目和应当增加的产品项目的建议,现有顾客对本企业和竞争对手的产品质量、特点、款式、品牌名称等方面的认同和态度的第一手资料的报告,提出应当调整的产品区域和应当改进的品牌策略。

对价格的审计主要有企业的定价目标、价格政策和价格策略的考核,企业采取成本导向、需求导向或竞争导向定价的依据等等。

对分销渠道的审计主要是搞清企业的渠道目标和企业的渠道策略;对渠道成员有没有适当的访问和服务;比较各类中间商的效率,其中包括对批发商、零售商、制造商的销售代表、代理商、掮客等的考察;考虑企业要不要改变现有的渠道策略。

对销售促进的审计主要有企业是否有健全的广告目标;企业的广告费用的分配是否合理;当前所选择的广告媒体是否是最恰当的;企业内部的广告人员是否适应工作任务的要求;企业营业推广的方案是否合适;销售促进的各项工具的运用,如示范法、奖品(奖券)、陈列和试用等是否运用得合适与有效;企业的公共关系工作人员的竞争性和创造性如何;是否充分利用了直接销售和电子计算机的销售。

对人员销售的审计,主要是明确企业的销售任务是什么,销售队伍的设置是否能满足企业的销售任务的需要;销售组织的设置的依据是什么,有无足够的(或者是过多的)销售管理人员进行管理;销售人员的报酬方式与水平是否能提供足够的激励,有没有制定销售定额和考核绩效的程序;与竞争者的销售人员相比,本企业的人员表现如何。

基本概念

营销战略控制　存货周转率　流动性比率

营销战略与管理

复习思考题

1.营销战略控制的功能有哪些？

2.年度计划控制有哪些步骤？

3.如何进行营销盈利能力控制？

4.如何进行营销效率控制？

5.营销审计的基本程序是什么？

6.营销审计的主要内容包括哪些？

阅读延伸

[1]黄铁铮.浅谈市场营销中的主要问题及其解决对策[J].人口与经济,2012,S1:105-106.

[2]于雁翎.基于市场营销视角的企业危机管理[J].学术交流,2012,08:95-97.

[3]王铁.我国旅游市场营销现状分析及对策[J].山西财经大学学报,2012,S3:108-109.

参考文献

[1]Kotler.The marketing audit comes of age[J].Sloan Management Review,1989.

[2]曹小春,谈咏梅.中国企业营销审计的潜在作用及缺失原因[J].财经问题研究,2005,3.

[3]Solod,Margaret E. Conducting a marketing audit:a service organization illustration[J].Journal of Professional Services Industry,1996,14(2).

[4]McGlinchey,Dick.Doing your own marketing audit[J].Marketing Computers,1996,16(4).

[5]Lemmon,Nicolette.Keeping pace with the changing market[J].Credit Union Management,1996,19(1).

[6]兰苓.营销审计刍议[J].北京商学院学报,1997,5.

[7]祝海波等.市场营销战略与管理[M].北京:中国经济出版社,2005.

[8]周朝琦等.现代市场营销战略[M].北京:经济管理出版社,2000.

[9]曹小春,谈咏梅.中国企业营销审计的潜在作用及缺失原因[J].财经问题研究,2005,3.

[10]彭诗金.营销审计:方法与个案[J].销售与市场,1996,11.

[11]理查德·M.S.威尔逊(英).战略市场营销管理(第二版)[M].方海萍,魏清江等译.北京:电子工业出版社,2003.

[12]菲利普·科特勒(美).市场营销管理[M].北京:中国人民大学出版社,2000.

[13]柳思维.市场营销学[M].长沙:中南大学出版社,2003.

[14]菲利普·科特勒(美).营销战略全书[M].谢德高,译.北京:九州出版社,2002.

[15]李怀斌.战略营销学[M].北京:科学出版社,2005.

[16]郭国庆.市场营销管理——理论与模型[M].北京:中国人民大学出版社,1995.

[17]迈克尔·波特(美).竞争战略[M].陈小悦,译.北京:华夏出版社,1997.

[18]王方华,吕魏.企业战略管理[M].上海:复旦大学出版社,1997.

[19]李东红.营销战略(第二版)[M].北京:首都经济贸易大学出版社,2004.

[20]杨保军.营销竞争力[M].北京:清华大学出版社,2005.

[21]柳思维.营销战略管理[M].成都:西南政法大学出版社,2009.

图书在版编目(CIP)数据

营销战略与管理/尹元元主编.—厦门:厦门大学出版社,2016.8(2020.12 重印)
市场营销核心课程规划教材
ISBN 978-7-5615-6205-5

Ⅰ.①营… Ⅱ.①尹… Ⅲ.①市场营销学-高等学校-教材 Ⅳ.①F713.50

中国版本图书馆 CIP 数据核字(2016)第 182477 号

出 版 人	郑文礼
责任编辑	江珏玙
封面设计	蒋卓群
技术编辑	许克华

出版发行 厦门大学出版社

社　　址	厦门市软件园二期望海路 39 号
邮政编码	361008
总 编 办	0592-2182177　0592-2181406(传真)
营销中心	0592-2184458　0592-2181365
网　　址	http://www.xmupress.com
邮　　箱	xmupress@126.com
印　　刷	厦门市金凯龙印刷有限公司

开本	787 mm×1 092 mm　1/16
印张	14.5
字数	350 千字
印数	6 001~9 000 册
版次	2016 年 8 月第 1 版
印次	2020 年 12 月第 3 次印刷
定价	36.00 元

厦门大学出版社
微信二维码

厦门大学出版社
微博二维码